Rapport sur l'insertion professionnelle et sociale des jeunes

ISBN : 978-2-84398-281-1

Bertrand Schwartz

Rapport sur l'insertion professionnelle et sociale des jeunes

suivi de

Bien sous tout Rapport
Philippe Labbé

Manifeste pour un contrat social avec la jeunesse
Association nationale des directeurs de missions locales

Éditions Apogée

Pour un nouveau Rapport

Bertrand SCHWARTZ

mars 2007

Quand Annie Jeanne et Philippe Labbé sont venus me dire qu'ils allaient rééditer mon Rapport de 1981 sur l'insertion, m'expliquant qu'il restait d'actualité après plus de vingt-cinq ans et qu'il serait encore une référence pour beaucoup de ceux qui luttent pour accompagner les jeunes, je leur ai dit que peut-être, pourquoi pas... mais pour moi, soyons francs, là n'était pas l'essentiel.

Certes, chaque fois que j'ai initié quelque chose de nouveau, je me suis senti une responsabilité vis-à-vis de ceux qui s'étaient engagés à mes côtés et vis-à-vis de ceux qui poursuivaient l'œuvre. Certes, je me suis toujours efforcé de dire ce que j'avais appris. Mais attention ! Ce qui est essentiel pour moi n'est pas tant les réalisations elles-mêmes — elles appartiennent à la vie et à l'histoire — mais les démarches utilisées et ce qu'elles m'avaient apporté.

Ainsi, en 1981, pour produire le Rapport, je me suis appuyé sur des actions, des réalisations d'expérimentation et des remarques de plus de cinq cents acteurs, mais dispersées. La méthode adoptée s'inscrivait dans ma recherche permanente de toujours améliorer ma démarche. J'avais auparavant mené diverses innovations et j'en ai ensuite initié d'autres. Entre elles, il y a une progression que j'ai récemment tentée avec Gérard Sarazin de préciser dans un dossier publié dans la revue *Pour*. Ce travail nous permet d'afficher cinq principes :

Développer la recherche-action collective: « recherche » parce qu'elle s'insère étroitement dans une démarche d'innovation sociale ; « action » parce que le déroulement modifie constamment, par son évaluation, l'action elle-même ; « collective » par ce qu'elle a pour principe d'impliquer tous les acteurs qui concrètement la vivent et font vivre l'innovation lancée.

Organiser l'écoute de telle sorte que les groupes d'acteurs, ayant chacun leur manière de poser le problème, la solution soit en eux et émane d'eux.

Assurer le consensus minimum, signifiant que c'est un but à atteindre parce qu'une expérience ne se développe efficacement que si elle est portée par l'ensemble des acteurs.

Afficher la place de chaque personne, de façon à ce qu'elle soit claire aux yeux de tous, favorisant la conscience qu'a une personne du rôle qu'elle se donne et qu'on lui confie. Le simple fait de donner la parole à ceux qui ne sont habituellement pas consultés, leur donne une place qu'ils n'avaient pas auparavant.

Le concret... car travailler sur des cas vécus conduit à la réflexion et à la compréhension alors que l'abstrait permet de s'abriter derrière des généralités.

Les innovations mises en œuvre par le réseau des missions locales sont nombreuses, diverses, ancrées dans la vie locale. En effet nombreux sont, au sein de leurs équipes, ceux qui, comme moi, ne peuvent se faire aux inégalités telles qu'elles existent, aux injustices qu'elles entraînent et qui refusent toujours de s'y résigner. Mais cette révolte ne suffit pas... encore faut-il que l'action entreprise soit cohérente avec la conviction qui l'anime et que chacune des raisons d'agir qui la caractérisent renvoie à des valeurs et à une conception des rapports entre les personnes.

Ainsi, rééditer le Rapport de 81 n'a de sens que si un nouveau rapport est établi qui, décrivant le nouvel état des lieux de l'insertion des jeunes en 2007, fait des propositions ambitieuses et concrètes qui en découlent.

Ce qui compte, c'est que tous ceux qui prennent part à l'insertion, accompagnateurs et accompagnés, se mettent ensemble au travail pour construire ce nouveau rapport.

Dans cet esprit, cette réédition, sans modifications, de l'original de 1981, prend alors un sens précis : permettre de s'en imprégner pour en comprendre la démarche. Il s'agit, *plus encore qu'en 1981*, d'une nouvelle façon de poser les problèmes plus que d'une suite de dispositions immuables.

Ce nouveau rapport, quelle qu'en soit la forme, devrait être produit par les missions locales elles-mêmes. Car il importe surtout de préciser et de respecter la spécificité de l'insertion des jeunes. Des diversités et des inégalités existent entre eux et, incontestablement, elles augmentent. Par ailleurs, la tentation est toujours grande, au nom de l'efficacité, de juxtaposer, sectoriser et cloisonner. Il est donc nécessaire de montrer et d'analyser en permanence l'articulation qui existe entre tout ce qui constitue le monde dans lequel vivent, apprennent et travaillent les jeunes.

Dans ce travail auquel je vous appelle, ne cherchez pas des modèles ou des recettes mais intéressez vous à la manière dont les jeunes de 2007 regardent l'avenir et écoutez-les... car là est ce que sera demain.

Les contributions qui suivent cette réédition sont les premières pierres de cet édifice. Elles en appellent d'autres. C'est pourquoi, s'inscrivant dans la démarche, elles restent ouvertes et questionnantes. C'est à la condition de cette construction entre vos mains que, effectivement, cette réédition prend son sens : elle est un point de départ pour l'avenir des missions locales, et surtout pour les conditions que nous réservons à notre jeunesse.

Bertrand Schwartz

B Schwartz

Bertrand Schwartz

L'INSERTION PROFESSIONNELLE ET SOCIALE DES JEUNES

Rapport au Premier ministre

septembre 1981

Nous ne saurions oublier ici de remercier tous ceux qui ont contribué à l'élaboration de ce rapport dont on doit dire qu'il est un travail collectif.

Il nous était demandé de procéder à une large consultation des organisations représentatives. Nous avons demandé, par ailleurs, à de très nombreuses personnes ou groupes, de nous faire parvenir leurs analyses et leurs suggestions. L'ampleur des réponses reçues (plus de 400), souvent élaborées par des groupes de travail spontanés, l'active participation de ceux qu'il nous était possible de réunir dans le temps qui nous était imparti, ont dépassé nos attentes. La richesse de tout ce qui nous est parvenu ne saurait être entièrement manifestée dans ces pages. Elle peut constituer pour ceux qui auront à mener les actions décidées par le gouvernement, une base essentielle. Qu'ils soient ici tous remerciés. L'auteur assume cependant la pleine responsabilité du rapport.

Ont plus particulièrement participé à ce travail :

- Niska BALDARI
- Elisabeth BEAUVALLET
- Isabeau BEIGBEDER
- Gaëtan CAMBRA
- Jean-Louis EGLI
- Didier JEANPERRIN
- Laurent de JEKOWSKY
- Jean-Marie LUTTRINGER
- Robert MILIN
- Charlette RODRIGUEZ
- Gérard SARAZIN
- Jean-Joseph SCHEFFKNECHT

Les équipes de l'ADEP ont, en outre, apporté leur aide technique à l'élaboration des dossiers techniques.

Le Premier Ministre

50.422

Paris, le 10 juin 1981

Monsieur le Professeur,

L'entrée des jeunes dans la vie active, après la fin de la scolarité, est devenue pour beaucoup d'entre eux une véritable course d'obstacles et une période d'incertitude et de déstabilisation.

La crise économique et l'ampleur du chômage ne sont pas seuls responsables de cette situation. L'organisation actuelle du système éducatif, de la formation professionnelle et des services d'information, d'orientation et de placement, les dispositifs d'insertion professionnelle mis en place au cours des dernières années, ainsi que les aides au premier emploi ne procèdent pas d'une conception d'ensemble, mais de la juxtaposition de dispositions parfois contradictoires et souvent conjoncturelles.

L'articulation de l'école, de la formation et de l'emploi des jeunes, ainsi que du service national, doit faire l'objet d'une réflexion approfondie, qui s'appuie sur une analyse lucide de la situation actuelle.

Lors du Conseil des Ministres du 27 mai dernier, le gouvernement, sachant l'intérêt personnel que vous portez à ces questions et considérant l'importance et la notoriété des travaux que vous leur consacrez depuis de nombreuses années, a décidé de vous confier une mission d'étude pour la réalisation d'une meilleure insertion des jeunes de seize à vingt-et-un ans dans la vie professionnelle.

.../...

Monsieur le Professeur
Bertrand SCHWARTZ
326, rue Saint-Jacques
75005 PARIS

Cette étude devra aboutir à un ensemble de propositions permettant d'établir une meilleure articulation de tous les services publics concernés, de telle sorte que les jeunes de cet âge ne soient jamais condamnés au chômage, ni a des emplois par trop précaires, qu'ils aient la possibilité d'acquérir la culture et la formation qui leur permettront de s'adapter aux changements à venir et qu'ils bénéficient des moyens d'orienter leur vie professionnelle vers les emplois qui correspondent le mieux à leurs goûts et à leurs capacités.

Ces propositions devront comporter un degré de précision suffisant pour qu'elles puissent être ensuite traduites en dispositions législatives, réglementaires, financières et pédagogiques.

Pour conduire cette étude, vous bénéficierez du concours de l'ensemble des services compétents et notamment de ceux qui relèvent de l'autorité du ministre de l'Éducation nationale, du ministre du Travail et du secrétaire d'État auprès du ministre de l'Éducation nationale, chargé de la formation professionnelle.

Enfin, votre mission ne saurait être menée à bien sans que vous procédiez à une large consultation de tous les partenaires sociaux concernés par les problèmes des jeunes.

Je vous demande de bien vouloir me remettre votre rapport le 15 septembre.

Je vous remercie du concours que vous apportez à l'action du gouvernement en acceptant cette mission, et je vous prie d'agréer, Monsieur le Professeur, l'expression de ma considération distinguée.

Pierre Mauroy

Sommaire du Rapport

CHAPITRE 4 : ASSOCIER LES JEUNES À LA VIE DE LA CITÉ ET CRÉER UN NOUVEAU CADRE DE VIE

Chapitre 5 : Un programme de solidarité internationale

Chapitre 6 : Animer l'ensemble au plus près des jeunes

Les jeunes représentent tout, sauf un ensemble homogène. Selon leur classe sociale, selon qu'ils sont garçons ou filles, selon le lieu où ils habitent, leurs problèmes sont différents ou plus ou moins graves.

Et, cependant, les jeunes sont unis dans un certain nombre de comportements et d'idées. Ce qui les unit, c'est leur désespérance devant l'absence de perspectives.

Ils ont besoin de chaleur. Ils se sentent isolés. Ils ont besoin de considération, ils souhaitent être pris en compte, compris et ne refusent pas l'aide si celle-ci n'est pas assistanat ou jugement permanent.

Et s'ils sont bloqués, voire en situation de refus, ils sont surtout en situation de recherche, laquelle leur est souvent refusée.

Quand ils constatent qu'on leur fait confiance, et qu'on vit et agit avec eux dans le respect et la confiance mutuelle, leur énergie et leur créativité sont sans limite.

Ils ne sont pas tous «bien», l'angélisme n'est pas de rigueur. Ils sont autres que nous.

Ces réflexions sont celles de très nombreux éducateurs avec qui nous avons travaillé. Nous les avons retenues car elles nous semblent traduire le sentiment général et profond de tous ceux qui ont à s'occuper de près des problèmes de la jeunesse.

Même si ce document n'est pas directement destiné aux jeunes, nous voulons en faire, pour eux, un message d'espoir et, pour les adultes, une exigence d'écoute et une volonté d'action.

INTRODUCTION

Le Premier ministre, dans sa lettre de mission, faisait un constat et définissait un objectif.

Le constat : « L'entrée des jeunes dans la vie active, après la fin de la scolarité, est devenue pour beaucoup d'entre eux une véritable course d'obstacles et une période d'incertitude et de déstabilisation ».

L'objectif : « Cette étude devra aboutir à un ensemble de propositions permettant d'établir une meilleure articulation de tous les services publics concernés, de telle sorte que les jeunes de cet âge ne soient jamais condamnés au chômage, ni à des emplois par trop précaires, qu'ils aient la possibilité d'acquérir la culture et la formation qui leur permettront de s'adapter aux changements à venir et qu'ils bénéficient des moyens d'orienter leur vie professionnelle vers les emplois qui correspondent le mieux à leurs goûts et à leurs capacités. »

Ce constat et cet objectif procèdent d'un souci profond de voir changer la situation des jeunes. Ce souci est partagé par les organisations représentatives et, d'une manière générale, par tous ceux que nous avons rencontrés, qui nous ont largement entretenu de l'impérieuse nécessité de transformer les conditions de vie des jeunes.

Inutile de dire que les jeunes, eux-mêmes, le souhaitent ardemment. Il s'agit, pour nous, de comprendre ce qu'ils veulent dire en demandant que « ça change ».

1. Le constat

1.1 Dans quelle situation se trouve-t-on ?

Le taux de chômage des jeunes est très élevé.

Les données fournies par différents organismes statistiques nous ont permis d'établir un tableau de la situation des jeunes de 16/21 ans en mars 1980.

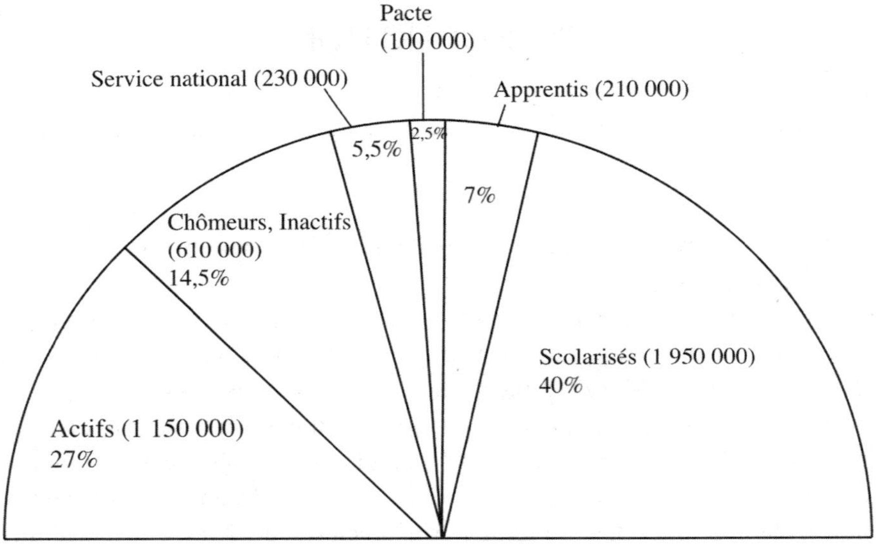

5 classes d'âge, 4 250 000 jeunes.

À cette date, les jeunes sortis du système scolaire représentent un peu plus de la moitié des classes d'âge concernées ; sur les 2 300 000 jeunes non scolarisés plus de 600 000 sont classés « chômeurs et inactifs ».

Les chiffres récents (juillet 1981) fournis par l'ANPE permettent de cerner plus précisément le chômage actuel.

Les 16/21 ans représentent 28 % des demandes d'emplois non satisfaites, alors qu'ils ne forment que 8 % de la population active : le taux de chômage des jeunes est donc très nettement supérieur à celui des adultes.

Les jeunes filles représentent 60 % des demandes d'emploi non satisfaites des jeunes de 16/21 ans, et leur durée du chômage est plus longue que celle des garçons (39 % sont inscrites depuis plus de 6 mois, contre 35 % pour les garçons).

Le nombre des demandes d'emploi non satisfaites des 16/21 ans a augmenté de 28 % en un an, et de 70 % depuis janvier 1978 (contre 50 % d'augmentation globale sur la même période).

Enfin, on rappellera que le chômage frappe d'abord les jeunes sans qualification. Les « sans diplômes » représentent la moitié des jeunes chômeurs[1]. Or, un tiers des jeunes de 16/21 ans (soit 200000 sur un flux annuel de 600000), sort de l'école sans diplôme.

Flux de sortie du système éducatif à la fin de l'année 1978/1979
(Source : Enquête Emploi 1980)

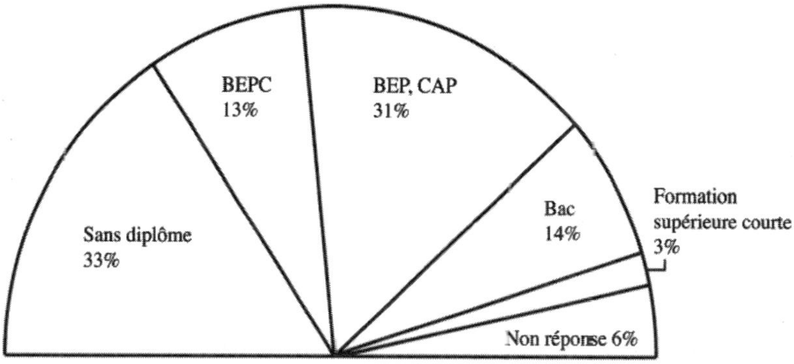

La qualité de l'emploi qui leur est offert se dégrade.

Près de la moitié des jeunes de 16/21 ans, de niveau CAP/BEP occupait, en 1980, des emplois précaires. La situation est probablement bien pire pour ceux qui n'ont pas ce niveau.

Les jeunes nourrissent ainsi un marché secondaire du travail où se dégradent profondément la condition et les droits des travailleurs : beaucoup sont privés des garanties sociales et exclus de la vie collective. Ils sont des travailleurs de seconde zone.

La crise accroît non seulement les inégalités entre jeunes et adultes, mais aussi les inégalités des jeunes entre eux[2].

---

1 Économie et statistiques, juin 1981.

2 Certaines catégories de jeunes ont des difficultés spécifiques, variables selon les champs considérés : immigrés de la deuxième génération, ruraux, handicapés, etc. Ces différences ne nous ont pas échappées. Mais il eut été déraisonnable de prétendre analyser complètement les spécificités de chaque groupe et de vouloir formuler toujours des propositions correspondantes.

La sélection opérée par l'école se double désormais d'une sélection impitoyable par le marché du travail, qui exclut les jeunes les moins qualifiés. Ceux-ci commencent à former un noyau dur du chômage.

Les jeunes font les frais des mutations technologiques et des transformations des structures de l'économie. La substitution du capital au travail affecte à la fois la quantité d'emploi et c'est sur l'emploi des jeunes que se marquent le plus fortement ces évolutions.

Mais d'autres chiffres inquiétants méritent d'être donnés :

Au moins 70000 jeunes de 16/21 ans ont affaire à la justice chaque année (et le nombre des emprisonnements a augmenté de 40 % en trois ans). Selon une enquête régionale, les tentatives de suicide, l'an dernier, ont été le fait de 3,5 % de jeunes filles de 15/19 ans et de 1,5 % de garçons du même âge, et l'accroissement de ces dernières années est lié à la détérioration des conditions de vie.

1.2 Comment en est-on arrivé là ? La dégradation des années 1970/1980

Jusque dans les années soixante-dix, « la machine tourne » apparemment.

L'industrialisation et l'urbanisation de notre pays laissaient aux jeunes l'espoir d'une insertion professionnelle. Mieux encore, la croissance permettait aux jeunes, et particulièrement à ceux issus des classes moyennes, de se promouvoir et donc de faire tant soit peu coïncider leur insertion réelle avec leurs aspirations. Ils trouvaient sans trop de difficulté du travail et une place dans une société dont la pleine expansion exigeait un accroissement de main-d'oeuvre, au point de faire, massivement, appel à la main-d'oeuvre étrangère. Une politique d'équipement collectif (MJC, FJT, m^2 sociaux...) et d'animation tendait à accompagner l'insertion par le travail.

Il ne faut cependant pas oublier les leçons de Mai 68.

Il n'en reste pas moins que l'importance, comme les causes du mouvement populaire de Mai 68 n'ont pas été suffisamment perçues et analysées. Il est reconnu que l'une de ses causes est le plan de stabilisation de 1963 sur l'emploi et en particulier l'emploi des jeunes. Les problèmes et les aspirations à de nouveaux modes de vie qui s'y sont alors manifestés, n'ont pas trouvé de traduction politique ni administrative. Sans doute se situaient-elles sur un autre terrain que celui du langage politique traditionnel.

Aux alentours de 1974, la situation se modifie progressivement mais radicalement.

Jusqu'en 1974, plusieurs années de croissance rapide masquent les problèmes de l'insertion des jeunes. À partir de 1974, la crise économique révèle brutalement ce problème dans toute sa gravité. Les jeunes sont les premiers touchés par l'arrêt de la croissance et la montée du chômage, la dimension structurelle du problème de l'insertion des jeunes apparaît : inadéquation entre la formation, la qualification (ou son absence) et les exigences du marché de l'emploi. Inadéquation aussi entre les aspirations des jeunes et l'état de la société qui ne les prend pas en compte.

Et on rend les jeunes responsables de leur non-insertion.

Les adultes réagissent alors souvent en reprochant aux jeunes de ne pas savoir s'y prendre. On ne se rend pas compte, ou on feint de ne pas se rendre compte de ce que, loin d'être un phénomène exceptionnel, la marginalisation dont ils sont l'objet, est presque aussi normale que l'insertion.

On les relègue ainsi dans une situation de passivité et de désespérance.

Pour leur part, beaucoup de jeunes n'ayant plus accès à une insertion active, sont renvoyés à une situation de passivité qui n'est qu'accentuée par les mesures d'assistance prises en leur faveur. On conçoit leur difficulté à accepter une telle situation dont quelques-uns savent sans doute jouer mais qui, le plus souvent, les enferme dans une désespérance dont nous mesurons encore mal le coût social.

1.3 Cependant, ils recherchent et définissent de nouvelles valeurs

Mais qui sont donc ces jeunes ? Le terme même de jeunesse n'est qu'un pseudo-concept.

Il propose une homogénéité qui ne correspond à rien de réel. Il y a parfois beaucoup plus de différence entre un jeune étudiant [3], un jeune travailleur ou un jeune chômeur en situation d'échec scolaire qu'il n'y en a entre un jeune travailleur ou un jeune lycéen et leurs parents.

En particulier, lorsqu'on traite d'une façon générale des problèmes des jeunes, on néglige, de fait, de nombreux problèmes spécifiques aux jeunes femmes.

Toutes les formes d'inégalités sociales traversent ainsi la jeunesse.

3 Il est bien entendu que les termes : « jeune étudiant », « jeune travailleur » etc. sont des termes génériques qui englobent toujours les jeunes gens et les jeunes filles.

Nous considérons cependant que les problèmes des jeunes présentent une certaine unité.

Cette unité est suffisante pour relever d'une réflexion où les jeunes soient pris comme une totalité définie par leur classe d'âge et cela parce que la crise atténue pour eux, au moins en partie, les différences entre classes sociales favorisées et défavorisées. Leurs positions, par rapport aux possibilités d'insertion professionnelle et sociale, se rapprochent de plus en plus, en prenant la forme identique du chômage, de l'emploi précaire ou déqualifié. Plus encore, ils apparaissent comme identiquement porteurs de nouveaux modes de vie qu'ils formulent dans un langage qui leur est propre et qui est souvent mal compris par les adultes. Ils ont pour beaucoup des réactions semblables. Dans les refus, les contradictions qui sont les leurs, il est possible de lire l'avènement de nouvelles valeurs.

- *Ils ne refusent pas le travail, ils le désacralisent.*

Ils inventent une société où les valeurs ne sont plus principalement liées à la production. Le travail ne porte plus en lui les signes de la reconnaissance sociale, puisqu'il est déqualifié : il est alors exclu des valeurs-clés de leur système de valeurs.

Pourtant il est faux de dire que les jeunes refusent le travail. Toutes les études menées sur ce point concordent pour dénoncer ce lieu commun. Mais il est vrai qu'ils contestent les modèles hiérarchiques traditionnels et la parcellisation des tâches, qu'ils revendiquent davantage d'autonomie dans l'organisation du travail et qu'ils aspirent à reconnaître dans le travail un sens et une utilité. Mais ne sont-ce pas là les aspirations de l'ensemble des travailleurs ?

- *Ils mettent en cause notre culture, ils en veulent une moins élitaire et moins sophistiquée.*

Ils ne refusent pas l'héritage culturel, mais une grande part d'entre eux n'a jamais eu les moyens de se l'approprier. À partir de cet héritage, ou parallèlement, ils se cherchent une nouvelle culture que, trop souvent, seules des initiatives de type commercial prennent en compte : cette culture se développe alors comme un produit à consommer plus que comme instrument de créativité.

Les cultures jeunes et adultes pourraient ne pas rester antagonistes, mais s'enrichir mutuellement si l'on multipliait les occasions de dialogue et de rencontre.

- *Ils remettent en question les modèles familiaux.*

Tout d'abord, ceci n'est pas nouveau : la période de jeunesse s'articule sur la contradiction rupture/intégration. Pour affirmer son identité, le jeune a besoin de se détacher de l'univers social premier qu'est la famille. Ce jeune veut à la fois son indépendance et une confrontation avec ses parents. Il les rejette mais en attend chaleur, compréhension et discussion. Il refuse autant l'abandon que l'enfermement, le jugement que la démission.

Jusqu'où et comment, la collectivité nationale doit-elle et peut-elle prendre en compte l'émergence de ces nouveaux modèles pour lesquels des modifications du droit des personnes (code de la famille, majorité-minorité) et de la réglementation sociale (logement, allocations familiales...) sont nécessaires ?

Le dossier est ouvert, ou du moins doit l'être, et pose le problème d'une « majorité partielle » de 16 à 18 ans : que tout ne soit pas interdit avant 18 ans et permis après.

Que le jeune soit aidé, formé à conquérir ses droits, même si conquête veut dire conflit.

Si nous ne savons pas encore clairement interpréter tous ces signes, tout au moins devons-nous y lire des éléments de changement d'une société dont le développement technologique et social exige une transformation profonde.

2. Pour une remise en jeu économique et sociale des jeunes

Cette brève analyse a pour but de caractériser la réalité des jeunes dont nous parlons. Elle induit, pour nous, la nécessité de conduire vite et fort une action globale pour modifier cette situation. C'est le sens que nous donnons au champ très large de la mission que nous a confiée le Premier ministre.

Nos propositions ne visent donc pas exclusivement la lutte contre le chômage, mais elles l'intègrent dans un objectif plus large qui est « la remise en jeu économique et sociale des jeunes ».

2.1 Des objectifs qui s'inscrivent dans un projet politique plus vaste

Une politique destinée à faciliter l'insertion professionnelle et sociale des jeunes ne prend son sens que dans la mesure où elle s'inscrit dans un ensemble plus vaste d'objectifs politiques définis par le gouvernement.

Pour la relance économique : qualifier professionnellement les jeunes.

Il est démontré que les jeunes trouvent d'autant plus facilement un emploi que leur niveau de qualification est élevé. Pour les emplois des jeunes femmes, un niveau de qualification est exigé mais il leur est demandé de plus de justifier d'un diplôme le sanctionnant.

Certes, si la quantité de travail offerte reste constante et que le nombre de diplômes croît, le phénomène de sous-qualification croîtra.

Nous prenons cependant résolument le parti de qualifier les jeunes et ceci pour deux raisons. D'abord, nous nous inscrivons dans la politique de relance économique et de mise en place d'un nouveau modèle de développement. D'autre part la société technologique, qui s'insère dans une nouvelle forme de division mondiale du travail, se construit à travers la crise actuelle ; elle demandera de nouvelles formes de qualification technologique, une nouvelle forme de culture. C'est donc l'accès à cette nouvelle culture qui est une nécessité. Si l'on ajoute que cette culture ne concerne pas seulement le champ de la production, mais l'ensemble des pratiques quotidiennes, on voit le sens que prend l'idée de promouvoir une qualification nouvelle pour l'ensemble des jeunes.

Nous estimons en outre que la formation professionnelle est une partie intégrante de la culture générale, que la démarche de pensée technologique forme autant (et autrement) l'esprit que les mathématiques ou l'apprentissage de la langue maternelle.

Pour une société plus juste : réduire les inégalités des chances à l'origine.

- *Par une discrimination positive en faveur des jeunes en général.*

Les jeunes sont, dans bien des domaines, en état d'infériorité par rapport aux adultes. Ils profitent moins que les adultes de ce qui est théoriquement à disposition de tous. Une démocratie se doit de changer cette situation et de lutter constamment contre toutes les inégalités. Elle le fera par des mesures de discrimination positive en faveur des jeunes en général.

- *Mais aussi par des mesures spécifiques en faveur des jeunes défavorisés.*

Les caractéristiques sociologiques communes aux jeunes ne nous conduisent pas à proposer des mesures uniformes pour eux. Pour les plus défavorisés, il conviendra de poser des priorités, variables selon les types de problèmes envisagés, qui tendront progressivement à rétablir une égalité de chances d'insertion professionnelle et sociale.

Pour une société plus solidaire : rétablir le dialogue entre les générations.

La solidarité ne se limite pas à la générosité ; elle implique aussi qu'il y ait fécondation réciproque des mœurs et des idées de tous les groupes sociaux. Elle implique par ailleurs un plus juste équilibre entre les droits et les devoirs. Les jeunes ont souvent une attitude de contestation *a priori*. Il faut qu'avant d'exprimer des refus, les jeunes connaissent ce qu'ils refusent, c'est-à-dire les règles de notre jeu social. Mais les adultes, ne peuvent avoir à leur égard cette exigence que si, dans le même temps, ils acceptent de tenir compte de leurs contestations pour modifier ces règles, pour changer leurs propres normes.

Pour le changement social : utiliser les capacités créatrices des jeunes et les préparer à une qualification sociale.

Nous nous sommes interdit d'interpréter le terme d'insertion comme pression que les adultes exerceraient sur les jeunes pour les conformer à des normes prédéterminées, tant dans le champ professionnel que dans tous les champs de la vie sociale quotidienne. Pour que « ça change », il convient d'inventer de nouvelles modalités d'insertion dans une société qui n'est pas fixe et immuable, mais au contraire en voie de bouleversement et de restructuration.

Se priver des capacités d'ouverture, de disponibilité, de créativité des jeunes limite considérablement le changement social. Pour qu'ils y participent autrement que par des contestations ponctuelles, il faut d'une part, que les adultes soient à l'écoute de leurs comportements, et d'autre part, qu'on leur donne les instruments individuels et collectifs nécessaires : au premier rang de ceux-ci, l'autonomie, la gestion d'eux-mêmes, de leur travail, de leur vie.

Certes, la première condition de l'autonomie est d'avoir de quoi vivre, donc un emploi et une qualification professionnelle adaptée aux exigences d'une économie moderne. Le problème de l'autonomie économique rend compte pour l'essentiel de la situation actuelle des jeunes. Mais il n'est pas le seul, et la société tout entière est impliquée dans cet objectif : les jeunes ne seront autonomes que s'ils deviennent responsables. D'où notre idée d'introduire dans la formation qualifiante une dimension sociale — cette exigence trouve son application aussi bien dans la vie de l'entreprise que dans la vie de citoyen — et de développer partout et à tous les niveaux des pratiques de négociation et de contractualisation pour éviter autant de démissionner devant les jeunes, que de s'imposer à eux de façon abusive.

2.2 Cinq principes pour atteindre ces objectifs

Associer les jeunes à toutes les décisions qui concernent la société.

Les antagonismes sociaux existent chez les jeunes comme chez les adultes, mais une société qui a besoin de se modifier radicalement a besoin de le faire avec cette force essentielle de renouvellement que sont les jeunes.

Mais la participation des jeunes n'est pas acquise.

Installés — parce que presque toujours, jusqu'à présent, mis « hors du coup » — dans leur contestation du monde adulte ou dans leur indifférence, vont-ils soudain se mettre à croire à la possibilité de modifier ce qu'ils dénoncent ?

Nous ne pourrons espérer agir avec eux qu'en acceptant de concevoir que les propositions qui leur sont faites ne seront crédibles à leurs yeux, que si nous admettons qu'aussitôt posées, elles puissent être reprises, modifiées, dépassées.

Et la participation des adultes posera problème elle aussi.

Ils résisteront tant qu'ils n'auront pas compris et surtout admis que les difficultés d'insertion renvoient à une interrogation plus globale sur la société et que l'exclusion des jeunes correspond, en fait, au moins en partie, à leur propre crise, appelée souvent crise de la société.

Définir une démarche plutôt qu'une suite de dispositions immuables.

C'est aussi ce pourquoi le rapport ne prétend pas déterminer une nouvelle politique pour les jeunes, mais une nouvelle façon de poser les problèmes. Le processus engagé pour le rapport est à reprendre par et avec les intéressés, à tous les niveaux, et dans toutes les instances, existantes ou nouvelles.

Agir sur la société dans son ensemble.

Il n'est en effet pas concevable de proposer des mesures qui ne chercheraient pas à traiter les problèmes dans leur double dimension, de problème des jeunes et de problème de la société adulte. On ne saurait concevoir de ne développer des mesures qu'en faveur des jeunes, isolés ainsi de nouveau de ce corps social auquel il est de notre devoir de les réunir.

Il convient au contraire de penser que les modalités d'action inventées à l'occasion du problème posé, de façon particulièrement aiguë, par les jeunes, serviront à promouvoir une nouvelle forme du développement social. Progressivement, il devrait être possible d'étendre les démarches expérimentées là, à l'ensemble de la population.

Agir dans le sens des priorités décidées par le gouvernement.

Les mesures que nous proposons ne sont pas isolées des mesures prises par ailleurs, concernant l'éducation et la formation, la politique économique, le développement de la vie culturelle, la rénovation de l'habitat et la décentralisation.

Rechercher cohérence et globalité.

Modifier de façon significative la situation actuelle de la jeunesse ne peut se faire par des mesures dispersées.

Nous avons pris le parti de proposer de nombreuses mesures sans nous censurer et sachant pertinemment que certaines pouvaient même être contestables. Nous avons pris ce parti pour stimuler l'imagination — car bien d'autres mesures sont concevables — et pour induire une réflexion globale. Mais des mesures conjoncturelles ne suffisent pas et l'on a d'ailleurs reproché — à juste titre — au précédent pouvoir de s'être limité à du replâtrage. C'est pourquoi nous avons systématiquement proposé des mesures structurelles, en les accompagnant de propositions immédiates qui en respectent la globalité.

2.3 Les limites et le champ du rapport

Une limite en amont : l'école.

Le problème scolaire, qu'il n'est pas de notre rôle de traiter, pèse aujourd'hui d'un poids que tout le monde s'accorde à reconnaître comme lourd : si ce poids n'était pas rapidement allégé, il serait même à redouter que nos propositions elles-mêmes en soient affaiblies, tant pour leur efficacité que pour leur crédibilité.

Nous avons été frappés de voir combien les conditions de travail scolaire étaient critiquées et, dans la demande de changement, l'école se trouve, sans aucun doute comprise. On reproche à l'école de ne pas assez apprendre aux jeunes la responsabilité, de les intéresser insuffisamment, d'être trop peu ouverte sur le monde, d'être inégalitaire et repliée sur son langage et ses contenus.

C'est pourquoi, si des modifications profondes du système éducatif ne sont pas réalisées, les effets des politiques antérieures qu'on nous demande de combattre, se reproduiront indéfiniment et les mesures que nous proposons perdront leur sens.

Mais, dans le même temps où on met l'école en cause, on rappelle la gravité des coups qui, depuis vingt ans, lui ont été portés, on souligne que l'école n'est que le produit de la société et la politique éducative un sous-ensemble de la politique générale menée depuis des décennies. Nous partageons, bien entendu, ces points de vue.

Inutile de rappeler ici les nombreuses analyses des causes structurelles des inégalités scolaires qui ont été produites et sur lesquelles, à l'avenir, les nécessaires réformes du système éducatif devront s'appuyer.

La meilleure preuve que nos interlocuteurs accordent à l'école une importance essentielle dans l'insertion des jeunes, réside dans leur demande quasi unanime de la développer et en premier lieu l'enseignement technique.

Une limite en aval : l'emploi.

Si une politique éducative nouvelle est nécessaire pour donner un sens à notre projet, il en est de même de la politique de l'emploi. Notre projet s'inscrit dans la politique de relance économique et de réduction du chômage et se veut cohérent avec les mesures prises par le gouvernement dans ce domaine. Sans un développement de l'emploi, les mesures proposées risquent de perdre de leur portée.

Vers une politique intégrée d'insertion professionnelle et sociale.

L'originalité de la mission qui nous a été confiée vient de l'exigence qui nous était posée de ne plus réfléchir à des mesures sectorielles, mais de tenter d'établir une articulation entre tout ce qui constitue le monde dans lequel vivent, apprennent et travaillent les jeunes, en cherchant à sortir des juxtapositions, des sectorisations, des cloisonnements. Si pour certains privilégiés, l'insertion sociale se règlera d'elle-même aussitôt qu'ils auront un emploi, pour d'autres qui sont nombreux, il n'en est rien, et pour certains même si on leur « trouvait » un emploi, rien ne serait résolu. Si les jeunes des milieux favorisés gèrent à peu près leur vie et ont su s'arroger un droit à l'errance, beaucoup d'autres y sont condamnés.

Ainsi considérons-nous comme grave et dangereux le risque qu'on encourrait à ne prendre en considération que les mesures touchant à la formation et à l'emploi parce qu'elles apparaîtraient suffisantes pour régler les problèmes les plus visibles.

2.4 Des objectifs aux moyens : le plan du rapport

La mise en œuvre de ces objectifs nous a conduits à définir trois grands axes d'action.

Garantir une qualification professionnelle et sociale pour tous les jeunes de 16/18 ans.

Un objectif à la fois structurel : mettre en place un nouvel enseignement technologique de base, ouvert, dans le cadre du service public de l'Éducation nationale — et conjoncturel : faire en sorte qu'il n'y ait plus de jeunes de 16/18 ans au chômage, en leur proposant des formations qualifiantes d'un type nouveau.

Favoriser l'insertion professionnelle des jeunes de 18/21 ans.

Par des moyens allant de nouvelles modalités de partage du travail à la création de nouveaux emplois et de nouvelles activités utiles à la collectivité sociale, en passant, ici encore, par des mesures très variées de qualification.

Et pour l'immédiat un plan d'urgence qui mettra en œuvre ces mesures, en tenant compte de ce que de nombreux jeunes de 18/21 ans sont actuellement dans des situations d'échec scolaire semblables à celles où se trouvent les 16/18 ans.

Associer les jeunes à la vie de la cité.

En prenant en considération les problèmes auxquels les jeunes se heurtent, faute d'autonomie financière ou de possibilités réelles d'action et de participation à la vie de la cité et en cherchant à établir une articulation entre tout ce qui constitue le monde dans lequel vivent, apprennent et travaillent les jeunes. Dans cette perspective, nous proposons des mesures concernant leur logement et leur cadre de vie, leur temps libre (sports, loisirs), leur santé et leurs relations aux médias, et pour tous ceux qui malheureusement ont affaire à la justice, une nouvelle relation à cette institution.

Agir au plus près des jeunes.

Sans un dispositif d'animation travaillant au plus près des jeunes, bien des mesures que nous proposons risquent de ne pas les atteindre. Nous consacrerons la dernière partie de notre rapport à cette question.

Deux autres chapitres s'ajoutent à cet ensemble :

- des propositions d'amélioration du service national qui, pour les jeunes gens, joue un rôle d'articulation important dans leur insertion professionnelle et sociale ;
- un programme de solidarité internationale.

Nous avons pris le parti de ne publier aucune indication de coûts de nos propositions. Cette option découle du statut de notre mission : formuler un projet d'insertion sociale et professionnelle des jeunes, susceptible d'éclairer les décisions et les choix politiques.

Garantir une qualification professionnelle et sociale pour tous les jeunes de 16 à 18 ans

1. Un objectif conjoncturel et un objectif structurel

Le plan d'action concernant les jeunes de 16 à 18 ans répond à un double objectif, l'un structurel, l'autre conjoncturel.

Objectif structurel : offrir à tous les jeunes la possibilité d'acquérir une qualification professionnelle et sociale. La collectivité se doit de les préparer tous à être capables d'affronter le marché de l'emploi et à remplir leur rôle de citoyens.

Nous prenons une position très claire : cette préparation à la qualification professionnelle et sociale se fera au sein du service public de l'Éducation nationale, mais d'un service public rénové : il faut redéfinir un enseignement technologique de base ouvert sur, et à, l'extérieur.

Objectif conjoncturel : tout faire pour que les jeunes de cette tranche d'âge ne soient plus chômeurs.

Nos propositions n'ont de sens que si on les considère bien comme une réponse à une situation de fait qu'il faut changer le plus vite possible, mais en même temps, comme une incitation au changement pour l'enseignement technologique, de façon à tarir, à terme, les causes de ces sorties si nombreuses de jeunes sans qualification.

1.1 Pourquoi l'objectif conjoncturel ? : Une situation préoccupante

Plus de 200 000 jeunes vivent une situation particulièrement difficile.

La situation actuelle des jeunes de 16 à 18 ans qui ont quitté l'école et ne sont pas en apprentissage, est suffisamment alarmante pour nécessiter une action massive et urgente.

Rappelons qu'en mars 1980, sur les 1 700 000 jeunes français de cette classe d'âge, 500 000, soit près de 1 sur 3, avaient quitté l'école.

Parmi ceux-ci, 195 000 étaient en apprentissage, 140 000 avaient un emploi et plus de 150 000 étaient chômeurs. En fait, pour ces deux dernières catégories, la situation est mouvante.

Peu d'entre eux ont un emploi stable : si l'on tient compte des fins de contrat, des licenciements, des démissions et des fins de mission, ce sont plus de 200 000 jeunes de moins de 18 ans qui connaissent une situation précaire.

Bien que toute généralisation soit abusive et qu'on ne puisse attribuer automatiquement l'ensemble du diagnostic qui va suivre à tous les groupes de jeunes, les observations suivantes s'imposent :

Ils sont encore pour la plupart dans une période de préparation à la vie.

Trop âgés pour l'école, ils sont encore trop jeunes pour l'entreprise, telles qu'elles sont aujourd'hui.

Ils ne sont pas civilement majeurs : la période entre la sortie de l'école et la majorité civile, est une période au statut mal défini ; de plus, les jeunes gens n'ont pas fait leur service militaire : il leur est donc pratiquement impossible de se stabiliser dans une entreprise (il est significatif de noter la tendance actuelle au devancement d'appel) ; ils sont encore bien souvent marqués des signes de l'adolescence et il y a lieu de respecter, chez eux, les rythmes du développement tant psychologique que physiologique.

Ils ont quitté l'école dans les plus mauvaises conditions.

Ils n'ont pas achevé une formation générale ou professionnelle complète (ils ont abandonné l'école en cours de scolarité dans l'enseignement général ou technique ou à partir des classes préprofessionnelles : CPPN, CPA). Ils sont, en grande majorité, issus des catégories sociales les plus défavorisées. De plus, parmi eux se trouvent de nombreux jeunes nés de parents d'origine étrangère, ceux que l'on appelle les immigrés de la seconde génération.

Ils ont subi plus que choisi leur filière de formation.

Aujourd'hui, leur orientation vers le lycée d'enseignement professionnel masque souvent l'interdiction de poursuivre des études longues. Exclus, ils ne vont, en général, pas dans la section qu'ils souhaitent et tout cela est vécu par eux, comme par leur famille, comme un échec voire même comme une condamnation sociale.

Ils se présentent sur le marché du travail avec les handicaps les plus lourds.

Sans qualification, sans diplôme, ils passent souvent d'une situation de « salarié temporaire ou intérimaire » à une situation de chômeur, sans même utiliser les possibilités offertes par l'ANPE. C'est parmi eux que se recrutera plus tard le noyau dur du chômage.

Les apprentis vivent souvent leur situation comme état de « non-scolarité ».

45 % d'entre eux proviennent de CPA, 23 % de CPPN. L'apprentissage est pour eux une seconde chance. Ce qui est valorisant à leurs yeux, c'est le statut d'apprenti bien plus que l'acquisition d'une qualification professionnelle. Ce qui est important pour eux, c'est de vivre concrètement avec des adultes et de percevoir un salaire. Il en résulte que la formation n'est pas leur préoccupation majeure.

Par ailleurs, on notera que la majorité des apprentis (77 %) sont des jeunes gens, et que, les apprenties sont pratiquement reléguées dans une ou deux professions (74 % se trouvent dans les entreprises du commerce et des soins corporels).

1.2 Pourquoi l'objectif structurel ?

La situation immédiate ne doit pas masquer l'inadéquation des qualifications professionnelles et sociales.

Il est en effet indispensable de rompre délibérément avec les politiques malthusiennes en matière de qualification professionnelle et d'innover en matière de qualification sociale et par là, de contribuer plus efficacement au développement technologique et à la recherche de nouvelles formes de citoyenneté. D'où la nécessité d'offrir à tous les jeunes la possibilité d'acquérir une qualification professionnelle et sociale.

Pour s'adapter au développement technologique :

- *Modifier les contenus des qualifications actuelles.*

Plusieurs aspects sont à considérer. Tout d'abord, nos sociétés sont confrontées à un développement de plus en plus rapide des technologies, ce qui entraînera dans les années à venir de nouveaux besoins en matière de qualification professionnelle. L'adaptation aux technologies de pointe n'est possible qu'avec une véritable revalorisation des cultures techniques. L'introduction, dans la formation, de nouvelles technologies s'impose :

- électronique-automatique : on aura à utiliser des robots de plus en plus nombreux , les conduire, les gouverner s'apprend;
- informatique : il faudra penser d'une nouvelle manière et formuler et poser autrement nos problèmes;
- télématique : on devra réfléchir sur le comment se fait l'information, comment on la choisit, comment on la traite;
- mais il faudra aussi y ajouter, pour ne citer qu'elles, les technologies mécaniques, chimiques, biologiques et énergétiques.

Il ne s'agit pas de surajouter ces nouveaux contenus de formation à ceux qui existent déjà, il faut repenser globalement l'ensemble des formations.

- *Définir des «familles de compétence».*

Pour faciliter l'adéquation rapide emploi-formation, mieux répondre à l'évolution des métiers et développer l'autonomie dans l'emploi, il est nécessaire de reformuler les objectifs des diplômes très spécialisés sous la forme d'ensembles de compétences, communes à divers métiers d'une même branche professionnelle.

<u>Pour s'adapter au développement social, des formations qui préparent à une nouvelle citoyenneté.</u>

On cherchera à préparer les jeunes à l'exercice de leurs responsabilités de citoyens et de travailleurs. Pour cela, des qualifications sociales sont à définir. Elles ne sauraient se limiter à l'enseignement de contenus, elles se fondent au moins autant sur des «capacités à faire» que sur des connaissances. Leur acquisition est avant tout liée à la responsabilité du jeune dans sa formation, tant au plan individuel que collectif.

Les qualifications sociales doivent chercher à prendre en compte également des compétences acquises par les jeunes dans leur vie extra-scolaire.

Elles cherchent à sortir du système unidimensionnel auquel risque de se réduire tout apprentissage qui, fondé sur les contraintes de la seule production, évacue la complexité des apprentissages sociaux, renforce les inégalités sociales au point de marginaliser ceux qui refusent une telle réduction. Elles donnent les moyens d'avoir un recul sur les techniques, une réflexion politique sur la vie quotidienne. Elles reconnaissent la valeur des pratiques de groupe, de la créativité, de la participation au développement de l'ensemble de la société. Elles ne sont pas apprentissage des normes dominantes mais incitation à l'approche critique de la vie sociale et économique. Ce qui importe, c'est l'acquisition de l'autonomie.

À cet objectif, la réponse ne peut être que structurelle : redéfinir un enseignement technologique de base ouvert.

L'objectif d'élévation générale du niveau professionnel et social des jeunes n'est, en effet, pas directement lié aux problèmes conjoncturels de l'emploi et du chômage. Il vise à préparer les jeunes à être des acteurs économiques et sociaux actifs, dans un monde où l'avancée technologique et la compétition internationale exigent une haute qualification individuelle et collective. Les pays comme le Japon et l'Allemagne se sont déjà engagés dans cette voie.

- *Une obligation nationale d'offrir aux jeunes une formation qualifiante.*

L'importance de l'enjeu actuel nécessite que le problème soit posé en terme d'obligation nationale. Par obligation nationale, il faut entendre qu'il ne s'agit pas d'une obligation pour les jeunes de rentrer dans le système mais d'une obligation, pour la collectivité, de leur proposer des formations qualifiantes et sous des formes qui répondent à leurs aspirations.

À long terme, ce n'est que dans la mesure où cette formule aura fait ses preuves et où, en particulier, les jeunes l'accepteront, que l'on pourra examiner la pertinence d'une obligation de formation pour tous et jusqu'à 18 ans.

C'est en cohérence avec cet objectif à long terme que nous avons décidé de marquer une étape autour de 18 ans.

- *Distinguer les mesures immédiates de celles du long terme.*

L'objectif à court terme impose une action massive urgente et transitoire ; l'objectif à long terme impose une action négociée et expérimentée et des mesures législatives. Mais dans le même temps, il faut mener ces deux actions en cohérence et faire en sorte que les décisions à long terme puissent notamment s'appuyer sur les actions menées dans le cadre du plan d'urgence.

- *Refuser la création d'un système éducatif parallèle et ségrégationniste.*

S'il est vrai qu'à court terme il faut créer un dispositif spécifique, il ne doit être que provisoire et c'est au sein d'un système unifié qu'il faut lutter contre les inégalités. Tout système parallèle venant se surajouter à ceux existant déjà, toute catégorisation trop étroite des publics, toute définition trop rigide des filières, a pour effet d'accentuer les tendances à la marginalisation.

• *Repenser progressivement l'ensemble du système éducatif.*

Les effets escomptés de mesures limitées à cette tranche d'âge seraient illusoires si la situation en amont ne se modifiait pas. C'est d'un ensemble qu'il s'agit : la rénovation des enseignements technologiques est indissociable d'une action d'amélioration du fonctionnement et du rendement du système éducatif obligatoire.

• *Engager dès maintenant une concertation et des négociations ouvertes.*

Nous pensons qu'il est indispensable, dans une perspective de nécessaire ouverture de l'enseignement technologique rénové, de faire participer à la concertation, outre l'État et les représentants des syndicats d'enseignants, les autres partenaires sociaux ainsi que les associations de parents d'élèves, les associations familiales et les jeunes (sous des formes qui restent à déterminer).

• *Et tenir compte des expériences passées et futures.*

On n'improvise pas une réforme, même partielle, du système éducatif. Les négociations devront s'inspirer de la situation actuelle et des contraintes qui pèsent aujourd'hui sur l'enseignement technique (ainsi, en raison d'insuffisances d'investissements par le pouvoir antérieur, plusieurs dizaines de milliers de jeunes n'ont pu trouver de place à la rentrée de cette année ; ainsi, dans de nombreux lycées d'enseignement professionnel, les conditions de travail des enseignants et des élèves sont déplorables).

Mais les négociations devront également s'inspirer des expériences passées et futures. On examinera cas par cas ce que sont actuellement, et ce que vont être, en particulier pour les jeunes chômeurs de cette tranche d'âge, les différentes voies de qualification professionnelle et sociale : diversité interne à l'apprentissage, essais d'ouvertures pédagogiques (séquences éducatives notamment), actions menées par certaines associations.

2. Les principales caractéristiques d'une formation technologique ouverte : une pédagogie de la réussite

Avant d'énoncer les principes de ce que nous croyons être les conditions d'efficacité d'une formation technologique ouverte, nous tenons à clarifier notre position.

Nous savons que toutes les conditions exigées par le projet que nous proposons ne sont remplies ni du côté de l'école ni du côté de l'entreprise et nous nous demandons même si toutes le seront jamais ! Par contre, il est pour nous certain que nous pouvons et devons, pour les exclus du système, aller concrètement dans le sens de notre projet, car c'est pour eux, aujourd'hui, une des solutions les plus adaptées pour les ramener à une situation de formation qualifiante.

Trois caractéristiques servent de base à l'action proposée : l'alternance pédagogique, la validation et la capitalisation des acquis, la négociation.

2.1 L'alternance pédagogique

Il faut redonner sa fonction pédagogique à l'alternance.

Le débat qui, dans un passé récent, s'est instauré en France sur l'alternance, a créé une véritable confusion sur le terme. Il ne s'agissait plus d'une recherche d'un principe éducatif, mais bien d'un transfert de la responsabilité de la formation des jeunes, de l'éducation au profit des entreprises.

Pour nous, il n'y a pas d'ambiguïté possible et nous nous écartons délibérément des options prises par la loi sur les formations alternées, dont nous demandons par ailleurs l'abrogation.

C'est le service public qui est responsable du projet pédagogique et de son unité : c'est son représentant qui, avec les jeunes, définit l'ensemble des objectifs pédagogiques.

De nombreuses raisons nous conduisent à proposer le recours à une telle démarche.

- *Un moyen de lutte contre les inégalités.*

Les jeunes, généralement issus des catégories sociales les plus défavorisées, sont exclus du système scolaire parce qu'ils ont mal supporté les apprentissages formels et les approches trop théoriques.

Même les formules actuelles des lycées d'enseignement professionnel sont souvent insuffisantes pour opérer leur réinsertion scolaire.

Lorsque nous proposons l'alternance pédagogique, nous avons précisément pour but de retrouver un moyen pour intéresser ces jeunes à la formation, et les inciter à se qualifier. Ce moyen consiste à partir des activités de travail des jeunes, et à les analyser pendant la période de formation. Cela signifie que le jeune est en situation de travail (dont on prévoira les conditions de rémunération et de contrôle social), qui n'est pas indépendante de son plan de formation.

L'école prépare les périodes de travail et en exploite les acquis et les enseignements. Pour que cette démarche soit efficace, nous pensons qu'il faut que le jeune soit, pendant sa période de travail, sous la responsabilité de l'entreprise (prise au sens le plus large : entreprise privée ou publique, administration, collectivité locale, association, etc.).

- *L'alternance, un facteur de motivation et d'orientation.*

L'alternance permet au jeune d'expérimenter, de se confronter à des situations de production diverses. Il peut ainsi retrouver une certaine motivation à apprendre et à s'orienter en meilleure connaissance de cause. D'autre part, la formation des jeunes de cet âge est davantage du ressort de la pédagogie des adultes qui se fonde, on le sait, sur un aller-retour entre les expériences de vie et les situations d'apprentissage plus formelles. Elle est donc complémentaire aux formes d'alternance interne au lycée d'enseignement professionnel, c'est-à-dire entre atelier et classe.

- *L'alternance, un moyen de lier formation et action.*

L'alternance de situations scolaires et de situations de production permet de ne plus considérer la formation comme liée uniquement à un temps qui précède l'action, mais à un temps qui peut l'accompagner, voire s'y intégrer.

- *L'alternance, un facteur d'insertion dans la vie professionnelle.*

C'est aussi la possibilité de rentrer dans des réseaux d'insertion professionnelle et sociale. Seuls les plus armés supportent le passage brutal de l'école à la vie active : la connaissance de situations, de métiers, de modes de travail différents, la découverte des formes d'organisation du travail et la relation avec les travailleurs eux-mêmes, donnent aux jeunes, surtout ceux des catégories les plus défavorisées, la possibilité de recueillir des informations et de créer des liens qui peuvent leur permettre de rentrer dans des réseaux d'insertion.

Par ailleurs, la création de relations étroites entre les centres de formation et les lieux de production doit permettre des adaptations rapides et localisées à la nature des qualifications et donc des apprentissages nécessaires, tant professionnels que sociaux.

- *L'alternance, un facteur d'insertion sociale.*

En établissement scolaire, le jeune ne rencontre pas d'autres adultes que des enseignants. Or, les travailleurs sont porteurs d'un potentiel de connaissances et d'expériences né de leur propre pratique. Cela est particulièrement important dans le domaine des qualifications sociales.

- *L'alternance, un facteur d'insertion dans l'éducation permanente.*

C'est enfin le moyen de permettre aux jeunes de s'insérer dans le véritable processus de l'éducation permanente.

L'éducation permanente est une pratique constante de réflexion sur et à partir de toutes les situations de vie; réflexion sur ce que l'on fait, aller et retour permanent entre le faire quotidien et les savoirs qui permettent l'autonomie critique. Certes, cette réflexion peut se faire à l'école, mais parce qu'elle offre des situations variées, en vraie grandeur, moins guidées, l'alternance favorise cette réflexion et permet au jeune de se construire un recul critique. Pour qu'elle permette véritablement une pratique sociale enrichie, il est même essentiel que l'éducation permanente ne se réduise pas à des périodes de formation. Une condition absolue cependant à l'alternance : que la formation, en centre de formation, aménage ce recul, analyse ce que le jeune a fait et lui permette ainsi de transformer son expérience en connaissances. S'il n'en est pas ainsi, alors l'alternance risque de n'être qu'un conditionnement.

- *L'alternance une pédagogie de la réussite.*

Tout ce qui précède démontre notre souci de faire en sorte que les formateurs aident chaque jeune à retrouver ses motivations, à trouver son itinéraire, à suivre son rythme, à réussir ce qu'il fait.

<u>Mais l'application de l'alternance pédagogique exige certaines conditions.</u>

- *Une participation des parties prenantes.*

Les employeurs, auxquels il est demandé, dans une période économique difficile, de participer à l'effort national de qualification des jeunes ; les travailleurs, auxquels il est demandé d'accompagner les jeunes dans leur insertion du monde du travail ; les formateurs qui auront à adapter leurs pratiques pédagogiques.

- *Des postes de formation diversifiés.*

Des postes de formation devront être ouverts dans les entreprises, privées et publiques (ces dernières devant accepter de jouer un rôle d'expérimentation), les collectivités locales, les institutions et associations du secteur sanitaire et social, l'administration...

Certains permettront davantage l'acquisition de qualifications sociales et de formation générale, d'autres permettront surtout d'acquérir des compétences professionnelles. Ce qui importe, c'est que la situation de travail se prête à une utilisation pédagogique, d'où l'importance de son choix.

Objectifs, durées, rythmes et fréquences seront liés à la nature des qualifications recherchées et variables selon la situation du jeune.

Il sera parfois nécessaire, en l'absence d'un tissu industriel suffisamment diversifié, de prévoir des possibilités d'alternance uniquement internes au système éducatif, par la création d'ateliers scolaires.

- *Elle nécessite fondamentalement une unité de la formation.*

C'est le projet éducatif et lui seul qui doit être déterminant et ce, d'autant plus que la diversité de situation des jeunes, la pluralité des agents éducatifs et des lieux est grande.

C'est l'articulation des périodes en centre ou en entreprise qui donne sa réalité à l'alternance, sinon il y a juxtaposition des démarches. C'est l'absence de cohérence entre ces périodes qui rend certains apprentis sceptiques sur leur passage en centre de formation. Nous redisons donc, avec insistance, que l'acte éducatif doit surtout intervenir pour éclairer l'expérience du jeune. C'est à ce prix qu'il peut acquérir les connaissances qui lui donneront la capacité d'agir dans des conditions inconnues ou imprévues — en d'autres termes lui apprendront l'autonomie.

2.2 La validation et la capitalisation des acquis

Acquérir des compétences ne suffit pas, encore faut-il les faire valider et les capitaliser selon des modalités qui soient en cohérence avec les principes pédagogiques retenus pour la formation et en particulier avec l'alternance pédagogique.

<u>La capitalisation permet de conserver les acquis, même partiels.</u>

Elle s'inspire ici largement de l'expérience acquise par le ministère de l'Éducation nationale, à travers les formations pour adultes en unités capitalisables, et en formation initiale, par l'expérimentation du contrôle continu dans un certain nombre de lycées d'enseignement professionnel.

Ces expériences avaient en particulier comme objectif d'en finir avec le « tout ou rien » qui est actuellement la règle majeure des modes de sanction. Quand on échoue à l'examen final, on redouble ou on abandonne le système scolaire sans aucune reconnaissance d'aucun acquis. Il s'agit là d'un gâchis inacceptable. Ce processus est un frein à la motivation d'apprendre.

Le système d'unités capitalisables permet des cheminements individualisés.

L'objectif global de la formation vise à acquérir un ensemble de compétences ou de capacités (être capable de...) exercées dans un ensemble de conditions déterminées : rapidité, précision et degré d'autonomie. Ainsi, il ne s'agit pas d'emmagasiner des contenus (notion de « programme ») mais d'atteindre des compétences regroupées en « unités ».

Dès à présent, dans le système des unités capitalisables, ont été définis les contenus d'un grand nombre d'unités des domaines professionnels ou d'enseignement général constituant 35 CAP et plusieurs BP (dont la combinatoire permet d'ailleurs des itinéraires variés, évitant les doubles emplois dans la formation et permettant d'autre part des reconversions professionnelles).

Mais ce système doit s'enrichir et s'assouplir.

Il devra accueillir de nouveaux contenus (nouvelles qualifications professionnelles et sociales) et devenir plus flexible pour faire place à la fois aux acquis scolaires et aux acquis expérientiels et pour tenir compte de la diversité des publics.

On peut envisager par exemple que, pour des jeunes d'origine étrangère, des unités de langues viennent compléter ou remplacer certaines unités de français ou que des unités liées à une connaissance particulière de telle ou telle spécificité locale ou régionale, viennent compléter ou remplacer certaines unités.

Un système de validation des acquis permet de se situer et de s'orienter.

Il s'agit de faire en sorte qu'au fur et à mesure de son cursus de formation, le jeune puisse savoir où il en est dans l'acquisition de ses compétences. Ainsi, théoriquement « tout ce qu'il sait et sait faire » doit pouvoir donner lieu à validation ; cette reconnaissance positive de ses compétences fera naître des motivations nouvelles. Elle incitera bien des jeunes à aller jusqu'au bout de la qualification et de sa sanction sociale : le diplôme. C'est pourquoi cette validation doit être institutionnalisée officiellement et mise en mémoire.

Cette validation se fait dans le cadre d'une procédure publique officielle.

Tous les jeunes à 18 ans doivent pouvoir positionner leurs acquis dans le système rénové des unités capitalisables.

Un double système de validation sera mis en place : des mesures pédagogiques des acquis et un contrôle formel par épreuve.

Les mesures pédagogiques ne peuvent être assurées que par les formateurs eux-mêmes. Elle est évidemment centrée sur l'élève, elle l'aide à construire son savoir et fait partie de son apprentissage.

Le contrôle officiel par épreuves, qui vise au respect des normes, sera assuré par l'Éducation nationale. À un moment donné du cursus, proche de sa fin, un système d'épreuves *ad hoc* (expérimenté cette année par le ministère de l'Éducation nationale) sera mis en place par les services compétents.

Elle trouve sa reconnaissance dans le système national des diplômes.

Les résultats de la double validation sont enregistrés dans une mémoire et sur un livret que garde le jeune.

C'est avec ce livret qu'il se présente au jury de délivrance des diplômes car il s'agit bien de se présenter aux diplômes, et d'abord à ceux existants, les CAP. Mais dans le même temps, l'examen des livrets, comportant la reconnaissance des nouvelles unités sociales et technologiques, doit permettre, à long terme, la définition de nouveaux profils, permettant ainsi la rénovation des CAP.

Ce livret sera complété, au fur et à mesure des nouveaux acquis validés dans le cadre de la formation continue, enregistrant ainsi les étapes de la progression dans les qualifications.

2.3 La négociation : le contrat de qualification professionnelle et sociale de base (CQPS — B) (Niveau V)

Un apprentissage de la responsabilité.

Apprendre à négocier et à contracter est un réel apprentissage de la responsabilité. C'est marquer une rupture avec l'enfance et avec la situation scolaire, c'est introduire les premiers éléments de ce que sera la vie de travailleur et de citoyen. En ce sens, associer le jeune à l'élaboration et à la conduite de sa propre formation est une démarche d'éducation permanente.

La négociation pédagogique est une démarche d'orientation concertée et permanente.

Elle consiste à construire très progressivement avec le jeune, une stratégie de formation qualifiante qui corresponde à la fois à ses centres d'intérêt et aux possibilités de l'offre de formation et d'accueil dans les lieux de production. La négociation doit donc se faire au niveau le plus proche possible du jeune, c'est-à-dire prendre en compte le jeune dans sa globalité : ses aspirations, ses capacités, son histoire et son expérience. La vertu essentielle de cette démarche est de sortir le jeune de l'anonymat, d'accompagner son processus de motivation personnelle et de le traiter en adulte.

La négociation aboutit à l'élaboration d'un projet individualisé de formation que nous appellerons, par commodité, contrat de qualification professionnelle et sociale (CQPS — B Niveau V).

Nous arrêterons ici la description du projet à long terme. Nous ne voulons pas préjuger des décisions et des options qui se dégageront de la concertation et des choix du législateur.

3. Une première étape de mise en œuvre

Nous avons précisé les grandes lignes de nos propositions pour le long terme. Nous pensons qu'il faut les expérimenter afin de mesurer leur pertinence et de dégager les difficultés concrètes qu'elles peuvent rencontrer. C'est cependant sur les options contenues dans ces propositions que s'appuie le plan d'urgence.

Celui-ci s'adresse aux exclus de l'école et du travail, dont il veut par ailleurs limiter le nombre. Des mesures sont donc proposées tant aux lycées d'enseignement professionnel qu'à l'apprentissage.

D'où les trois axes de notre plan d'urgence :

- proposer des formations qualifiantes (CQPS — B) à tous les jeunes exclus de l'école et du travail ;
- permettre aux lycées d'enseignement professionnel d'offrir de meilleures chances de qualification aux jeunes du système éducatif ;
- améliorer la formation des apprentis et développer l'apprentissage.

3.1 Proposer des formations qualifiantes (CQPS — B) à tous les exclus

Des précisions sur le contrat.

- *La notion de contrat est liée à l'existence d'un statut.*

Nous proposons qu'en attendant que la loi portant réforme de l'enseignement technologique de base précise ce que sera ce statut, le jeune bénéficie du statut de stagiaire de la formation professionnelle.

Ce contrat de formation élaboré et signé par le jeune et ses parents ou son tuteur légal et la mission locale (voir ci-dessous) précisera :

- les relations entre le jeune et l'organisme de formation, d'une part, et entre le jeune et l'entreprise d'accueil, d'autre part;
- les conditions de validation des acquis;
- la durée du contrat : quand le choix du jeune est clair et se porte sur un contrat de longue durée, il rejoint l'apprentissage. À l'inverse, lorsqu'il s'agit de jeunes mal fixés sur leur avenir, la durée du contrat pourra être limitée à 6 mois : à l'issue de cette période, le jeune pourra le renouveler tel quel ou en signer un autre, différent, ou partir en apprentissage ou enfin se réinsérer dans un lycée d'enseignement professionnel. L'objectif est de lui permettre de connaître des situations de travail différentes et de rester ouvert à des cursus différents, par une succession de contrats, limitée au maximum à deux ans, suivant les qualifications acquises;
- les conditions de rémunération.

Nous proposons que les titulaires d'un contrat de qualification professionnelle et sociale de niveau V, bénéficient d'un minimum légal assuré par l'État et s'élevant à 10 % du SMIC. De plus, une rémunération est versée par l'entreprise, elle est progressive semestriellement si le jeune reste dans la même entreprise (15, 25, 35, 45 % du SMIC).

Lorsque l'organisme d'accueil n'est pas en mesure de rémunérer le jeune (cas des associations ou de certaines collectivités), l'État prend en charge l'intégralité de leur rémunération.

- les modalités de contrôle de l'exécution du «contrat», contrôle qui sera assuré à deux niveaux : pour ce qui concerne la formation proprement dite, par les corps d'inspection habilités en liaison avec la mission locale et, pour ce qui concerne les conditions de travail, par l'inspection du travail.

Les instances de représentation des travailleurs (comités d'entreprise, délégués du personnel, délégués syndicaux) seront associées au suivi des jeunes dans l'entreprise. Se pose le problème des entreprises qui ont moins de 50 salariés.

Une mission locale d'animation en est le pivot

Le nombre de jeunes, l'individualisation de la formation et la multiplicité des acteurs nécessitent un traitement par un dispositif d'animation au plus près des jeunes. Outre que cette mesure est techniquement nécessaire, elle aura un impact politique rendant le projet plus visible et mieux identifié sur le terrain. Enfin, elle permettra une coordination des efforts aujourd'hui dispersés.

Cette mission doit remplir quatre fonctions.

- *Une fonction de connaissance des jeunes.*

Il s'agit de contacter et d'inciter les jeunes exclus à se saisir de l'offre de formation qualifiante.

Ce travail doit se faire en collaboration avec les responsables des instances d'orientation et d'éducation (conseillers d'orientation, principaux des collèges, directeurs des lycées d'enseignement professionnel, enseignants...) et les responsables de la vie sociale du quartier ou de la zone géographique (élus, travailleurs sociaux, animateurs socioculturels...)

- *Une fonction d'accueil et d'orientation.*

Elle s'exerce sous des formes diverses : réunions, discussions individuelles, stages en groupe, stages de bilan, etc.

Elle vise à établir pour chaque jeune un cursus personnalisé comportant des temps de travail. L'aboutissement de cette action est, rappelons-le, la signature du contrat de qualification.

- *Une fonction de relation avec les entreprises d'accueil.*

Elle consiste à animer le réseau des entreprises d'accueil qui peuvent offrir des postes de formation. Il est, en effet, indispensable de repérer les situations éducatives favorables et d'aider les responsables de l'accueil à assumer leur rôle de tuteur. Soulignons ici que de nouveaux partenaires sont concernés : outre les entreprises privées et les artisans, les administrations, collectivités locales, associations, coopératives, chantiers divers... devront participer à cet effort.

On notera que les collectivités locales, qui ont un rôle d'animation auprès de l'ensemble de la population locale, devront elles aussi offrir des postes de formation à des jeunes en formation alternée. Elles auront en outre, dans bien des cas, à soutenir ou à conseiller des actions ou des expériences de caractère particulier (ateliers, formation/production).

De même, les entreprises publiques et nationalisées et les administrations devront s'ouvrir à l'accueil et faire rapidement des propositions dans ce sens.

- *Une fonction de relation avec les organismes de formation.*

Divers organismes de formation seront associés à la réalisation des contrats de qualification établis pour les jeunes exclus : lycées d'enseignement professionnel, centres de formation d'apprentis, centres de formation d'entreprise, associations...

Il est donc nécessaire de négocier avec toutes les institutions éducatives concernées, les réponses éducatives les mieux appropriées et de suivre leur réalisation.

- *En appliquant le principe de la discrimination positive.*

La négociation, l'élaboration et la gestion du contrat de qualification sont donc la tâche essentielle de la mission locale. C'est au cours de cette négociation que doit s'appliquer la règle de la discrimination.

Il sera donc négocié avec les jeunes particulièrement défavorisés des conditions spécifiques leur permettant de profiter d'un renforcement des formations générales et de multiplier les lieux de stages pour augmenter leurs possibilités de « se situer » et leurs chances d'insertion professionnelle.

- *Et en menant une planification éducative décentralisée.*

Pour construire ce qui sera en quelque sorte le plan de formation des jeunes, un ensemble de données est nécessaire : données à la fois locales et régionales caractéristiques de la population jeune et profils des sorties de l'appareil scolaire, axes de développement prévus dans la zone et profil de développement économique et social...

<u>Elle exerce ses fonctions au niveau d'un bassin d'habitat et d'emploi.</u>

La raison de ce choix tient d'abord à des problèmes de dimension. Pour une zone de 100 000 habitants, il y a un peu moins de 350 jeunes « exclus » en moyenne.

D'autre part, un bassin d'habitat et d'emploi correspond à une entité économique, sociale et culturelle — entité que les découpages administratifs ne recouvrent pas toujours d'ailleurs.

Le chiffre de 100 000 habitants n'est qu'indicatif. Les zones rurales à habitat dispersé, les zones périurbaines à forte concentration de population doivent connaître un traitement spécifique.

Elle sera composée de personnels mis à disposition.

Pour remplir cette tâche, elle sera composée de personnels mis à disposition, par exemple :

- Éducation nationale : professeur de l'enseignement technique et/ou conseiller en formation continue;
- ANPE, AFPA;
- Chambre de commerce et d'industrie et chambre des métiers;
- Jeunesse et sports, action sociale;
- associations...

Cependant, de nouveaux postes devront être créés pour permettre cette politique de mise à disposition.

Pour être opérationnelle en septembre 1982, elle a un ensemble de tâches immédiates à remplir.

Procéder à un examen systématique des actions réalisées en direction de ce public dans le cadre du pacte ou des actions à caractère social ou culturel.

Recenser, en liaison avec les services de la Délégation régionale de la formation professionnelle et de la Délégation académique à la formation continue, tous les offreurs de formations potentiels.

Recenser les offreurs potentiels de postes de formation : entreprises, administrations, associations, collectivités locales.

Cet examen donnera lieu à un premier bilan. Ainsi, la première tâche de la mission sera la sensibilisation des structures décentralisées des services extérieurs de l'État, des collectivités locales et des partenaires sociaux.

Dans le même temps, s'appuyant sur les réseaux existants, elle repérera les jeunes exclus. Elle aura ensuite à organiser les entretiens/bilans avec ces jeunes et à signer les premiers contrats.

Elle procédera enfin aux montages financiers avec les services de la Préfecture de région.

Mais d'autres problèmes sont à résoudre

Organiser l'accueil des jeunes dans les entreprises.

L'importance du nombre de jeunes concernés posera, aux services et aux lieux de production les plus divers, des problèmes d'organisation (accueil, encadrement par du personnel qualifié). Le développement des formations en alternance rendra nécessaire, pour les partenaires sociaux, une clarification des règles du jeu. Aussi proposons-nous que soit engagé un processus de négociation collective au niveau interprofessionnel, au niveau des branches professionnelles ainsi qu'au niveau des entreprises.

Le plan de formation du personnel de l'entreprise, soumis par l'employeur au comité d'entreprise pour délibération, devrait comporter un chapitre relatif à l'accueil des jeunes en formation : combien l'entreprise peut-elle en accueillir ? À quels postes de travail ? Quels aménagements de l'organisation du travail sont prévus pour favoriser l'accueil des jeunes en formation ?

Des procédures de négociation de même nature pourraient être engagées dans les administrations et les collectivités locales.

Réduire la concurrence entre le chômage et la formation qualifiante.

Le jeune qui se retrouve au chômage après un contrat de travail d'au moins trois mois, a droit à une indemnité largement supérieure à celle à laquelle il aurait droit dans le cadre du nouveau contrat.

Afin de ne pas rendre attractive la situation de demandeur d'emploi par rapport à une démarche de formation qualifiante et pour maintenir toute leur portée à l'ensemble des mesures prévues pour les 16-18 ans, il y a donc lieu de revoir l'indemnisation du chômage pour cette catégorie de jeunes. C'est là un problème délicat que nous demandons aux partenaires sociaux d'étudier.

Mettre en place un système progressif de validation des acquis.

Rappelons qu'il incombe à l'Éducation nationale de mettre en place rapidement des instances de validation, ce qui nécessite de mobiliser les enseignants déjà formés à ces techniques, mais aussi et surtout d'en former d'autres. Il ne faut pas se cacher que ce processus nécessite un investissement important de formation des enseignants.

3.2 Aider les lycées d'enseignement professionnel à offrir de meilleures chances de qualifications aux jeunes du système éducatif

En évitant les départs du lycée pour des raisons financières.

De nombreux élèves de l'enseignement court appartiennent à des milieux modestes ; pour eux la recherche d'un salaire d'appoint et le poids financier des frais de scolarité sont des causes d'abandon.

Le relèvement des bourses (jusqu'à 15 % du SMIC) et l'accroissement de leur nombre doivent être prévus, ainsi qu'une prime d'entrée au lycée d'enseignement professionnel au début de chaque année.

En augmentant les chances d'obtention des diplômes de leurs élèves.

Il faut analyser cas par cas les intentions d'abandon. D'autre part tous les élèves qui se présentent aux CAP, BEP, ou qui abandonnent en fin de 2e année pour le CAP ou en fin de 1re année pour le BEP, devront être positionnés par rapport aux systèmes d'unités capitalisables. On leur reconnaît les acquis partiels sous forme d'unités : ils ont ainsi une partie du diplôme. Des retours doivent être possibles pour eux, sous forme de formations courtes de 3 à 6 mois, afin de leur permettre de terminer leur diplôme.

Par contre, les LEP proposent aux élèves qui abandonnent en fin de 1re année de CAP de reprendre leur formation (au lycée d'enseignement professionnel ou ailleurs, s'ils le désirent) dans le cadre du contrat de qualification professionnelle et sociale.

En permettant des changements de filières.

Une orientation pourrait être prévue au niveau de la fin de la classe de seconde et de la classe de première de l'enseignement général vers l'enseignement technique long (avec un soutien pédagogique pour la mise à niveau) ou vers la préparation au BEP en une année.

En étudiant les possibilités de réinsertion scolaire après une période de travail.

En instaurant un droit au retour à l'intérieur du système éducatif pour les jeunes qui, après une expérience de travail, se retrouvent au chômage et font le choix du retour dans le système éducatif. Cette possibilité devra s'accompagner d'une action d'orientation et d'évaluation des acquis de façon à apporter les garanties de réussite à cette réinsertion.

Les lycées d'enseignement professionnel devront recevoir des moyens supplémentaires pour remplir ces nouvelles missions.

Le coût de toutes ces mesures doit être mis en relation avec celui du chômage et de l'absence de qualification auquel sont exposés tous les jeunes qui quittent les lycées d'enseignement professionnel sans diplôme.

3.3 Améliorer la formation des apprentis et développer l'apprentissage

L'apprentissage est une formation alternée et se trouve directement concerné par la rénovation des enseignements technologiques courts. Il appartiendra aux instances politiques de se prononcer sur le degré d'intégration de l'apprentissage dans l'Éducation nationale. Cependant, la mobilisation de l'apprentissage, c'est-à-dire des formateurs et des maîtres d'apprentissage, est aujourd'hui indispensable pour répondre à notre plan d'urgence. Une amélioration des formations est nécessaire.

Trois mesures pour améliorer la qualité de la formation.

- *Une augmentation progressive et modulée des durées de formation.*

La durée de l'apprentissage devra plus souvent qu'aujourd'hui être portée à 3 ans.

Les modalités d'allongement de la formation en centre doivent cependant demeurer souples pour concilier les impératifs pédagogiques avec la spécificité de l'activité professionnelle. Elles seront étudiées dans les instances normales de concertation des partenaires sociaux, avant d'être soumises à l'approbation des pouvoirs publics.

Des expériences sur le modèle du système sandwich anglais qui, à partir d'un partage égal du temps entre l'entreprise et le centre, permettent l'embauche de deux apprentis, seront encouragées par les pouvoirs publics au moyen d'une incitation renforcée pour les employeurs et d'une subvention particulière pour les CFA.

- *Une amélioration de la cohérence pédagogique.*

Trop souvent le séjour en centre et le travail chez le maître d'apprentissage sont juxtaposés sans qu'il existe de relations entre eux. Pour développer la cohérence, il faut que ce qui est vécu dans l'entreprise donne lieu à clarification des savoirs utilisés.

- *La formation des formateurs des CFA.*

La formation des formateurs des CFA devra être améliorée mais cela suppose que les personnels formateurs soient davantage stabilisés ; ce qui peut se faire à travers des contrats d'association avec l'Éducation nationale. D'autre part, on incitera les artisans à acquérir le brevet de maîtrise.

Le développement de l'apprentissage suppose une série de mesures.

- *Une augmentation de la rémunération des apprentis.*

Le complément de salaire de 10 % du SMIC accordé par l'État aux jeunes ayant un contrat de qualification professionnelle et sociale devrait être étendu aux apprentis, pour l'aligner sur la rémunération du CQPS — B.

- *Le maintien de l'exonération des charges patronales.*

L'augmentation du nombre d'apprentis n'est pas seulement liée au maintien de l'exonération totale des cotisations patronales. De nombreux autres éléments entrent en jeu et il ne faut pas s'attendre à court terme à une augmentation sensible du nombre d'apprentis.

Cependant, toute mesure qui irait en retrait par rapport aux mesures existantes aurait des effets directs de transfert sur le chômage et, par voie de conséquence, sur le système de qualification professionnelle et sociale.

- *Le développement de l'apprentissage industriel dans les PME*

Un effort particulier sera porté sur le développement de l'apprentissage industriel, en particulier dans les PME, pour lesquelles des mesures spéciales d'incitation seront prises. On observera que l'embauche d'apprentis dans les PME est fréquemment liée à un renouvellement du matériel. Nous suggérons un système d'aide à l'amortissement du matériel, soit sous la forme d'une prime d'amortissement, soit sous la forme de crédits bonifiés pour les PME qui embauchent un ou plusieurs apprentis. Les PME accueillant des jeunes en CQPS — B bénéficieront également de cette mesure.

3.4 Des mesures doivent accompagner la réalisation de ces objectifs

La concentration des incitations financières sur la formation.

Compte tenu de l'objectif de qualification visé, toutes les mesures d'incitation des employeurs seront centrées sur l'offre de postes de formation.

Par rapport aux dispositions actuelles des mesures pour l'emploi, toutes les incitations à l'embauche directe pour les jeunes de 16 à 18 ans se trouvent supprimées et remplacées par des incitations à l'accueil de jeunes sous contrat de qualification professionnelle et sociale et sous contrat d'apprentissage.

Le développement de l'information.

Idéalement, tout jeune devrait pouvoir choisir son orientation. Mais même après rénovation — indispensable — de la carte scolaire, les jeunes n'auront jamais tous cette possibilité. Par contre, le droit à l'information, aussi bien sur les filières scolaires que sur les métiers et professions, est essentiel.

Pour que ce droit ne soit pas seulement formel, il faut :

- améliorer les ratios de conseillers professionnels et de conseillers d'orientation et étendre, en particulier, l'aide des conseillers d'orientation aux jeunes des lycées d'enseignement professionnel et des lycées techniques ;

- renforcer le temps de présence et d'ouverture des centres d'information et d'orientation en organisant des ouvertures en nocturne, et le samedi matin, pour mieux prendre en compte les disponibilités des parents ;
- créer des unités mobiles qui se déplacent vers les jeunes et les parents.

Le dégagement des moyens financiers — une modification de la taxe d'apprentissage

Tout le monde s'accorde aujourd'hui pour reconnaître qu'une réforme du mode de collecte et de redistribution s'impose, notamment en raison des inégalités du système actuel. Compte tenu de la complexité du problème et de la procédure de réforme, nous demandons que son traitement connaisse un caractère d'urgence. À terme, nous pensons que la totalité de la taxe devrait être affectée à l'enseignement technologique de base rénové.

Afin de garder un caractère de proximité au circuit financier, sa collecte pourrait être organisée par un fonds tripartite départemental (État et partenaires sociaux) qui en assurerait la redistribution. Un dispositif de compensation serait mis en place pour tenir compte des disparités entre les départements.

Intégrer le service national aux processus d'insertion

La politique aujourd'hui menée par le ministère de la Défense nationale veut rapprocher l'Armée des citoyens et atténuer son isolement. Nous nous inscrivons dans une telle perspective en proposant que l'armée, non seulement ne retarde pas le jeune dans ses problèmes d'insertion professionnelle et sociale, mais à l'inverse l'aide à trouver une aide et un appui.

Il ne nous appartient pas de nous prononcer sur la politique de défense ni sur la durée du service national : ces questions dépassent le cadre de la mission. Nous avons cependant cherché, par la problématique proposée, à nourrir le débat sur le contenu du service national.

<u>Le service national féminin ne peut être que volontaire.</u>

Aujourd'hui, le service national ne concerne pratiquement que les garçons : on compte chaque année environ 230 000 appelés (de 16 à 21 ans), alors que les jeunes femmes ne sont que 500 à faire leur service, dans le cadre du volontariat.

Ce nombre serait probablement plus élevé si on ne les reléguait pas à des postes dits « féminins ». Au même sens que tout poste est ouvert aux jeunes gens (ce qui ne veut pas dire que tous peuvent l'assurer), tout poste devrait, par principe, être ouvert aux jeunes femmes.

Nous ne proposons pas pour autant l'extension de l'obligation du service national aux jeunes femmes car nous raisonnons en terme de carrière et de cursus de vie. La maternité et les différentes contraintes liées à la condition féminine constituent aujourd'hui des obstacles importants dans leur cursus professionnel. Il ne paraît donc pas opportun, dans l'état actuel des choses, de leur imposer un service national.

Les conditions d'exécution du service peuvent être améliorées.

Les jeunes comprennent mal à quoi « sert » le service national. C'est sans doute une conséquence du développement de l'arme nucléaire qui situe la Défense nationale à un niveau que les jeunes ne connaissent pas et qui les dépasse complètement.

C'est probablement aussi la conséquence de la politique menée dans le passé, qui s'est caractérisée par un refus de l'adaptation du service national aux conditions de vie actuelle et à l'évolution des mœurs et des comportements. Or, le service national se situe à une période clé dans le processus d'insertion des jeunes et l'articulation avec le travail et la formation est une condition de la nécessité de l'insertion. Il est dès lors un élément essentiel de l'architecture d'ensemble de notre projet.

Il convient donc de tirer un meilleur profit de la présence de centaines de milliers de jeunes sous les drapeaux en faisant en sorte que le service national joue un rôle efficace en matière de formation générale et professionnelle. Le service peut être une occasion privilégiée, voir unique pour certains, d'améliorer leur qualification : il doit pouvoir faciliter leur insertion professionnelle et sociale.

1. Durant leur service, les appelés doivent pouvoir améliorer leur qualification

D'après les statistiques de 1979, 35 % des appelés ont un niveau inférieur ou égal au certificat d'études primaires ou au DFEO. qui le remplace. 33 % ont le niveau BEPC, CAP, BEP. 65 % (dont 20 % d'étudiants) n'ont aucun titre professionnel. 13,6 % sont pratiquement illettrés et ce nombre n'est pas en diminution.

Compte tenu de son énorme potentiel humain et technologique, l'armée, pendant la durée du service national, doit contribuer à améliorer la qualification professionnelle des appelés.

Les capacités nécessaires à l'exercice des fonctions militaires font appel à des savoirs et à des savoir-faire qui sont souvent les mêmes que ceux de la vie civile.

Dans l'armée, comme à l'école, comme partout, notre société exige une démarche pédagogique qui permette au jeune à tout moment et en tout lieu de comprendre ce qu'il fait et pourquoi il le fait.

Rendre l'exécution des tâches plus rapide et plus efficace n'est pas un problème spécifique à la vie militaire. C'est aussi celui de toute production. Se contenter d'y répondre par l'apprentissage de la répétition, à l'exclusion de tout autre, est insuffisant. La formation aux automatismes n'est pas exclusive de celle de l'autonomie. À cet égard d'ailleurs, l'expérience du processus de « mission globale » nous a semblé particulièrement intéressante (organisation de missions avec participation active des appelés à la définition et à l'exécution des tâches, suivies d'un bilan fait en commun).

Les capacités et les connaissances ainsi acquises au cours du service national doivent pouvoir être validées.

Les spécialités militaires sont à valoriser.

Il est possible d'utiliser la formation militaire acquise pendant la durée du service et d'aller plus loin que l'actuel système d'homologation et d'équivalences. Certaines spécialités militaires doivent être validées, reconnues, intégrées dans le système d'unités capitalisables.

Pour ceux qui ont une pratique professionnelle, l'utiliser au maximum.

On veillera ainsi à utiliser au maximum le potentiel d'emplois à caractère professionnel, pour permettre un entretien et un perfectionnement des pratiques acquises avant le service national.

Ces perfectionnements donneront lieu à validation.

Toutes ces mesures pourraient être facilitées par un examen plus attentif des postes de travail que peut offrir l'armée, par une meilleure planification des activités militaires et de meilleures conditions de travail dans les casernes. Des spécialistes civils (ergonomes, psychologues du travail, etc.) pourraient être appelés en assistance technique pour réaliser ce travail. Mais surtout il faut instituer une obligation nationale de promotion sociale des plus défavorisés.

L'armée devra participer à l'effort fait durant les prochaines années, en faveur des jeunes de faible niveau de scolarisation. Ceux-ci devront bénéficier de mesures de discrimination positive : aménagement de leur emploi du temps leur rendant possible le suivi de cours de rattrapage ou de stages de formation organisés pour eux par des organismes de formation externe, Éducation nationale, AFPA, associations...).

Sachant les difficultés que pose, dans beaucoup d'unités, la poursuite régulière d'études, l'encadrement devra être directement responsabilisé sur cet objectif, inciter les intéressés à s'y engager et veiller au bon déroulement des programmes arrêtés.

2. Faciliter l'insertion professionnelle

En multipliant les initiatives en matière d'information.

On développera les actions qui existent déjà. Mais surtout des relations suivies avec les instances civiles d'information et d'orientation seront instituées. On reconsidérera à cet égard les accords que le ministère de la Défense nationale a passés avec l'AFPA ou l'ANPE, pour qu'ils soient désormais inclus dans l'ensemble, plus vaste, de conseil professionnel d'information et de formation que le ministère du Travail promeut dans le cadre de la réorganisation du service public de l'emploi.

En consolidant le statut des officiers-conseil et en renforçant leurs moyens.

Leur rôle est capital en matière d'information et d'orientation des appelés. Il leur appartient d'être le lien avec la mission locale.

En ce sens, les officiers-conseil devront étudier avec ces missions locales les validations possibles des acquis des jeunes, participer plus activement aux opérations d'orientation lors de l'incorporation et s'assurer que les appelés bénéficient d'un bilan professionnel et d'un diagnostic de formation, au plus tard aux deux tiers du service. Des formations professionnelles seront organisées à l'issue de ces bilans, en cas de besoin.

À cet effet, la place des officiers-conseil au sein des unités devra être examinée de telle sorte que leurs moyens et leurs pouvoirs d'intervention soient accrus.

En organisant mieux le retour à la vie civile, en passant contrat :

- d'une part, avec l'ANPE, et en permettant en outre l'augmentation des possibilités de permission en fin de service pour recherche d'emploi (assorties de précautions si l'on veut minimiser les abus) ;
- d'autre part, avec l'AFPA pour que les jeunes appelés, en service, puissent y suivre immédiatement des formations.

En responsabilisant les jeunes.

Responsabiliser les jeunes, c'est, dans l'armée comme dans la vie civile, les considérer comme des citoyens à part entière. Dans le cadre d'une actualisation du règlement de discipline générale, cela implique :

- de créer des structures de dialogue (ou d'aménager les structures existantes telles les commissions consultatives d'unités) ;
- de garantir les droits et libertés essentielles (information, expression...) ;
- d'offrir aux jeunes des conditions de vie sociale décentes (création de comité d'hygiène et de sécurité, etc.) ;
- et de leur apporter l'aide nécessaire ou des compensations particulières dès que l'accomplissement du service crée des sujétions exceptionnelles (éloignement important du domicile familial, obligation d'abandon d'un travail occupé après une longue recherche ou qui a nécessité un endettement particulier, etc.).

En faisant de l'armée une école de la solidarité.

- *À l'intérieur de l'armée.*

Une forme possible de solidarité est de demander aux jeunes appelés les plus scolarisés de former les moins scolarisés selon des modes d'organisation appropriés.

- *Entre les soldats et la nation.*

La solidarité entre les soldats et la nation ne doit pas être conçue uniquement en terme de tâches militaires. Celles-ci sont prioritaires mais on doit développer, parallèlement, des missions civiles d'intérêt général (défense du patrimoine collectif, plan ORSEC, lutte contre les incendies) qui donneraient au service national un sens plus large et conforme aux aspirations des jeunes.

En particulier, il doit être possible d'augmenter largement les places offertes dans le corps des sapeurs-pompiers qui n'a accueilli en 1979 que 850 jeunes.

Au prix d'un certain nombre d'aménagements, avec le développement des actions et dispositifs existants, nous pensons que les objectifs proposés peuvent être atteints.

Mais tout cela suppose une forte volonté politique qui permette qu'un débat national s'engage sur les questions de défense (y compris en ce qui concerne l'objection de conscience à laquelle de nombreux jeunes sont sensibles, mais qui pose notamment le problème de l'accomplissement d'un service spécial). Ceci peut aussi s'appuyer sur une rénovation des structures de coordination nationale (commission armée-jeunesse, etc.). La rédaction d'un livre blanc serait, de ce point de vue, une incitation à la réflexion.

RENFORCER LES CHANCES D'ACCÈS DES JEUNES DE 18-21 ANS À L'ACTIVITÉ ÉCONOMIQUE ET SOCIALE

La nécessité d'une politique structurelle

La réflexion sur l'insertion professionnelle des jeunes n'est pas dissociable de la réflexion sur la nature et le sens de l'évolution du travail et de l'emploi dans les années à venir. Chercher à identifier les tendances lourdes de cette évolution ne signifie pas pour autant l'accepter avec fatalisme ; au contraire, il faut s'interroger sur les moyens d'agir pour l'infléchir et, pour ce qui nous préoccupe, dans le sens d'une participation active des jeunes à l'activité économique et sociale de la nation.

Cependant, nous n'avons évidemment pas ici la prétention de procéder à une analyse complète de l'évolution de l'emploi et des qualifications. Nous nous limiterons uniquement à mettre l'accent sur un aspect qui va jouer un rôle majeur sur l'insertion professionnelle des jeunes à court et moyen terme : le développement technologique. Il est évident que d'autres facteurs, tels que la nouvelle division mondiale du travail, ont également une incidence considérable sur les problèmes de l'emploi.

Enfin, notre hypothèse de travail prend en compte la politique de relance économique qui vise à stabiliser les emplois existants, à créer des emplois nouveaux dans les secteurs technologiques de pointe, dans les petites et moyennes entreprises et dans l'économie sociale.

L'incidence du développement technologique sur l'emploi et le travail.

Le développement des technologies va surtout porter sur la microélectronique : informatique, bureautique, télématique, robotique.

Ces technologies font aujourd'hui partie, de manière irréversible, de notre économie, qu'elles transformeront profondément demain : la nature du travail et les contenus des qualifications en seront fortement modifiés, des tâches seront supprimées, d'autres se créeront, la mobilité du travail sera accentuée.

Ce sont là des certitudes. Mais il n'y a pas de déterminisme absolu quant aux effets négatifs sur le volume global de l'emploi : tout dépendra de notre capacité politique, économique et technique, à maîtriser ces nouveaux outils.

Que faire pour que le temps libéré par les gains de productivité soit reconverti dans d'autres emplois ?

Que faire pour que la quantité de travail libérée dans la production des richesses puisse être reconvertie dans la satisfaction de besoins qualitatifs concourant à l'amélioration de la qualité de la vie et à l'établissement de nouveaux rapports sociaux ?

D'autre part, que faire pour que ces technologies ne déqualifient pas les travailleurs mais les qualifient autrement ?

Face à un phénomène de caractère aussi structurel, un dispositif conjoncturel d'insertion professionnelle des jeunes est très insuffisant.

La politique du passé s'était fondée sur l'hypothèse qu'à terme, la tension du marché de l'emploi baisserait, notamment par suite de la réduction du flux d'arrivée des jeunes sur le marché de l'emploi. Il suffisait alors de mener une politique d'attente et de prendre des mesures conjoncturelles.

À cet égard, le bilan effectué par la Délégation à l'emploi sur les effets des Pactes pour l'emploi, constitue une démonstration éloquente. Il conclut à la faible influence des pactes sur le volume du chômage, à la pénalisation des catégories les plus défavorisées sur le marché du travail, à l'apparition de perturbations dans le fonctionnement du marché du travail.

De manière plus globale, les Pactes pour l'emploi des jeunes n'ont pas eu d'effets durables face à la croissance tendancielle du chômage.

Comme le soulignent d'ailleurs les experts du CEREQ « les jeunes constituent pour un système économique en forte évolution, une des zones du système économique en forte évolution, une des zones du système d'emploi qui peut être modifiée rapidement et aux moindres frais pour les employeurs[4] ». Le chômage des jeunes reflète donc tout autant les tendances les plus récentes de la transformation de l'économie et des modes de production que le déséquilibre global entre l'offre et la demande.

<u>Notre option : une action structurelle d'insertion professionnelle des jeunes.</u>

Nous ne pensons pas que, même à moyen terme, en raison en particulier des mutations technologiques, on puisse se contenter d'un dispositif conjoncturel qui miserait sur la conjugaison des effets de la relance économique et d'un flux plus réduit des jeunes sur le marché du travail. Même si ce phénomène opère une réduction sensible du chômage par rapport à la tension actuelle du marché de l'emploi, il ne sera pas en mesure de faire disparaître complètement cette tension.

<u>Un principe directeur : les jeunes sont des travailleurs à part entière.</u>

Il ne faut ni enfermer les jeunes dans une sorte de statut transitoire ni les traiter en assistés.

Par ailleurs les mesures prises en faveur des jeunes devraient s'étendre, à plus ou moins long terme, à l'ensemble des travailleurs et *vice versa*.

L'action structurelle d'insertion des jeunes s'inscrit donc nécessairement dans la politique globale de l'emploi et du développement économique.

<u>Mais reconnaître les jeunes comme des travailleurs à part entière, c'est aussi reconnaître leur spécificité.</u>

Leur taux élevé de chômage rend légitime la priorité de l'application pour eux, de mesures qui, en soit concerneraient l'ensemble des travailleurs.

D'autre part, le problème de l'insertion des jeunes ne saurait en aucun cas être réduit à une relation mécaniste entre l'offre et la demande. D'où la nécessité de mécanismes souples d'insertion qui, outre des dispositifs d'adaptation à l'emploi, offrent à chaque jeune la possibilité d'expérimenter et de se tester pour trouver sa voie.

Enfin, les jeunes sont porteurs de nouvelles valeurs sur lesquelles il faut prendre appui pour impulser une dynamique de transformation économique et sociale.

---

4 Extrait des analyses de l'observatoire d'entrée des jeunes dans la vie active.

Notre action vise trois grands objectifs.

- agir sur le partage du travail : pour un temps de travail choisi ;
- créer des emplois et des activités d'intérêt collectif et d'initiative locale ;
- réaliser un effort national de formation professionnelle et sociale des jeunes dans une politique élargie de l'éducation permanente.

Elle se traduit en un plan d'urgence.

1. Agir sur le partage du temps de travail : pour un temps de travail choisi

En proposant d'agir sur le partage du travail, nous n'ignorons pas que, sous ce type d'option, se sont abritées dans le passé des politiques d'emploi tout à fait abusives pour les travailleurs et pour les jeunes en particulier. L'intérim et le travail à temps partiel doivent être assainis, dans le cadre d'une nouvelle politique négociée avec les partenaires sociaux. C'est dans le cadre d'une moralisation et d'un assainissement très profonds des pratiques antérieures que nous avançons nos propositions.

Trois raisons nous poussent à prendre cette option du temps choisi

Nous refusons pour les jeunes l'alternative changement-emploi à plein-temps.

L'inactivité totale du jeune n'est ni humainement ni socialement tolérable. Elle peut compromettre fondamentalement et pour toujours son développement et son équilibre. Elle n'est pas plus tolérable économiquement, par la perte de la qualification et des acquis scolaires qu'elle entraîne.

Le partage du travail peut permettre une réduction du chômage.

Il ne faut pas penser que cette politique y amène cependant systématiquement. Encore faut-il qu'on l'accompagne de mesures telles que la création compensatrice d'emplois et surtout une meilleure utilisation des équipements de production. Par ailleurs, les formes de travail choisies devront être diversifiées et adaptées à la nature des différents modes de production. Sous ces conditions le partage volontaire du travail peut amener des réductions importantes du chômage.

C'est une aspiration des jeunes.

Le développement de modalités, souples et diversifiées, d'entrée dans la vie professionnelle peut constituer, pour de nombreux jeunes, des conditions favorables à une insertion économique réussie. Elles permettront d'aménager la transition entre l'école et le travail, de dégager du temps pour parfaire la formation initiale ou acquérir une autre profession. C'est d'une certaine manière, reconnaître au jeune le droit à trouver sa voie.

Mais c'est sans doute aussi une réponse concrète et positive aux aspirations de nombreux jeunes ; dans les consultations auxquelles nous avons procédées, nos interlocuteurs ont souligné le désir des jeunes de pouvoir mieux gérer leur temps, d'établir un nouvel équilibre entre temps de travail et temps libre.

Ces aspirations sont d'ailleurs de plus en plus partagées également par les moins jeunes. Mais dans la conjoncture où se combinent la récession économique et l'arrivée massive des jeunes sur le marché du travail, ils subissent de plein fouet les effets de cette rigidité du temps de travail dans la recherche de leur premier emploi.

C'est donc pour eux que devraient prioritairement se développer des formules souples d'aménagement du temps de travail.

MAIS TOUT CELA IMPOSE DE MODIFIER LA SITUATION ACTUELLE.

Si nous disons qu'il faut reconnaître la légitimité de ces aspirations, nous devons en même temps être conscients des risques de régression sociale que représenterait un développement anarchique, sans contrôle, de cet assouplissement du temps de travail.

Aujourd'hui les jeunes subissent plus qu'ils ne choisissent le partage du travail.

La situation actuelle de l'emploi traduit la situation inégalitaire du travail entre jeunes et adultes, et la forme dominante que revêt ce partage du travail est celle de la précarité de l'emploi.

Ainsi, les jeunes de moins de 25 ans représentent 55 % des travailleurs intérimaires, et une enquête du CEREQ[5] sur 1976-1980 révèle que 47 % des jeunes titulaires d'un CAP ou BEP n'avaient pas de contrat à durée indéterminée.

Sur ce marché « secondaire » de l'emploi se concentrent toutes les inégalités des jeunes face à l'emploi : inégalités sociales, inégalités de formation, inégalités entre sexes.

5 Observatoire d'entrée des jeunes dans la vie active

En dehors de ces inégalités, les jeunes, comme les autres travailleurs intérimaires, ne bénéficient pas des garanties ni du système de protection sociale.

Et aujourd'hui, c'est plus « le réalisme du désespoir » qu'un choix délibéré qui les pousse vers ce type d'emploi.

Aussi prenons-nous position en faveur d'une action de partage du travail volontariste, mais maîtrisée et contrôlée pour réduire la précarité, assurer la stabilité de l'emploi et garantir des droits identiques à ceux des autres travailleurs.

L'intervention du législateur est un nécessaire préalable à toute initiative. L'intervention du législateur est nécessaire parce qu'il faut garantir aux travailleurs, et en particulier aux jeunes qui font le choix de formules souples de travail, le bénéfice de l'ensemble des avantages et des droits des autres travailleurs.

Cette intervention du législateur doit concerner la réglementation du travail intérimaire et du travail à temps partiel.

Il ne nous appartient pas de proposer les modifications nécessaires pour « moraliser » l'intérim. Des travaux à ce sujet sont en cours.

Le sens des mesures à prendre en ce qui concerne le travail à temps partiel vise à permettre la suppression de toute discrimination dans la situation et les conditions d'emploi des travailleurs concernés. Il convient en particulier de réglementer de manière plus stricte les contrats de travail, de manière à ce qu'ils soient à durée indéterminée, à temps partiel ou à temps plein.

<u>Le dialogue social est également nécessaire.</u>

En raison de la diversité des situations de travail auxquelles ces formules doivent s'appliquer et pour éviter l'apparition d'effets pervers (tels que la réduction abusive du temps de travail au lieu de son partage), nous proposons que s'ouvre prioritairement une négociation entre partenaires sociaux, sur le développement des formules de travail à temps variable ou partiel pour les jeunes.

Dans ces conditions des initiatives peuvent être développées

Dans le cadre d'une réglementation renforcée, et après l'établissement du dialogue social, nous proposons des formules susceptibles de contribuer à faciliter l'insertion professionnelle des jeunes tout en respectant leur choix. Ces formules s'inscrivent dans la politique du « contrat de solidarité » proposé par le Premier ministre.

Encourager l'expérimentation.

À titre d'illustration :

- L'embauche de « binômes » : deux jeunes se partagent un même poste ;
- Les contrats progressifs : d'une année sur l'autre, la durée du travail s'accroît pour tendre vers le temps plein ;
- Le mi-temps organisé avec une alternance hebdomadaire. Pour cette formule, le principe du « binôme » pourrait également s'appliquer ;
- Le partage du travail entre les âges sur la base du volontariat : un jeune remplace progressivement un travailleur de plus de 55 ans.

L'ANPE devrait être investie d'une mission particulière pour assurer la promotion de ces formules (auprès des employeurs et des jeunes demandeurs d'emploi), pour contribuer à leur organisation pratique et en assurer le suivi et l'évaluation.

Combiner temps de travail et temps de formation.

Nous suggérons deux formules :

- *Le contrat à temps partagé.*

Cette formule combine le temps partiel et la formation, en couplant un véritable contrat de travail mais à temps partiel avec un contrat de formation.

Pendant le temps de formation, le jeune est stagiaire de la formation professionnelle et perçoit une allocation proportionnelle au nombre d'heures de formation suivies.

Deux cas sont à envisager : ou bien le crédit éducation, dont il sera question plus loin, est utilisé et le choix de la formation ressort de l'initiative individuelle, ou bien la formation correspond à une prescription de l'ANPE, auquel cas le crédit éducation n'est pas utilisé.

Il va sans dire que l'employeur n'a pas ici le droit de regard sur la formation. Le contrat n'est donc pas un contrat emploi-formation.

- *Le contrat d'insertion : des associations de main-d'œuvre et de formation (AMOF).*

Certains secteurs économiques ont, de façon régulière, besoin de formes d'emploi de durée limitée, correspondant à des fluctuations saisonnières de leur activité, par exemple : le bâtiment, l'hôtellerie, l'agriculture, le tourisme.

Pour répondre positivement à ces besoins, nous proposons le contrat d'insertion. Il consiste à inscrire la formation dans l'intervalle qui sépare deux missions.

Pour mettre en œuvre cette formule, nous proposons la création d'associations de main d'œuvre et de formation (AMOF), sans but lucratif, dont la mission est de répondre à la demande d'emplois temporaires et d'insérer socialement et professionnellement les jeunes en inscrivant la formation dans l'interstice entre deux missions.

Ces associations, sous tutelle du service public de l'emploi et gérées paritairement par la profession, les employeurs et les représentants des salariés, embaucheront, avec un contrat de travail, des jeunes de moins de 26 ans. Il doit être clair que pour la durée du contrat, qui ne saurait excéder 18 mois pour répondre à l'objectif d'insertion, le jeune sera pris en charge par l'association, y compris entre deux missions. La rémunération des jeunes obéira aux dispositions en vigueur dans la profession pour la durée des missions.

Le financement de ces associations sera assuré par les missions facturées aux entreprises, selon un barème différentiel tenant compte de la qualification du jeune et de l'emploi occupé. Pendant la période de formation, les salaires des jeunes seront pris en charge par un fonds d'assurance formation.

L'État pourra contribuer, par une subvention d'équilibre, au financement d'un personnel d'encadrement présentant les aptitudes requises par l'objectif d'insertion et de formation des jeunes.

Ces AMOF doivent aider le jeune à élaborer son projet d'insertion et à organiser un « itinéraire qualifiant », en fonction duquel seront définis ses missions et les objectifs de sa formation. Toute mission et toute période de formation donneront lieu à une procédure de reconnaissance des acquis, pour construire le profil de qualification, qui sera validée au terme du contrat.

L'association devra autoriser et favoriser, en cours de contrat et sans préavis, le placement des jeunes dans des entreprises.

LES POUVOIRS PUBLICS DOIVENT APPUYER LE DÉVELOPPEMENT DE CES DIFFÉRENTES FORMULES

En donnant eux-mêmes l'exemple.

L'État développera ces emplois pour améliorer la qualité du service public : allongement des durées d'ouverture des services administratifs (hebdomadaires et journaliers), amélioration du service public en milieu rural.

Les collectivités locales seront invitées à faire de même.

Le secteur public et nationalisé devra constituer le champ privilégié de l'expérimentation de ces formules.

<u>En suscitant la mise au point d'une offre de formation adaptée.</u>

Pour que cette association du travail et de la formation soit rendue possible, l'offre de formation devra s'adapter en présentant des modalités diversifiées de gestion du temps de formation. Cela passe par un effort qualitatif en matière de pédagogie, reposant en particulier sur la systématisation des évaluations à l'entrée en formation, l'organisation de la formation en unités, et la validation des acquis.

2. La création d'emplois et d'activités d'intérêt collectif et d'initiative locale

2.1. Une action volontaire de création d'emplois et d'activités d'initiative locale, moyen de lutte contre le chômage

Il nous faut marquer préalablement les limites de notre propos pour éviter toute ambiguïté.

Il doit être clair, que le développement des débouchés professionnels pour les jeunes dépend avant tout des effets de la politique de relance sur le niveau général de l'activité, même si l'évolution technologique et la tendance affirmée à la substitution du capital au travail constituent des facteurs limitant la création d'emplois.

Il n'est pas question pour nous d'opposer des secteurs économiques considérés comme déclinants à des secteurs dits « nouveaux » (et qui seraient créateurs d'emplois), d'opposer à la réalité économique d'aujourd'hui une vision optimiste de l'économie de demain.

Notre interrogation est à la fois plus immédiate et plus modeste : quels sont les besoins qui pourraient être mieux satisfaits en faisant appel au travail humain plutôt qu'à la machine et quels emplois peuvent être créés, susceptibles de concerner les jeunes ? Comment, par qui ?

Le secteur d'activités auquel nous nous référons concerne les besoins d'ordre qualitatif qui concourent à l'amélioration de la qualité de la vie, à l'aménagement du cadre de vie, à l'établissement de nouveaux rapports sociaux. Ce sont les domaines de l'environnement, de l'urbanisme, de l'action sociale et culturelle des loisirs, de l'exploitation des ressources locales, des services aux personnes.

Dans ces domaines nous nous inscrivons dans la politique volontaire de création d'emplois et d'activités d'initiative locale pour laquelle vient d'être créé un comité interministériel.

Elle constituerait un moyen efficace de lutte contre le chômage des jeunes répondrait aux aspirations de nombre d'entre eux à « vivre et travailler au pays », et préparerait l'avènement d'une société plus équilibrée.

Des expériences françaises et étrangères en montrent l'intérêt mais aussi les risques.

L'examen des moyens mis en œuvre dans les pays de l'OCDE, où sévit gravement le chômage des jeunes, fait ressortir l'importance de ces programmes de création d'emplois et d'activités pour offrir aux jeunes une alternative au chômage.

En France, bien que très encourageantes, les expériences lancées l'ont été à une échelle très modeste. Certes, des précautions sont à prendre. Il faut en particulier se prémunir des effets pernicieux d'une dynamique, en soi positive mais qui aboutirait, de fait, à constituer une zone « d'emplois réservés » pour les jeunes et à habiller d'un vocabulaire trompeur des expédients pour masquer le chômage.

Mais des conditions favorables sont aujourd'hui réunies.

Deux dimensions nouvelles et essentielles de la politique de l'État permettent de faire, de ce champ d'activités et d'emplois, un axe important d'une politique d'insertion professionnelle des jeunes.

Ces activités s'inscrivent comme une dimension forte dans la mise en œuvre du nouveau modèle de développement économique et social promu par le gouvernement et acquièrent, de ce fait, une réelle légitimité.

La loi sur la décentralisation institue l'initiative et les pouvoirs des collectivités locales dans le domaine économique. Ainsi, la conjugaison de l'intervention de l'État, de l'initiative privée, qu'elle soit individuelle ou collective et du rôle de ce nouveau partenaire économique que sont aujourd'hui les collectivités locales, crée les conditions favorables à une dynamique de création de nouvelles activités et de nouveaux emplois, dont les jeunes devraient être les premiers bénéficiaires.

Cependant, deux précautions doivent être prises : un contrôle de validité et la clarté du statut des jeunes.

La création de ces nouveaux emplois et de ces activités sera subordonnée à un contrôle rigoureux de leur caractère effectif d'utilité collective et elle devra correspondre à des besoins dûment répertoriés qui ne sont satisfaits, ni directement par l'État ni par l'initiative privée.

Il appartiendra aux instances locales et régionales de planification de veiller à la cohérence des initiatives proposées, de s'assurer qu'elles ne faussent pas le fonctionnement normal du marché et de vérifier leur viabilité économique.

La deuxième précaution consiste à rendre très clair le statut des jeunes dans ces emplois : ils bénéficieront d'un contrat de travail en bonne et due forme. Cependant, il peut se faire que les collectivités ne puissent pas s'engager dans des activités à long terme impliquant des contrats de travail. Dans ce cas l'activité n'est acceptable que si elle s'intègre dans une stratégie de formation qualifiée, le jeune ayant alors un statut de type stagiaire en formation professionnelle.

2.2 Un outil pour développer ces activités : les agences d'aide à la création d'emplois et d'activités

Pour soutenir et développer les initiatives, pour s'assurer également qu'elles correspondent dans des conditions satisfaisantes à un objectif d'insertion des jeunes, nous suggérons la création d'agences légères au niveau départemental, se coordonnant au niveau régional, « d'aide à la création d'activités et d'emplois ». Elles auraient pour mission d'effectuer d'abord un inventaire des besoins non couverts dans le domaine économique et social, d'apporter une assistance au montage technique et financier des projets et de les suivre les premiers temps de leur mise en œuvre.

Ces agences travailleront en relation constante avec les collectivités locales, l'ANPE, les instances de planification et la mission locale.

<u>Les initiatives supposent une collaboration entre jeunes et adultes.</u>

Certes, ces nouveaux emplois ne s'adressent pas exclusivement à des jeunes, car leur mise en œuvre et leur réussite nécessitent des niveaux d'expérience et de compétence diversifiés. Sous réserve que l'on associe des jeunes et des adultes, ils devraient concerner largement les jeunes car leur esprit devrait provoquer leur adhésion. Ils doivent demeurer ouverts à tous les jeunes, en particulier à ceux qui répugnent à s'engager définitivement dans une voie professionnelle et sont encore à la recherche de leur orientation.

<u>Des exemples pour illustrer la démarche générale de mise en œuvre de création d'emplois nouveaux.</u>

Le champ de ces activités est très large. Les exemples suivants illustrent la démarche à suivre pour impliquer les jeunes dans ces activités et les conditions à réunir pour qu'elles contribuent positivement à leur insertion professionnelle et sociale.

Une agence d'aide à la création d'activités et d'emplois, avec les collectivités locales, met en évidence, sur une aire géographique, les besoins et les possibilités locales suivantes :

- l'aide à domicile des personnes âgées ;
- l'isolation thermique ;
- l'entretien des forêts ;
- la restauration d'un bâtiment désaffecté pour en faire un local pour les jeunes ;
- la relève d'artisans sur le point de prendre leur retraite.

Elles se rapprochent de l'ANPE et de la mission locale pour effectuer le montage des projets : validité et viabilité, financement, support juridique, besoins de formation, etc.

Les jeunes demandeurs d'emploi sont consultés et orientés vers la réalisation de tel ou tel projet, selon leurs aspirations et leurs aptitudes.

Les initiatives suivantes peuvent en découler.

• *Une association locale est créée pour l'aide à domicile des personnes âgées :*

Les jeunes reçoivent préalablement une formation de préparation à cette activité pendant laquelle ils ont le statut de stagiaire de la formation professionnelle. Ensuite, ils ont un contrat de travail.

• *Une coopérative est créée pour l'isolement thermique :*

La collectivité locale loue à la coopérative un local pour un loyer symbolique et opère une avance de trésorerie. La coopérative obtient un prêt bonifié dont le montant est lié au nombre de jeunes demandeurs d'emploi embauchés.

L'ANPE propose à la coopérative la formule du contrat emploi-formation. Par ailleurs, la nouvelle entreprise bénéficiera d'un crédit d'assistance technique gratuit de plusieurs journées.

• *Une entreprise régionale d'intérêt collectif est créée pour l'entretien des forêts :*

Elle fonctionne sur des marchés passés avec les collectivités locales. Elle offre explicitement à des jeunes un emploi, d'un an minimum. Pendant leur passage par cette entreprise, ils bénéficient d'un soutien éducatif et continuent à procéder régulièrement à des bilans avec l'ANPE. Ces dispositions figurent au cahier des charges de l'entreprise qui, en contrepartie, bénéficie d'une subvention de l'État. L'expérience acquise de la vie en entreprise, associée à ces soutiens, doit les aider à trouver un emploi.

- *Un chantier de formation-production est ouvert pour la restauration d'un bâtiment communal désaffecté :*

La réalisation du projet est prévue sur 8 mois. Les jeunes demandeurs d'emploi deviennent stagiaires de la formation professionnelle pour la durée du chantier. Le projet identifie clairement les objectifs de formation dans une perspective d'insertion dans un emploi durable au terme du chantier. Les acquis seront validés dans le cadre du système des unités capitalisables. Le support juridique est une association et les enseignants de la section bâtiment du LEP local assurent la relation pédagogique entre la théorie et la pratique. L'encadrement du chantier est assuré par des entreprises artisanales locales que la municipalité aura pris l'initiative de regrouper ; on espère qu'au terme du chantier, elles procéderont à l'embauche de certains jeunes.

- *Un plan de relève est établi pour l'activité artisanale menacée de disparition :*

L'objectif est d'éviter que des artisans d'art ne disparaissent ou que, en zone rurale, certaines disparitions de métiers n'accélèrent leur désertification. Des jeunes pourront contracter avec des artisans à la veille de leur retraite de façon à successivement : apprendre le métier, l'exercer pendant quelque temps avec l'artisan et en assurer ensuite la relève.

Ce plan de relève bénéficie d'une aide des pouvoirs publics qui porte à la fois sur un soutien financier à l'artisan et au jeune (prime, prêt bonifié).

Ces exemples éclairent à l'évidence le danger qu'il y aurait à se fier au processus habituel de création d'emplois. Au moins dans un premier temps, à la fois pour développer l'imagination et pour mettre en œuvre les projets, il est nécessaire d'impulser le dispositif par les agences techniques départementales s'appuyant sur les missions locales.

2.3 Il faudra établir dans chaque région un programme de développement des emplois et activités d'initiative locale

Pour assurer un développement significatif de ces emplois et de ces activités et évaluer leur impact sur le chômage, en particulier celui des jeunes, chaque département et chaque région établiront un « programme de développement des emplois et activités d'initiative locale ».

Ce programme, établi sur la base des projets des collectivités locales, devra définir les moyens nécessaires à leur réalisation et coordonner l'intervention des administrations concernées (Travail, Solidarité, Plan, Éducation nationale, Formation professionnelle, Commerce et Artisanat...).

La mission régionale (cf. *infra*) d'harmonisation des programmes devra en outre, veiller strictement au respect du principe de stabilité des emplois. Dans cette perspective, le bilan annuel qu'elle établira devra préciser la situation de chaque jeune en fin de programme.

3. DÉVELOPPER LA FORMATION PROFESSIONNELLE ET SOCIALE DES JEUNES

3.1 L'État et les entreprises se partagent les responsabilités

L'État doit offrir à tous les jeunes qui sortent du système éducatif, la possibilité d'acquérir une qualification professionnelle et sociale.

L'entreprise doit assurer l'adaptation à l'emploi et les perfectionnements qui correspondent à son développement propre.

L'État, les entreprises et les branches professionnelles collaborent pour faciliter l'insertion des jeunes et pour adapter la main d'œuvre juvénile au renouvellement technologique.

3.2 Aucun jeune ne doit entrer dans la vie active sans que lui ait été offerte une formation professionnelle et sociale

Le principe adopté à propos des 16-18 ans de leur donner, à terme, à tous, la possibilité d'une qualification professionnelle et sociale dans le cadre d'un service public rénové de l'Éducation nationale, trouve son prolongement pour les 18-21 ans.

Des contrats de qualification professionnelle et sociale à différents niveaux.

Les jeunes demandeurs d'emploi, sortant des classes de première et de terminale sans baccalauréat, se verront proposer soit un retour dans l'enseignement technique par des filières spéciales, soit un contrat de qualification professionnelle et sociale mais à un autre niveau, celui du BTN. On l'appellera CQPS (T) (contrat de qualification professionnelle et sociale-technologie, niveau IV). Les formations seraient organisées en alternance, par exemple par les instituts de promotion supérieure du travail, le Conservatoire national des arts et métiers et les lycées techniques, qui ont déjà une réflexion et des acquis dans la formation de ces publics sous réserve que des modifications pédagogiques soient introduites, qui autorisent une réelle alternance.

De même, les étudiants qui abandonnent leurs études au milieu du premier cycle universitaire se verront proposer, soit de rentrer dans un IUT dans la filière normale (cela suppose, bien évidemment, un renforcement de la capacité d'accueil des IUT), soit de préparer le DUT par un contrat de qualification professionnelle et sociale en alternance, que nous appellerons CQPS Universitaire ou CQPS (U) (de niveau III).

Le projet s'appliquera à ces niveaux de la même manière qu'au niveau de base, avec cependant des variantes liées au niveau de formation et à la nature des filières. En particulier, les périodes en entreprise pourront être plus longues et, par contre, la durée totale en entreprise, plus courte.

Ces contrats de qualification technologiques et universitaires devraient, en particulier, porter sur les qualifications créées par les technologies nouvelles, telles que la micro-électronique, la biologie ou les énergies nouvelles. En effet, le bagage de formation générale des jeunes peut trouver dans ces domaines la meilleure utilisation.

De telles dispositions auraient un effet sur le fonctionnement du marché de l'emploi où ces jeunes occupent souvent des emplois non qualifiés ou faiblement qualifiés, au détriment de jeunes plus défavorisés qui s'en voient écartés. C'est le phénomène de concurrence entre les jeunes, que les analystes de l'emploi mettent actuellement en évidence.

<u>Les jeunes ayant bénéficié d'un CQPS — B sans avoir le diplôme complet, pourront compléter leur formation professionnelle.</u>

L'ANPE et l'AFPA joueront ici un rôle particulier. Mais pour que les acquis des jeunes puissent être valorisés, les organisations pédagogiques de l'AFPA et de l'Éducation nationale seront harmonisées, pour que toutes les formations données par le service public puissent s'intégrer dans un système d'unités capitalisables rénové.

<u>Les jeunes en chômage qui possèdent une qualification, doivent pouvoir se requalifier pour s'adapter à un nouvel emploi.</u>

Le temps de chômage de ces jeunes doit être mis à profit pour renforcer et ajuster leur qualification professionnelle au marché de l'emploi et à ses évolutions. Les jeunes femmes devront dans ce domaine, faire l'objet de mesures particulières.

Tous les organismes compétents doivent être mobilisés. Les rôles de l'ANPE et de la mission locale sont ici essentiels : la mission locale, en s'attachant, par l'intermédiaire de son réseau diversifié, à atteindre tous les jeunes, l'ANPE, pour prescrire le type de stage qui convient au jeune, à l'issue des bilans qu'elle opérera régulièrement.

Bien entendu, on veillera à ce que les formations correspondent aux besoins des qualifications nécessaires au développement économique régional.

3.3 L'entreprise a une responsabilité particulière dans la formation professionnelle des jeunes

Il faut lui restituer ses responsabilités et ses moyens.

La relation emploi-formation doit, nous l'avons dit, cesser d'être pensée en termes mécanistes. Sans entrer dans une analyse détaillée de la manière dont se pose aujourd'hui cette relation, nous nous bornerons à reprendre, à notre compte, les principales observations des experts français et européens dans le domaine de l'évolution des qualifications. Ceux-ci mettent en évidence, d'une part la tendance à une moindre corrélation entre la nature de la formation professionnelle et l'emploi occupé, d'autre part, les disparités importantes du contenu des qualifications pour une même branche professionnelle, et enfin la difficulté et le danger à vouloir lier de façon rigide la formation initiale à la réalité mouvante et contrastée du monde industriel.

Il faut restituer à l'entreprise sa pleine responsabilité dans l'adaptation des jeunes à l'emploi (et donc ses moyens, en lui restituant le 0,2 % de la contribution obligatoire des entreprises à la formation professionnelle). Elle est un lieu privilégié de l'ajustement de la formation initiale aux évolutions technologiques. Il faut revenir, dans ce domaine, à l'esprit des accords de 1970 et de la loi de 1971 qui prévoyaient explicitement la responsabilité de l'entreprise dans l'adaptation des jeunes au poste de travail.

De plus, il est de son intérêt de participer à la formation technologique de sa main-d'œuvre et notamment des jeunes.

Ce rôle formateur de l'entreprise ne saurait donc être ressenti comme une charge car il favorise sa capacité d'évolution technologique. Pas plus que ne doit l'être le recrutement de main d'œuvre juvénile dans la mesure où, dans une période marquée par le renouvellement rapide des techniques et les mutations technologiques, il serait absurde de considérer le fait d'être jeune comme un handicap.

Et donner un rôle particulier aux fonds d'assurance-formation pour l'application de ces mesures dans les PME.

Les PME doivent être associées étroitement à la politique de qualification des jeunes. Elles doivent même faire l'objet d'une grande attention, dans la mesure où elles conservent un potentiel d'embauche. Les organismes paritaires du type FAF seront incités par l'État à consacrer une part de leurs moyens techniques et financiers à l'adaptation et au perfectionnement professionnel des jeunes dans les PME

3.4 L'entreprise et l'État collaboreront en outre pour promouvoir en concertation, une politique de perfectionnement des jeunes

En développant des contrats emploi-formation.

L'État conclura avec les entreprises qui embauchent des jeunes sur des emplois nécessitant l'acquisition d'une formation complémentaire, des contrats emploi-formation (la durée de la formation atteignant au moins 300 heures) ; la formation, étant qualifiante, donnera toujours lieu à une procédure de reconnaissance des acquis.

En matière d'incitation, outre le recours à l'exonération des cotisations patronales, il conviendrait de mettre à l'étude un système de prêts bonifiés qui correspondrait davantage à l'esprit et aux objectifs de ces contrats. Un crédit de journées d'assistance technique gratuite pourrait être également étudié pour les PME ; il présenterait, en outre, l'intérêt de pouvoir fournir du travail à des cadres en chômage.

En signant des contrats de perfectionnement et de développement technologiques de branches.

La formation joue un rôle essentiel dans la maîtrise des effets des nouvelles technologies sur l'emploi. Elle contrôle les risques d'inadéquation croissante entre l'offre et la demande de qualifications.

Elle doit préparer la mobilité intersectorielle dans la mesure où les emplois supprimés et les emplois créés par les technologies nouvelles ne se situent que rarement dans un même secteur.

Le travail féminin donne une bonne illustration de la relation entre développement technologique et emploi : l'informatisation croissante du secteur tertiaire qui, traditionnellement, fournit le contingent le plus important de l'emploi pour les femmes, crée une menace importante sur le volume de l'emploi. On cite souvent à ce propos l'étude de Siemens sur le travail de bureau, qui avance l'hypothèse que d'ici à 1990, 25 % des emplois de bureau pourraient être supprimés. Et cela au moment même où la demande de travail féminin ne cesse de croître et où le chômage des jeunes femmes représente 60 % des demandes d'emplois non satisfaites (pour les moins de 21 ans).

Mais l'informatisation crée des emplois auxquels les femmes peuvent accéder à égalité de chances avec les hommes, dans la mesure où il n'y a pas de traditions et où les conditions de travail ne pénalisent pas les femmes.

Pour cela, la formation des femmes à ces nouvelles technologies est une condition absolue et la menace sur l'emploi féminin peut ici se transformer en mutation positive, si elle entre dans le cadre d'un plan prévisionnel d'ensemble.

Pour organiser et développer la formation technologique dans les secteurs concernés par ces mutations, l'État signera des « contrats de perfectionnement et de développement technologiques ».

Il apportera ainsi son concours à l'adaptation de la main d'œuvre, et en particulier des jeunes, aux mutations technologiques. Cette contribution pourrait prendre la forme d'un « contrat-cadre » avec les branches professionnelles, contrat qui lierait l'aide de l'État à une politique d'emploi et d'adaptation technologique des jeunes.

Ces contrats seraient signés en priorité avec des branches professionnelles particulièrement affectées par les mutations technologiques, pour lesquelles le maintien de l'emploi, ou son développement, passe par un effort particulier d'investissement en matériel et en formation.

Dans la mesure où la mutation technologique affecte de façon profonde une branche entière d'activité, les ministères du Plan et de la Recherche pourraient être partie prenante du contrat. La production de plans sectoriels de formation, faciliterait grandement cette politique.

3.5 L'application de toutes ces mesures suppose un renforcement de la concertation entre les partenaires sociaux

L'ensemble de ces mesures qui restitue aux entreprises un pouvoir d'initiative dans le perfectionnement professionnel des jeunes, suppose un renforcement de la concertation entre les partenaires et, en particulier pour les contrats emploi-formation, un rôle renforcé du comité d'entreprise dans l'élaboration et le contrôle de l'exécution du plan de formation qui, à notre sens, devrait comprendre une rubrique « jeunes ».

4. Inscrire l'action d'insertion des jeunes dans le cadre d'une politique de l'éducation permanente

La politique d'éducation permanente relève de l'initiative de l'État et des entreprises.

Dans nos propositions sur la formation, nous avons distingué clairement les missions qui relèvent de l'initiative de l'État et celles qui sont du ressort de l'entreprise.

Il appartient à l'État d'assurer aux jeunes une qualification professionnelle et technologique de base, de reconvertir ou d'adapter la qualification des jeunes demandeurs d'emploi aux exigences du marché du travail.

Il est du rôle des entreprises de pourvoir à l'adaptation des jeunes aux situations de travail, d'assurer le perfectionnement et le recyclage pour maîtriser les évolutions technologiques et s'adapter aux nouveaux marchés.

Enfin, l'initiative de l'État et celle des entreprises peuvent se conjuguer pour maîtriser des mutations technologiques et leurs effets sur l'emploi. C'est le cas pour les « contrats de perfectionnement et développement technologique » conclus entre l'État et les branches professionnelles.

La structure de financement doit refléter cette distinction entre l'initiative de l'État et celle des entreprises.

C'est la raison pour laquelle nous proposons que la contribution des entreprises à la formation professionnelle continue leur soit restituée intégralement.

<u>Mais elle doit procéder aussi d'un choix individuel.</u>

Tel qu'il existe aujourd'hui par la loi de 1978, le congé formation contient trop d'ambiguïtés (introduites entre autres, par le financement direct par l'entreprise), pour que la liberté des travailleurs puisse s'exprimer dans l'exercice de leur droit.

Nous proposons d'ouvrir un droit individuel à l'éducation permanente qui soit l'expression de l'initiative des citoyens. Le champ de ce droit ne se limite pas à la formation professionnelle : il englobe également la formation générale et la formation culturelle. Son bénéfice n'est pas réservé exclusivement aux travailleurs : il s'étend à tous les citoyens. Certes, il s'agit là d'une mesure d'une grande portée et qui doit donc s'étaler sur de nombreuses années, mais elle est une des conditions d'accès à la seconde chance. Compte tenu de la situation actuelle des jeunes, nous pensons que ce crédit doit être créé pour eux dès maintenant et donné à tout jeune à sa sortie du système de formation.

Ce droit prend la forme d'un crédit-éducation permanente inégalitaire.

Le crédit éducation permanente est un capital temps-argent établi sur une base inégalitaire. L'importance de ce crédit varie en raison inverse du nombre d'années d'études financées par la collectivité ; il est fonction du niveau atteint.

À titre d'exemple, un OS, un OP disposeraient au cours de leur existence de l'équivalent de deux années pleines pour se former, alors qu'un technicien ou technicien supérieur ne disposerait que d'une année ou de 6 mois.

Son financement est l'expression de la solidarité nationale.

Compte tenu de sa définition et de son esprit, le crédit éducation permanente devra être financé par l'État, par une participation des ASSEDIC, par les fonds d'assurance formation et les collectivités territoriales.

Les fonds pourraient être par exemple gérés par une mutuelle de l'Éducation Permanente, selon un système de points et de valeur du point, sur le modèle des caisses de retraite.

S'il n'est pas fait appel au financement direct de l'entreprise dans cette proposition, deux raisons motivent ce choix :

- ne pas grever la charge des entreprises, non seulement en raison de la situation économique actuelle, mais surtout pour rendre clair le caractère individuel de ce droit et en faciliter ainsi l'usage;
- clarifier la fonction de la contribution obligatoire des entreprises à la formation continue, qui est de concourir à l'effort de qualification individuelle et collective des travailleurs et au renforcement des capacités technologiques de l'appareil de production.

La mise en œuvre sera progressive.

Parce qu'il est en particulier un moyen individuel de promotion professionnelle, il doit être mis en place très vite.

Ouvrir un tel droit, dans la conjoncture économique actuelle, pourrait apparaître comme un luxe qu'autorise seulement une période d'abondance. Nous pensons au contraire, qu'il est nécessaire de l'introduire aujourd'hui pour créer une nouvelle dynamique sociale et économique, et en faire un instrument de lutte contre le chômage.

Il faut favoriser la rotation sur les emplois les plus pénalisés. En effet, le réalisme conduit à constater qu'il n'est pas possible de ne créer et de ne maintenir que des emplois attractifs et bien rémunérés. Bien qu'un effort d'amélioration des conditions de travail et de rémunération soit nécessaire, en particulier pour les emplois les plus pénibles, force est de constater que ceux-ci continueront, encore pendant longtemps, à représenter une part importante de la quantité de travail. Nous n'hésiterons pas à dire que ces emplois ne devraient pas être refusés par les jeunes, à condition qu'ils ne soient pas condamnés à y rester.

Pour une société comme la nôtre, il n'y a pas, en cette matière, d'autres solutions que la possibilité d'organiser la plus grande rotation possible sur ces emplois.

La croissance de la mobilité professionnelle constituera une caractéristique du fonctionnement du marché du travail. Le recours au crédit-éducation permanente permettra aux travailleurs de choisir, et non de subir, la mobilité professionnelle.

D'autre part, le crédit éducation permanente permettra de libérer des emplois pour les jeunes. Son utilisation libérera une quantité de travail, donc contribuera à créer des emplois. Parallèlement, pour les travailleurs les plus âgés qui en feraient le choix, l'utilisation du crédit éducation permanente pourra s'inscrire dans une perspective de réduction progressive de leur activité et de préparation à la retraite.

Des limites sont cependant nécessaires.

Un minimum d'une année dans l'emploi ouvre le droit au crédit éducation permanente.

D'une part, compte tenu de la mise en place des CQPS et pour pousser les jeunes à se qualifier, d'autre part pour éviter un effet d'attraction nuisible à la scolarité, une limite de 1 à 2 années d'activité professionnelle préalable serait fixée.

Le crédit ne devrait donc pas être utilisé par des primo-demandeurs d'emplois.

En raison de la situation d'inégalité des chances entre les sexes, le crédit éducation permanente serait renforcé pour les femmes jusqu'à ce que le taux de chômage féminin soit, en valeur relative, égal à celui des hommes.

Dans une première étape, nous proposons que le crédit éducation permanente concerne les travailleurs de 18 à 25 ans et de plus de 45 ans, afin de renforcer, par la présence de ces classes d'âge, son caractère de solidarité nationale. Il pourrait être étendu progressivement à l'ensemble des travailleurs.

La mise en œuvre du crédit éducation permanente suppose l'élaboration d'une offre spécifique de formation.

L'offre de formation doit absolument être pluraliste mais une obligation serait faite au service public de s'adresser en priorité aux publics les plus défavorisés et de couvrir l'ensemble du territoire.

L'importance des choix qu'entraîne cette nouvelle politique exige cependant une étude approfondie.

5. Un plan d'urgence pour les 18-21 ans

5.1 Des plans d'action régionaux et locaux

Des objectifs subordonnés aux choix financiers.

Au moment où il s'agit, pour nous, de proposer un plan d'urgence, nous tenons à rendre claires les limites de nos propositions. En dehors du temps nécessaire au changement des attitudes et des comportements, en dehors des problèmes de délai liés à des modifications réglementaires et législatives, en dehors de la durée exigée par la mise en place de nouvelles méthodes de formation qui impliqueront le recrutement de personnels supplémentaires et la formation du personnel en place, c'est le montant de l'investissement financier consenti qui sera décisif, et pour l'équilibre entre les différents ordres de mesures proposées, et pour le nombre de jeunes que l'on pourra atteindre.

C'est pourquoi, pas plus que nous ne le faisons par ailleurs, nous ne proposons d'objectifs quantitatifs ; par contre, nous nous prononcerons sur un certain nombre de priorités.

La complexité des choix politiques.

Si, par exemple, le critère de l'âge ne résiste pas à l'examen des situations individuelles (beaucoup de jeunes de 18 ans se trouvent plus en difficulté que certains jeunes de 16 ans), globalement les moins de 18 ans en chômage sont dans une situation plus inquiétante que leurs aînés. Et, par contre, les 18-21 ans en chômage sont beaucoup plus nombreux que les jeunes de 16 à 18 ans (400 000 contre 150 000).

De même, si le critère de l'échec scolaire, social et familial, est important, il n'est pas moins important, pour des raisons de développement économique, de former en priorité les jeunes qui sont proches d'une qualification, et/ou d'autres qui peuvent rapidement atteindre des qualifications de pointe.

Les priorités que nous retenons assument, de ce point de vue, des contradictions apparentes.

Nous proposons des objectifs qui prennent en compte trois dimensions :

La dimension territoriale (les zones d'habitat et d'emploi), la dimension individuelle (les publics), et la dimension sectorielle, ces trois dimensions étant évidemment en interrelation l'approche territoriale regroupant souvent les deux autres.

Les trois priorités territoriales que nous proposons sont :

- Les zones urbaines à taux de chômage des jeunes particulièrement élevé ;
- Les zones rurales en voie de désertification ;
- Et, en même temps, les bassins industriels en voie de restructuration.

Concernant les publics, les trois priorités sont :

- Les jeunes femmes ;
- Les jeunes qui ont les plus bas niveaux scolaires (en particulier les jeunes migrants de la deuxième génération) ;
- Et, en même temps, les jeunes qui sont les plus proches d'une qualification professionnelle (à qui il suffit de peu de temps pour l'acquérir).

Les priorités sectorielles sont les secteurs en restructuration, pour assurer le maintien de l'emploi et, dans le même temps, les secteurs de pointe, utilisateurs de nouvelles qualifications et/ou créateurs d'emplois nouveaux.

Un plan d'action régionale.

Les priorités ne peuvent être perçues valablement qu'au niveau régional, où peuvent être saisis les besoins en qualification liés aux perspectives de développement économique. C'est la raison pour laquelle nous proposons la région comme le niveau privilégié de planification et de coordination des stratégies d'insertion professionnelle des jeunes.

Pour déterminer le plan d'action régionale, chaque région doit faire l'inventaire des besoins généraux de formation professionnelle et technologique, initiale et continue, liés au développement économique, des possibilités des appareils de formation et, d'autre part, des prévisions de création d'emplois en particulier des emplois d'initiative locale.

Dans ce travail, elle prendra en compte les zones d'éducation prioritaire définies par le ministère de l'Éducation nationale.

Ce plan devra nécessairement s'intégrer dans un plan régional d'ensemble, toutes classes d'âge réunies, mais en maintenant une priorité pour les jeunes il intégrera les plans d'action locale produits par les missions locales.

Une stratégie progressive de couverture de tout le territoire.

Au-delà de ces priorités, il nous semble cependant essentiel que, sur l'ensemble du territoire, le pays ressente la volonté d'action des pouvoirs publics et que le maximum de jeunes en difficulté puissent avoir accès à une mission locale.

Les premières implantations doivent donc couvrir tout le territoire, à raison de quelques missions par région. Elles s'étendront progressivement par la suite.

5.2 Quelles mesures prendre ?

Nous abordons ici l'énumération des mesures à prendre pour mettre en oeuvre le plan d'action à court terme.

Cependant, de nombreuses mesures, explicitées dans le plan structurel, pouvant être adoptées telles quelles, ne seront pas répétées ici.

Mesures visant à développer le recrutement sur des emplois stables.

L'État mènera une politique sélective d'incitation :

- sélective en prenant en compte les priorités de la politique industrielle nationale ;
- sélective par l'encouragement à l'embauche sur des contrats à durée indéterminée, qu'il s'agisse de contrats à temps plein ou à temps partiel ;
- sélective, enfin, par l'encouragement des entreprises à contribuer à l'effort de formation professionnelle des jeunes.

Les incitations peuvent se cumuler quand plusieurs des critères de priorité se trouvent réunis.

À titre de suggestion : une mesure générale d'exonération des cotisations patronales, pendant un an, pour les entreprises (et les collectivités locales) qui embaucheraient des jeunes à la recherche d'un premier emploi, ou victimes de la précarité de l'emploi.

Les PME qui procéderaient à l'embauche des jeunes sur des contrats à durée indéterminée, bénéficieraient, en outre, de bonifications supplémentaires en matière de crédit.

Les incitations seront renforcées pour l'emploi de jeunes femmes sur des postes traditionnellement masculins.

Outre ces mesures à caractère individuel, et dans le cadre de plans de développement technologique, des incitations pourraient être proposées aux secteurs, branches ou entreprises qui embaucheraient des jeunes en nombre significatif.

Mesures concernant les créations d'emplois d'initiative locale.

Nous avons déjà décrit le mécanisme de création.

Si on ne veut pas s'arrêter à des expériences « vitrines », il est nécessaire d'en développer un nombre significatif et surtout, de concentrer des moyens importants sur les zones prioritaires.

Il est indispensable de mettre en place les agences techniques départementales. Une concertation devrait s'ouvrir immédiatement entre l'État, les régions et leurs départements, pour mettre en place ces agences.

Mesures pour développer les formations qualifiantes.

Tant que les mesures proposées pour les 16-18 ans n'auront pas porté leurs fruits, de nombreux jeunes de 18-21 ans se retrouveront dans la même situation d'échec et de handicap que ceux de 16-18 ans. D'ailleurs, la limite de 21 ans est, à cet égard, complètement arbitraire. D'où l'importance de l'effort de formation qualifiante à consentir aujourd'hui pour cette tranche d'âge.

Nous énumérons ici les différentes catégories de mesures. Il ne nous appartient pas de nous prononcer sur leurs aspects quantitatifs.

- Des contrats de qualification professionnelle et sociale seront proposés aux différents niveaux (V, IV et III) ;

Seront, en outre, développés :

- Les stages de qualification et de reconversion mais avec une priorité aux jeunes femmes ;
- Les stages de mise à niveau à l'initiative de l'ANPE, qui visent à ajuster la formation à l'offre d'emploi non satisfaite ;
- Les contrats emploi-formation. Le rôle de prescripteur du service public de l'emploi devra être renforcé et les moyens pour l'exercer lui être octroyés afin que, en particulier, soient respectées les priorités de publics et vérifiée la pertinence des formations par rapport aux besoins de l'emploi.

L'État procédera à l'établissement des premiers contrats de formation et de développement technologique.

Des mesures accompagnant la mise en œuvre du plan d'urgence.

- *Des mesures facilitant le maintien des jeunes dans l'emploi.*

La rupture du contrat de travail (licenciement et démission) constitue 20 % des motifs d'inscription à l'ANPE pour les jeunes de 18-21 ans. C'est l'un des signes de la difficulté qu'ont les jeunes à s'intégrer dans l'appareil de production.

Des mesures peuvent être prises. Elles doivent faire l'objet de négociations entre les partenaires sociaux :

- on aménagera la connaissance par les jeunes de différentes situations de travail pour favoriser une meilleure adaptation à l'entreprise, et non seulement au poste de travail, et éviter le sentiment d'enfermement définitif dans une tâche. Certes, des précautions sont à prendre pour que cette démarche ne donne pas lieu à des abus, mais il est du ressort du comité d'entreprise de veiller à ce que l'esprit de la mesure soit respecté ;
- le jeune en premier emploi disposera d'un droit à l'information sur l'emploi au cours de la première année, sous la forme, par exemple, d'un crédit d'heures, information qui serait assurée sous le patronage de l'ANPE. Les comités d'entreprise doivent, en cette matière, voir leurs prérogatives confirmées et précisées dans l'élaboration et l'exécution des dispositions d'accueil et d'aide à l'insertion des jeunes dans l'entreprise ;
- le plan de formation de l'entreprise comprendra obligatoirement une rubrique sur l'adaptation et le perfectionnement professionnel des jeunes ;
- en ce qui concerne les PME, l'État incitera les FAF à consacrer une part de leurs moyens techniques et financiers à l'adaptation et au perfectionnement professionnel des jeunes.

Des mesures pour réduire le caractère pénalisant du chômage et favoriser la recherche active de l'emploi :

- *Assurer une garantie minimum de ressources pour les jeunes à la recherche d'un premier emploi.*

Les jeunes sont dans des situations très inégalitaires :

- les jeunes, garçons ou filles qui n'ont aucun diplôme, ne perçoivent rien ;
- les jeunes diplômés de l'enseignement général reçoivent une allocation correspondant à 26 F par jour et les diplômés de l'enseignement technique, une allocation de 53 F par jour ;

- les jeunes gens sortis du service national perçoivent 40 F par jour (chiffre au 1er avril 1981).

Le système existant repose ainsi sur la prime au diplôme, ce qui a pour effet de pénaliser les moins armés sur le marché du travail ; notamment les jeunes filles, qui ne font pas le service national sont, en proportion, moins nombreuses à posséder un diplôme de l'enseignement technique, et ont une durée de chômage plus longue que les jeunes gens.

Notre proposition consiste dans le maintien de la durée de six mois d'inscription à l'ANPE pour avoir droit à ce revenu qui, progressivement, pourrait être de l'ordre de 50 % du SMIC. Une disposition moins contraignante pourrait être trop attractive pour les jeunes engagés dans un cursus scolaire. Nous proposons, par ailleurs, de limiter à un an le versement de la garantie de ressources. On ne peut, en effet, prolonger indéfiniment une aide financière qui prendrait alors l'allure d'une assistance permanente et entraînerait des effets pervers. D'autre part, le nombre de jeunes en situation de chômage pendant plus d'un an est réduit.

- *La procédure de pointage sera allégée et rendue plus efficace.*

Le pointage à l'ANPE se justifie dans la mesure où le chômage est un « temps de recherche d'emploi ».

Pour les 18-21 ans, cette procédure revêt l'allure d'une brimade et constitue sans doute un facteur de démoralisation ; c'est un temps, et parfois des frais de déplacement inutiles et, pour l'ANPE, cela représente un surcroît de travail sans objet réel qui diminue d'autant sa capacité de gestion de l'emploi.

Un pointage bi-trimestriel est certainement suffisant, mais cela nécessite qu'il y ait d'autres lieux qui, en coordination avec l'ANPE, prennent en charge les jeunes chômeurs.

Conformément au principe de réorganisation du service public de l'emploi, on lui préférera un bilan obligatoire et trimestriel qui mettra le jeune en situation de recherche active d'emploi. Ce bilan aura pour objectif de permettre au jeune de faire le point sur ce qu'il est (ses aptitudes, ses goûts), ce qu'il sait, ce qu'il peut entreprendre.

C'est l'ANPE qui, en liaison avec la mission locale, aura la responsabilité de ces bilans. Ils seront effectués avec l'aide des formateurs publics et des éducateurs, de façon à conduire avec le jeune une réflexion globale, où le problème de l'emploi apparaîtra souvent étroitement imbriqué à d'autres problèmes.

Le but est d'aider le jeune à définir la stratégie d'insertion la plus efficace, en explorant l'ensemble des possibilités que lui offre le dispositif d'emploi et de formation. Ainsi le choix ne lui sera pas imposé mais négocié en tenant compte de ses aspirations.

- *Le projet de loi sur le crédit éducation permanente sera mis à l'étude*

On procédera, au cours de l'année 1982 aux travaux d'élaboration du projet de loi sur le crédit d'éducation permanente, afin que puissent en bénéficier, dès 1983, les publics pour lesquels nous avons proposé précédemment des priorités.

ASSOCIER LES JEUNES À LA VIE DE LA CITÉ ET CRÉER UN NOUVEAU CADRE DE VIE

Ce dossier qui aborde la plupart des aspects de la vie hors du travail, constitue le troisième volet de l'objet de notre mission : rechercher les conditions d'une meilleure insertion professionnelle et sociale des jeunes.

Le risque est grand de n'y voir que l'accessoire d'un plan de lutte contre le chômage. Aussi est-il bon d'en souligner l'importance et d'en montrer les liens avec l'ensemble des autres dispositions proposées.

On a tellement pris l'habitude de considérer tout ce qui ne touche pas directement la vie productive comme secondaire, et ce d'autant plus que s'accroissait l'acuité du problème de l'emploi, qu'on a souvent du mal à en voir l'importance primordiale. Aujourd'hui le gouvernement vient heureusement de rompre avec cette attitude en créant un ministère de la Solidarité et un ministère du Temps libre. Il a ainsi marqué sa volonté de ne pas se limiter à l'aspect le plus visible de la crise économique et de mener une politique plus équilibrée et plus qualitative. Néanmoins, certains peuvent être tentés de voir dans ce dossier un luxe incompatible avec les exigences du moment.

Nous sommes bien conscients du risque que comporterait une politique d'augmentation des transferts sociaux, dans l'unique but d'accroître le bien-être d'une catégorie de citoyens. Ceci n'est pas notre objectif. Nous souhaitons plutôt contribuer à la redéfinition globale des politiques sociales, en cherchant à leur faire perdre leur caractère trop exclusivement assistantiel et en mettant en question les clivages traditionnels entre l'économique et le social.

Si les mesures que nous proposons concernant la qualification et l'insertion professionnelle peuvent apparaître comme plus immédiatement opératoires, c'est vraisemblablement pour une raison objective : le public est ciblé. Il s'agit avant tout des jeunes chômeurs. On sait donc qui ils sont. Même si on ne sait pas où ils sont, on sait où on souhaite les voir aller : dans l'emploi ou en formation. Si les méthodes pour parvenir à ces objectifs sont discutables, ces derniers, eux, ne le sont pas.

Les mesures proposées visent tous les jeunes et s'étendent même aux adultes.

Il n'est en effet pas question de limiter les mesures que nous allons proposer aux seuls jeunes sortis du système scolaire. Même si, et ce sera bien notre objectif, des mesures spécifiques doivent être prises pour les jeunes défavorisés, il ne faut surtout pas les mettre à part et les installer dans la marginalité.

Certains objecteront que les problèmes que nous posons et les mesures que nous préconisons, touchent en fait tous les adultes. La ressemblance de notre dossier avec celui qui viserait les immigrés ou les personnes du 3e âge est évidente. Dès lors ils auront beau jeu de souligner qu'il n'y a pas de raison de limiter nos propositions aux jeunes, et qu'elles n'ont pas leur place ici, puisqu'elles s'inscrivent dans des politiques beaucoup plus générales.

Si l'on propose par exemple de prendre des mesures pour permettre aux jeunes de mieux accéder au logement individuel, on pourra en effet répondre que cela vise aussi tous les adultes et que tous les adultes doivent être logés décemment.

Cela est vrai. Mais remarquons aussitôt que les jeunes, et les jeunes défavorisés en particulier, parce qu'ils manquent d'autonomie financière, voient leurs problèmes décuplés et ont des conditions de logement pires que celles de l'ensemble de la population.

Ce n'est donc pas parce que nos dossiers sociaux s'intègrent dans des dossiers plus globaux que cela limite leur valeur intrinsèque : par contre, cela exige qu'on les relie aux politiques nationales. Une politique socialiste ne peut pas se passer d'une politique sociale et les jeunes, aujourd'hui, attendent sur ce plan un renouvellement très profond.

Logement, santé, loisirs… conditionnement. l'insertion professionnelle.

L'insertion professionnelle est dépendante de mesures sociales.

Un exemple parmi bien d'autres l'illustre : veut-on augmenter la mobilité des jeunes ? Le problème des logements se pose et d'une manière plus large, le problème de l'habitat, tant il est vrai que les jeunes n'iront pas vivre n'importe où, même s'ils y trouvent une chambre ; ou celui de leurs loisirs : les jeunes n'iront pas non plus vivre dans des lieux d'où toute distraction est absente.

La problématique de l'insertion.

L'ambition de nos analyses et de nos propositions n'est pas de construire une politique pour les jeunes, sans eux et à la place des ministères et des partenaires responsables de l'élaboration des politiques correspondantes.

Il nous a par contre paru nécessaire de mettre en évidence les difficultés principales auxquelles les jeunes se heurtent dans certains secteurs et de proposer quelques orientations d'action pour y porter remède.

Nous avons concentré nos efforts sur 5 secteurs :

- l'habitat et le cadre de vie : ils conditionnent tout le reste, mesures d'insertion professionnelle comprises ;
- le temps libre, les loisirs et le sport qui marquent la volonté du gouvernement de tenir compte de l'aspect non strictement productif de la vie quotidienne et auxquels les jeunes sont si sensibles ;
- la santé, où il est sûrement possible de mettre en place des formules plus adaptées d'accès et de droit aux soins ;
- la justice, qui touche hélas des effectifs importants et risque de faire des jeunes qui ont affaire à elle, des comdamnés définitifs ;
- les médias enfin, qui, dans une société où le rôle de l'information et de la communication sont primordiaux, ne permettent pas l'expression des jeunes et jouent trop souvent un rôle négatif à leur égard.

Chacun de ces dossiers a fait l'objet d'un examen parfois très détaillé : des dossiers complets ont ainsi été élaborés et sont disponibles. Toutefois, le présent document ne reproduit que la synthèse des analyses effectuées et des principes d'action préconisés. Même lorsque nous avons, pour établir ces dossiers, travaillé en collaboration avec les départements ministériels, les propositions formulées ici ne sauraient engager que notre seule responsabilité.

En revanche, nous n'avons pas couvert d'autres secteurs (la famille, la vie politique la consommation, etc.) qui relèvent d'abord d'un débat collectif de fond, qu'il n'était pas en notre pouvoir de susciter.

Au terme de toutes ces analyses, il doit être clair que nous avons moins cherché à dessiner une politique globale et cohérente, qu'à montrer que des changements étaient possibles dès à présent, et qu'ils pouvaient avoir des effets très profonds sur la situation de beaucoup de jeunes.

De nombreuses propositions peuvent être d'application et d'effets immédiats. Elles n'exigent, pour l'essentiel, que des modifications de type réglementaire ou conventionnel, et éventuellement, la mobilisation de moyens financiers spécifiques. D'autres à l'inverse, appellent des changements plus importants et nécessitent des modifications dans le domaine législatif ou au niveau des comportements sociaux. Nous sommes toutefois convaincus que, dès 1982, beaucoup d'entre elles peuvent faire l'objet d'un début de mise en oeuvre.

1. L'HABITAT ET LE CADRE DE VIE

1.1 L'habitat, un facteur capital d'autonomie donc d'insertion

Le logement est pour les jeunes un sujet de préoccupation permanente. C'est pour eux le moyen d'exprimer le besoin d'autonomie ou d'indépendance qui s'inscrit dans l'évolution générale de leurs aspirations dans tous les domaines, à avoir accès à un mode de vie adulte.

Ceci ne va évidemment pas sans contradiction avec le recul de leur entrée dans la vie active et donc, avec leur absence d'autonomie financière.

Mais ce souci d'indépendance ne signifie cependant pas volonté de rupture avec les adultes. Beaucoup de jeunes souhaitent au contraire maintenir des relations avec les adultes, soit par l'intermédiaire de la famille, soit par celui du voisinage.

C'est bien souvent là que le jeune cherche sa manière d'être à la fois proche et distant de l'adulte.

Créer son propre espace dans le logement familial, loger chez un « copain », s'installer dans son premier logement, traduisent ces aspirations.

L'actuelle désaffection pour certains foyers de jeunes travailleurs montre que les jeunes préfèrent souvent des chambres chères qu'ils occupent à plusieurs, à un logement, certes sommaire mais décent, en foyer.

Le degré de proximité ou de distance n'est pourtant pas seulement le résultat de la démarche des jeunes ou des adultes. La nature, la forme, le style du cadre bâti, conditionnent considérablement cette relation.

Or l'habitat individuel n'est pas accessible financièrement à de nombreux jeunes.

D'une part le volume d'appartements de petite taille (type F l et F 1 bis) offerts sur le marché, est nettement insuffisant pour satisfaire actuellement la demande massive. D'autre part, la priorité a été donnée à l'accession à la propriété.

Ainsi, les jeunes se sont-ils trouvés écartés de l'accès au logement. Comment, quand on est chômeur à 20 ans, trouver les garanties et les cautions nécessaires pour obtenir un prêt ?

L'habitat est fait par et pour les adultes. Il rend difficile le voisinage jeunes adultes.

La période d'urbanisation galopante a eu pour effet la construction rapide d'une grande quantité de logements trop petits, trop sonores, dans des quartiers excentrés qui n'ont jamais pu être vitalisés. De ce fait, mais aussi parce la volonté publique faisait défaut, on n'a tenu aucun compte des aspirations des jeunes.

L'attitude intolérante de bien des adultes à l'égard des jeunes provient pour une bonne part de cette situation. La proximité est conflictuelle. Il est normal que les adultes cherchent à les exclure, ou du moins, à réduire la libre disposition des espaces de leur vie commune.

Modifier l'habitat, rendre le logement accessible aux jeunes, sont les conditions d'une meilleure coexistence. Les adultes doivent avoir la possibilité de laisser les jeunes occuper leurs espaces propres, et les jeunes en retour doivent pouvoir laisser aux adultes la libre disposition des leurs.

L'habitat cantonne trop souvent le jeune qui cherche un logement, hors des centres de vie.

On a progressivement exclu des centres villes les populations défavorisées, qui ont dû se loger dans des quartiers périphériques. En quelques années, se sont ainsi créés des groupes de jeunes qui ignorent, et parfois n'osent pas aborder les centres des villes, si ce n'est à l'inverse, pour y exprimer par la violence, leur refus et/ou l'affirmation de leur marginalité. Et il n'est plus du tout certain, ainsi que cela se manifeste dans certains pays voisins, que les manifestations de violence, aujourd'hui encore sporadiques en France, ne se transforment peu à peu en actions de masse.

1.2 Il faut d'abord rendre possible l'accès au logement indépendant

Nous ne souhaitons nullement organiser de manière systématique la séparation prématurée du jeune de sa famille. Mais de bonnes relations entre eux passent précisément par l'indépendance et, le plus souvent, en particulier pour les milieux défavorisés, cette indépendance n'est possible que par l'accès à un logement en dehors du logement familial.

Pour que le jeune puisse trouver un logement, il faut qu'il en ait les moyens financiers, mais il faut aussi qu'il en ait les moyens juridiques. Et toute l'action d'aide au logement passe par un développement de l'information.

Mettre en place des aides financières et juridiques.

Une partie importante des possibilités financières repose sur la nécessaire modification de l'aide personnalisée au logement et de l'allocation logement, qui devront être étendues en priorité aux jeunes chômeurs, aux jeunes en formation professionnelle et aux parents isolés[5]...

Il convient également de développer les systèmes d'aides, de garantie, de caution et de prêts aux jeunes en cas de difficulté temporaire, et d'étendre largement la formule de « mutuelle logement » jeunes, toutes mesures qui doivent permettre aux jeunes de mieux faire face au coût financier de départ d'une location (demande d'un salaire régulier, commission d'agence, dépôt de caution, etc.). Le rôle des associations est ici primordial. Elles peuvent en effet jouer un rôle de relais si on leur reconnaît le droit de pratiquer des sous-locations à des jeunes en difficulté temporaire.

Enfin, il convient d'appliquer aux jeunes la réservation de 20 % des logements HLM pour les isolés.

Organiser et développer l'information et le conseil.

Il s'agit de systématiser les dispositifs d'information logement sur le marché du logement libre et les moyens d'accès au logement social, sur les prix pratiqués, sur les conditions d'entrée dans un logement et sur les différents régimes d'aides.

Des brochures et des documents actualisés doivent être élaborés et largement diffusés dans tous les points publics ou privés, fréquentés par les jeunes. La presse locale et les médias locaux doivent relayer systématiquement cette politique d'information.

5 Le ministère du Logement vient d'engager une réflexion d'ensemble sur la modification des aides au logement, en créant un groupe de travail. Nous souhaitons que celui-ci fasse des propositions concernant les jeunes.

Un cas spécial : le milieu rural.

L'intervention en zone rurale des organismes du logement social doit être développée ; les propriétaires doivent être incités à la rénovation de logements vacants et à leur mise en location à des jeunes. Les collectivités locales doivent pouvoir être amenées à servir d'intermédiaire, en préemptant une partie des logements vacants et en les louant à des jeunes ayant un projet d'activité économique. C'est une des conditions de la revitalisation de certaines zones rurales.

1.3 L'habitat doit aussi permettre la mobilité, contrainte ou souhaitée

Mobilité souvent due aux difficultés d'insertion professionnelle et donc contrainte, mais mobilité également souhaitée : il ne faut pas forcément interpréter cette mobilité souhaitée comme un signe d'instabilité mais plûtot comme une autre façon de concevoir ses relations à l'espace de vie.

Or, on constate que cette mobilité est contrariée par une série de pesanteurs (conception de l'intérieur des logements, localisation des zones de logement dans le tissu urbain ou rural, coût des déplacements) qu'il s'agit de lever, si l'on veut que les jeunes puissent s'approprier leur habitat et agir en continuité avec le milieu adulte dans lequel ils seront ainsi réellement insérés.

En organisant une meilleure allocation des logements.

Des commissions locales (cf. *infra*) faciliteront les rapprochements affinitaires et favoriseront ce qui peut être considéré comme un « cursus résidentiel » : entre périphérie et centres villes d'abord, par le biais d'un repérage des chambres ou appartements pouvant être loués à des jeunes, entre commissions locales ensuite, afin de permettre des réservations anticipées de logement d'un point à l'autre du territoire. De plus, l'accès à des crédits particuliers pour le règlement des cautions et des frais d'installation doit être facilité.

En développant des lieux d'accueil et d'hébergement provisoires.

Il ne s'agit surtout pas de développer le nombre de places d'accueil dans les grands foyers. Par contre, il convient de soutenir les actions d'animation et d'insertion qu'ils organisent et il faut construire des mini-foyers (foyers Soleils par exemple).

Dans le même temps, il y a lieu de développer des structures d'accueil de très courte durée. Des appartements de transit accueillant des jeunes en difficulté passagère pourraient répondre à ce besoin.

Il faut ouvrir le droit d'accès aux foyers, aux jeunes couples et aux parents isolés ou non, avec jeunes enfants.

Il s'agit aussi et surtout de coordonner les pratiques d'accueil et d'hébergement, de créer des itinéraires entre foyers de jeunes travailleurs, résidences universitaires, foyers de travailleurs migrants, centres AFPA, foyers et hôtels maternels, foyers de la DASS, etc.

Enfin, il importe d'assurer la « sortie » des foyers, notamment en suscitant des accords entre ceux-ci et les offices d'HLM.

1.4 Mais il ne suffit pas de faciliter l'accession au logement individuel : de nouveaux types d'habitat sont à concevoir

Les jeunes sont porteurs de changement. Si on les écoute et si on les aide à réaliser leurs systèmes de valeurs, ils peuvent influencer de manière très intéressante la conception même de l'habitat et peut-être le ramener à des formes plus conviviales. Il convient donc de développer et de soutenir des expériences en matière d'habitat, de nature à accroître leur appropriation de l'espace, leur participation à la gestion et à l'aménagement ou à la production de leur cadre de vie.

<u>Créer les conditions d'indépendance dans le logement familial.</u>

L'appartement à double entrée, l'insonorisation de certaines pièces, l'existence de chambres indépendantes dans les immeubles où logent les parents et de lieux de réception, sont des éléments qui permettent de combiner le désir d'autonomie avec le souhait de proximité, le goût du bruit des jeunes avec la demande de calme ou de repos des parents.

Certes, il s'agit d'un objectif ambitieux à long terme. Mais il n'en n'est pas moins à prendre en considération dès maintenant, en développant une sensibilisation des architectes, des promoteurs, des administrateurs et des collectivités locales, pour les pousser à aller dans ce sens, dans toutes les nouvelles constructions et dans les opérations de réaménagement. Pourquoi ne pas ouvrir, sur cahier des charges, des concours d'architectes sur ce thème ?

D'autre part, des systèmes appropriés d'aide, de conseil et de financement devraient pouvoir être élaborés dans cette perspective. Par ailleurs, les jeunes peuvent, avec l'aide des adultes, participer à des actions de réaménagement et de réhabilitation. Le logement offre maintes occasions de mettre en œuvre la participation active des jeunes : rénovation des logements anciens attribués, entretiens des appartements occupés. Pour cela, des coopératives d'autoréhabilitation ou d'entretien, gérées par des jeunes eux-mêmes mettraient à leur disposition du matériel et une aide technique de professionnels.

Cette participation pourrait éventuellement faire partie du cursus de qualification sociale et professionnelle. S'il s'agit de chantiers nécessitant la mise en œuvre de moyens complexes (financiers et techniques), des actions de type « formation-production » pourraient être organisées.

<u>Soutenir les initiatives d'habitat communautaire.</u>

On développera notamment les formules de multi-location ou de bail collectif dans les grands appartements (F5, F6) libérés dans les quartiers d'habitat social. Ceci suppose évidemment une action de restructuration interne de ces logements, une nouvelle distribution de l'espace : grande cuisine collective, espaces collectifs de communication et de loisirs.

Ces appartements communautaires peuvent satisfaire la demande de logements de groupes affinitaires pré-constitués ou répondre à la demande de logements de jeunes désireux d'accéder à l'autonomie, sans qu'elle soit synonyme de solitude.

Enfin, de telles structures d'habitat communautaire peuvent constituer une structure de transit pour les groupes spécifiques plus marginalisés, à condition cependant, que ces opérations soient conduites sous la responsabilité d'un personnel spécialisé.

1.5 Habiter c'est aussi « vouloir vivre » dans des lieux collectifs et un environnement agréable : on ne peut dissocier logement, habitat et cadre de vie

Si elle est en tout état de cause prioritaire, eu égard aux objectifs d'autonomie et d'indépendance, la question du logement des jeunes doit être pensée en articulation avec la question, plus large, du cadre de vie.

Faire des jeunes, des citoyens à part entière, leur donner une place dans l'environnement social où ils puissent exprimer leurs valeurs propres et développer leurs pratiques, suppose que l'espace, les équipements collectifs, soient adaptés à ce projet.

Il s'agit donc de faire en sorte que le cadre bâti soit conçu comme une combinaison d'espaces appropriables où les jeunes puissent développer leurs activités : un territoire attractif favorise les socialités.

<u>L'urbanisation actuelle accentue les inégalités sociales.</u>

Si l'urbanisation sauvage exclut la convivialité, elle lèse plus encore les jeunes les plus défavorisés qui recherchent des lieux abrités, mais aussi des espaces de plein air pour se retrouver, se détendre, trouver des complicités et construire des projets.

Or, à la différence de ceux qui sont issus de couches plus favorisées, ces jeunes ne peuvent utiliser l'appartement ou la maison familiale. Leur appartement, petit, sonore, ne peut être un lieu de rencontre, même occasionnel ; il ne permet pas le développement d'activités de petits groupes.

Beaucoup de jeunes manquent ainsi d'espaces, alors même qu'il leur est impossible d'aller ailleurs, faute d'argent ou de soutien.

Les équipements collectifs ne répondent souvent plus aux aspirations des jeunes et quand ils y correspondent, ils sont éloignés des lieux où ils vivent.

Les équipements collectifs existent (maisons de quartiers, maisons de jeunes, centres sociaux, locaux collectifs résidentiels) mais leur mode de fonctionnement est souvent, de fait, interdit aux jeunes défavorisés. S'il faut être adhérent d'une association pour disposer d'une salle, elle est alors accaparée par les adultes. La volonté de s'ouvrir indistinctement à tous, principe qui préside à l'organisation de beaucoup de maisons de jeunes et de maisons pour tous, aboutit de fait, à les réserver à des groupes issus de couches favorisées (quand cependant, il n'y a pas invasion par des « bandes », puis fermeture).

Les contraintes horaires ne sont pas toujours bien vécues et les jeunes supportent mal l'impression « d'organisé » et la durée imposée. Ce sont les jeunes favorisés qui sont capables d'accéder aux activités proposées et qui possèdent les codes culturels appropriés. Dès lors, hormis quelques cas dûs au dynamisme remarquable de certains animateurs, ces équipements pour les plus défavorisés sont ceux des autres, comme l'école est aussi celle des autres.

Il en est de même de beaucoup d'équipements sportifs et de plein air, dont la trop grande sophistication crée la ségrégation. Nous avons bien conscience qu'il est plus facile de nommer le problème que de le résoudre.

D'où la nécessité de lieux diversifiés que les jeunes s'approprient : un élément majeur d'une nouvelle politique des jeunes.

- *Des lieux de rencontre et d'actions communes.*

Nous estimons essentiel de voir se développer une politique, largement entamée par beaucoup de municipalités, de mise à disposition des jeunes de lieux, de taille réduite (un appartement vide, un local quelconque) ou même plus important (un ancien cinéma : on parle de 5000 fermetures de salles de cinéma au cours des prochains mois. Ne pourrait-on confier à de jeunes l'animation de ces équipements ? — une grange, un garage) susceptibles de devenir des lieux de rencontre et d'action commune et que les jeunes aménagent eux-mêmes, grâce à des soutiens financiers souvent légers. On cherchera donc à susciter la mise en place d'un nombre très important de « micro-lieux » répondant à une demande d'espaces de rencontre et d'échange, d'activités musicales, etc. qui favorisent l'exercice de fonctions dont la combinaison reflète les pratiques des jeunes : des lieux non formalisés, transformables dans le temps, permettant aux jeunes de réaliser un projet précis et temporaire.

Idéalement, ces lieux devront être gérés par les jeunes eux-mêmes. Mais on ne peut évacuer l'aspect légal : sauf à ce qu'ils se constituent en associations et à ce qu'ils disposent de moyens, ils n'en seront pas propriétaires. D'une manière générale, la propriété en reviendra à une association extérieure à la collectivité ou à toute autre institution qualifiée. La meilleure solution est que le propriétaire légal, tout en exerçant ses responsabilités, leur délègue ses pouvoirs et respecte leurs pratiques. Mais cela signifie que son ou ses représentants les rencontreront.

- *Des lieux où les jeunes pourront poser leurs problèmes et être ensuite, orientés vers des spécialistes.*

Dès lors, on pourra combiner, dans certains de ces micro-lieux, cet objectif avec celui que visent de nombreux travailleurs sociaux : écouter les jeunes, discuter avec eux, les aider à poser leurs problèmes et à les résoudre, en les orientant vers l'instance la mieux habilitée. Ainsi ces lieux seront à la fois des lieux d'activité pour les jeunes et de rencontre avec les adultes, qui assumeront leurs responsabilités en cherchant une voie qui rejette à la fois l'abandon total des jeunes à eux-mêmes et un encadrement social abusif.

C'est le niveau municipal qui semble être le mieux à même d'établir les liens de nécessaire complémentarité entre ces lieux et les autres équipements sociaux, culturels ou professionnels (ANPE par exemple).

Certains de ces lieux seront en outre des relais utiles pour la mission locale.

1.6 Tout cela nécessite une coordination au niveau local

Bien entendu ce n'est pas seulement au niveau national, mais une fois de plus, au plus près des jeunes et des partenaires locaux que de nombreuses difficultés peuvent trouver des solutions.

Les collectivités locales prennent déjà des initiatives dans tous ces domaines. Dans le cas où elles ont installé une commission logement, il peut être intéressant qu'elles désignent une sous-commission pour les jeunes et/ou qu'elles travaillent avec la mission locale qui devra prendre en compte le problème de l'habitat.

Cette commission ou sous-commission aura, en articulation avec les commissions départementales que souhaite mettre en place le ministère du Logement, à établir un bilan-diagnostic et à analyser la demande de logement des jeunes.

Elle aura compétence et autorité en matière d'attribution de logements aux jeunes (attribution effective aux jeunes d'une fraction des 20 % de logements sociaux réservés aux personnes isolées) et de programmation de logements neufs.

Elle assurera une fonction de suivi et de prospective, en suscitant le débat et la réflexion sur « les jeunes et l'habitat », en liaison avec les services des ministères du Logement et de la Solidarité nationale.

Enfin, elle suivra la mise en œuvre des différents régimes d'aides au logement des jeunes (prêts, cautions, mutuelles, etc.).

1.7 Au delà et à plus long terme, c'est toute l'urbanisation qu'il faut repenser

Au-delà des propositions cherchant à améliorer la situation actuelle, il importe de penser autrement l'habitat et d'impulser une réflexion, à la fois au sein des organismes publics et auprès des propriétaires et institutions privés, sur la mise en accord des politiques d'habitat avec les nouveaux modes d'habiter des jeunes (habitat évolutif, modulable, logements pour catégories spécifiques, habitat communautaire...).

Plus fondamentalement, il s'agit de repenser « la maison » pour qu'elle n'ignore plus le jeune. Cette recherche devrait d'ailleurs s'étendre à l'ensemble des espaces bâtis occupés par les jeunes.

2. Les jeunes dans leur temps libre

2.1 L'insertion dans la société suppose une gestion libre de son temps

Le temps libre est très important en « quantité ». Sans parler des chômeurs pour lesquels le temps libre revêt un aspect tout à fait insidieux, — un temps d'angoisse, d'impossibilité de faire —, le temps libre des jeunes de 16 -21 ans varie de 210 jours par an pour les scolarisés, à 150 jours par an pour les jeunes travailleurs.

Gérer son temps de loisirs suppose que l'on puisse choisir, donc que l'on ait accès aux loisirs.

Comme les adultes, les jeunes aspirent à la fois à des loisirs qui permettent à leur créativité de s'exprimer (c'est pendant le temps libre qu'ils veulent réaliser des projets, sans être sous tutelle), ou simplement à du repos, de la détente : avoir un moment « où l'on se sente bien dans sa peau » ou encore — et ils y tiennent énormément — se rencontrer, discuter, dialoguer, échanger vraiment, se confronter et s'affronter aussi.

Or, toutes ces formes de loisirs sont marquées par le désir d'être maître de son temps, donc de soi (n'est-ce pas cela devenir adulte ?) et très souvent, par la volonté d'une appropriation collective du temps.

Si gérer son temps ne suppose pas nécessairement qu'il soit rempli constamment à faire quelque chose, comme certains adultes ont tendance à le penser, gérer son temps de loisirs veut dire pouvoir choisir, et accéder à toutes les formes d'activités.

2.2 Or, force est de constater que beaucoup d'entre eux n'ont pas d'accès aux loisirs aujourd'hui disponibles

Il y a inadéquation entre leurs demandes et les loisirs offerts dans l'environnement quotidien et ils ne peuvent suffisamment les organiser à leur façon. Qu'il s'agisse :

- *Des équipements, qu'ils fréquentent peu.*

On le constate en voyant le faible intérêt qu'ils manifestent pour les équipements et les activités qui leur sont en principe destinés.

- *Du sport, qu'ils veulent souvent faire autrement qu'on ne leur propose.*

Le problème du sport, même s'il se pose différemment, n'est pas toujours bien résolu. Les jeunes, tous les sondages l'attestent, déclarent aimer le sport et beaucoup en font. Cependant, peu d'entre eux le pratiquent de façon durable et organisée. Ce qui les intéresse, c'est moins un résultat à améliorer sans cesse qu'une pratique ludique du sport, qui n'exclut pas d'ailleurs la confrontation avec soi et avec autrui.

À cet égard, beaucoup se plaignent de ce que les clubs sportifs ne soient pas suffisamment ouverts à ces préoccupations et monopolisent les équipements.

- *De la musique, qui déplaît souvent aux adultes.*

Pour la plupart des jeunes, la musique constitue une activité de loisir primordiale et leur préférence va à des formes peu prisées par les adultes (rock, pop, folk), à travers lesquelles ils expriment cependant très fortement leur identité. Si des manipulations commerciales créent souvent des goûts et des demandes, il y a aussi une musique des jeunes, expression d'une représentation de la vie et d'une créativité, que des adultes ont tôt fait de considérer comme peu supportable, voire dépravée.

Il n'est guère facile pour des jeunes de trouver des lieux où ils puissent faire et apprendre ensemble, une musique qui échappe aux critères d'évaluation de la culture adulte.

- *De la fête, qui dérange et bouscule.*

Les jeunes s'enthousiasment volontiers pour les fêtes collectives, les concerts, les festivals, les grands rassemblements, qui sont l'occasion de rencontres, de chaleur, de défoulement.

Dans ces instants où s'exprime l'importance des valeurs relationnelles, la notion de « populaire » retrouve pour eux tout son sens. Pourtant ces rassemblements font peur aux adultes et sont souvent interdits par crainte de débordements. À l'échelle locale, ne parlons pas du bal du samedi soir qui alimente la chronique des faits divers !

- *Devant tous ces refus, ces projets, ces exclusions, les jeunes vont « ailleurs ».*

Ils ne vont pas là où les adultes voudraient les voir aller ; on les trouve peu dans les associations. Ils se regroupent dans des lieux qui ne leur sont pas *a priori* destinés : les cafés, les caves, les halls et abords d'immeubles, faute d'autres lieux appropriables.

Ils donnent de ce fait l'impression aux adultes de ne rien faire (ou d'en faire trop.)

<u>L'inadéquation entre leurs demandes et les offres vaut aussi pour les vacances. Et cependant les vacances sont pour eux un besoin essentiel :</u>

C'est un temps privilégié et les jeunes aspirent, c'est un leitmotiv, à « partir ». Ce mot a valeur symbolique et il exprime tous leurs désirs de liberté, d'évasion, de découverte, d'expérimentation, de rencontre. D'où en particulier, leur immense désir de partir à l'étranger. Mais c'est en même temps un facteur privilégié de maturation.

- *Or, ils sont peu nombreux à pouvoir partir.*

Pour des raisons financières et socioculturelles, 45 % des jeunes ne partent pas en vacances. C'est, particulièrement le cas dans les banlieues des grandes villes et dans le milieu rural.

- *Et ils disposent très peu souvent de l'autonomie qu'ils souhaitent.*

Des associations de jeunesses et des collectivités publiques leur proposent des séjours en centres de vacances et de loisirs où l'accueil dans les auberges de jeunesse, mais ces solutions ont été mises en place et imaginées il y a longtemps. Si elles correspondaient à l'époque à une avancée notable du loisir des jeunes, elles ont besoin d'être réactualisées.

Le problème des 16-18 ans est particulièrement aigu. Entre des colonies de vacances qui sont faites pour les plus jeunes, le loisir adulte, et les vacances avec la famille (quand il y en a), il y a un espace de loisirs spécifique à aménager.

Quant aux voyages à l'étranger, même avec toutes les offres commerciales alléchantes, ils sont coûteux et les initiatives publiques, telles que les Offices franco-allemand et franco-québécois de la Jeunesse, sont insuffisantes pour permettre à beaucoup de jeunes de partir. Et ceux qui bénéficient de ces avantages sont le plus souvent les responsables de jeunes ou les jeunes rassemblés en organisations (associations, syndicats, écoles...).

Et bien entendu, toutes ces inadéquations sont encore plus fortes pour les jeunes en situation précaire.

Par déficience familiale, scolaire, économique, ces jeunes manquent non seulement d'argent, mais même d'informations et surtout de savoir-faire pour utiliser les formules existantes. Nous pensons là surtout aux jeunes qui vivent dans les zones urbaines et, parmi eux, les jeunes immigrés de la deuxième génération, pour lesquels les soirées, les week-ends, les vacances se passent sur place.

2.3 Les mesures que nous proposons dérivent directement de ce constat

Il faut que les jeunes aient la possibilité :

- d'accéder à toutes les formes de loisirs offertes aux adultes ;
- d'organiser leurs propres formes de loisirs ;
- d'être responsables d'eux-mêmes, tout en pouvant trouver aide et assistance s'ils le souhaitent.

Ouvrir aux jeunes l'accès à tous les loisirs offerts aux adultes.

- *C'est évidemment d'abord une question de moyens.*

Pour inciter à une politique de réduction tarifaire, il est souhaitable, comme c'est le cas dans certains pays européens, d'étendre les systèmes de réduction consentie aux étudiants à tous les jeunes de 16-21 ans en chômage ou en formation. Ces réductions devraient faciliter l'accès à tous les spectacles, notamment pendant les périodes creuses. On pourrait envisager par ailleurs d'étudier avec la SNCF les conditions d'extension de sa politique de réduction tarifaire de façon plus systématique à cette classe d'âge.

- *Mais c'est également affaire de formation.*

Ce type de formation, qui pourrait utilement faire partie des objectifs de qualification sociale, doit donner aux jeunes une capacité a s'informer, préparer un itinéraire, gérer un budget vacances. Il est certes du rôle des associations de les aider à s'organiser dans cette perspective, mais c'est d'abord dans la pratique scolaire (classes coopératives) la revalorisation et la recherche de nouvelles pédagogies, que ce souci devrait être intégré.

Aider les jeunes à organiser leurs propres formes de loisirs.

Nombre de jeunes sont très motivés par certaines activités et il importe :

- *De les aider à faire « leur musique ».*

Il faut certes encourager le développement d'un enseignement musical décentralisé qui permette de répondre à la demande très forte des jeunes. Mais il faut surtout prêter des locaux et du matériel aux groupes de jeunes (estimés à 5000) dans les domaines des musiques folk, rock, pop. Une nouvelle fois, se trouve illustrée ici, l'utilité des micro-lieux informels qu'ils s'approprieront pour ces activités.

- *D'appuyer leurs initiatives de fêtes, festivals et rencontres.*

Il faut encourager les festivals, les concerts et spectacles de plein air organisés, donnés par eux et qui peuvent être, au moins au niveau de l'organisation, des occasions de rencontre jeunes-adultes.

Certes, cela ne va pas sans poser des problèmes aux adultes, qui sont dérangés dans leurs habitudes. Les élus qui favorisent ce genre d'activités connaissent bien les difficultés qu'ils ont avec les « voisins ». Il y a là une recherche de tolérance mutuelle, et pour les adultes et pour les jeunes. Un apprentissage de cette forme de solidarité consiste, pour les adultes à accepter un certain dérangement, et pour les jeunes, à connaître les limites de ce qu'ils peuvent imposer.

- *De les aider à partir en voyage.*

Pour les voyages à l'étranger, on créera un office d'aide à la coopération et aux voyages internationaux qui négociera avec les pouvoirs publics et les compagnies, des bons de transport à prix réduit pour les jeunes. Cet office devra bien entendu avoir des antennes régionales et locales.

Les associations locales et les municipalités seront encouragées à mettre en place ce qui pourrait être appelé « l'aide aux vacances autonomes de jeunes » : fonds documentaires, conseils techniques, prêts de matériels, bourses de l'aventure, chèques vacances, etc., prolongeant ainsi l'actuelle politique du ministère du Temps libre.

Mais l'aide aux voyages passe surtout par une aide à l'accueil, qui consiste à rénover le système des auberges de jeunesse, en les transformant en points d'accueil-jeunes très bon marché, équipés pour le camping avec un minimum de sanitaires et des locaux de rencontre.

- *D'ouvrir à tous l'accès à la pratique sportive libre.*

  - il faut d'abord ouvrir plus largement qu'actuellement les installations sportives existantes aux jeunes qui ne souhaitent pas entrer dans des clubs affiliés à des fédérations;
  - on pourra créer un « passeport sportif », sorte de carte orange du sport à l'échelon communal ou intercommunal;
  - pour faciliter la pratique du « sport pour tous » et les activités de plein air, et les moyens d'accès à la nature ou aux équipements, on incitera les municipalités à développer des installations de quartier et des mini-bases de plein air dans les villes, en particulier dans les ZUP ;
  - par ailleurs on développera les activités de plein air du type randonnée.

- *Les aider à créer des associations des jeunes.*

Quand un groupe de jeunes veut entreprendre quelque chose et qu'il veut en particulier quelques moyens financiers, il lui faut soit être lié à une association existante, soit en créer une. Or la création d'une association n'est pas chose évidente. Deux mesures pour faciliter la tâche des jeunes pourront être prises :

  - demander aux municipalités et/ou aux associations existantes de leur apporter l'aide technique nécessaire;
  - à plus long terme, créer un statut allégé des associations, permettant à des jeunes de se constituer en association et contracter, devrait être étudié.

Parallèlement, on devra former les jeunes à la gestion d'association (apprentissage qui devra être intégré dans le contrat de qualification professionnelle et sociale).

- *Accroître les droits des jeunes de 16-18 ans.*

Fort heureusement beaucoup de jeunes se « débrouillent » et se passent de tout soutien pour réaliser un projet de vacances et de loisirs quotidiens. Toutefois, d'autres initiatives se développeraient si elles n'étaient pas au départ entravées par des problèmes d'autorisation et de droit, dérivant de l'autorité familiale, du code de la famille et du système de protection des mineurs en dehors du domicile familial.

Ceux qui, par un effort d'adaptation pourraient conseiller et appuyer des jeunes (les associations de quartier notamment) sont bridés par les règlements édictés par les administrations. S'il est tout à fait normal que les mineurs ne soient pas à la merci de n'importe qui, les textes actuels enferment les associations et les jeunes dans des activités trop encadrées.

Les associations ne sont pas alors en mesure de proposer des prestations qui laissent la place à l'autonomie des jeunes.

Sans aller jusqu'à proposer la majorité à 16 ans — et cette question se pose à d'autres niveaux —, nous pensons que le ministère de la Famille devrait étudier une formule du type « sas juridique » dans cette période transitoire, qui permettrait d'accéder progressivement à la majorité. Sans attendre des mesures globales, des mesures de nature réglementaire limitées, permettraient de modifier les textes qui bloquent aujourd'hui les responsables associatifs.

Ainsi pourra être mis en œuvre ce qui peut être appelé une pédagogie du projet et de la créativité, qui laisse la place à l'autonomie des jeunes tout en incluant le dialogue avec l'adulte.

Il faut que les adultes acceptent de faire confiance aux jeunes, en admettant une certaine part du risque.

Une telle attitude entraîne la prise en compte de l'éphémère qui préside aux initiatives des jeunes. Si tout ne leur est pas dû, s'ils doivent rencontrer de justes résistances dans leur dialogue avec les adultes, ceux-ci doivent accepter les changements et les ruptures dans les comportements des jeunes, qui se cherchent, prennent des chemins de traverse et sont, avant tout, épris de liberté.

2.4 Pour mener cette politique

Une nouvelle forme d'animation.

Les animateurs socioculturels ont joué dans les dernières décennies un rôle irremplaçable. Mais peut-être ce rôle doit-il être modifié maintenant, en fonction de la situation économique et sociale actuelle, des nouveaux comportements des jeunes et des propositions que nous faisons par ailleurs.

En fonction de la situation économique et sociale, il nous parait essentiel, à l'image de ce que nombre d'entre eux font déjà que, sans du tout abandonner leur fonction première qui est d'animer les équipements et/ou de développer les activités socio-éducatives, ils profitent de leur contact avec les jeunes pour se mobiliser tous sur le triple problème formation-emploi-habitat. Pour ce faire, il leur faudra nouer des contacts étroits avec l'ANPE, les CIO, les enseignants et les commissions de logements.

Depuis de nombreuses années, ils ont travaillé dans des conditions très difficiles ; peu aidés, voire combattus par les pouvoirs en place, ils ont été livrés à eux-mêmes. Nous pensons que si une politique globale, nette, claire leur est proposée, beaucoup d'entre eux accepteront d'y participer.

Le développement de l'initiative des jeunes suppose, nous l'avons dit, liberté souvent assistance « technique », légère, souple, sur demande. Si l'on souhaite que ce développement ait lieu partout, il faut multiplier ces aides et faire appel alors à d'autres personnes que les animateurs actuels.

Cependant, l'assistance technique n'est bien acceptée par les jeunes que si elle émane de personnes qui peuvent faire état d'une compétence technique et d'une spécialité reconnues.

Aussi faut-il favoriser le développement de réseaux constitués par des personnes bénévoles en particulier les retraités, ou vacataires, issues du monde professionnel. Lorsqu'il s'agit de non salariés, un système d'indemnités compensera le manque à gagner ; pour les salariés, un aménagement du code du travail permettra de créer par extension du congé-enseignement, un « congé-animation ».

Dans ce cadre, l'animateur professionnel prendra un nouveau rôle : il deviendra une « personne-ressource », un coordonnateur associé à la mise en place de la politique d'emploi, de formation, de logement et bien entendu de loisirs des jeunes.

Un fonds d'intervention jeunes (FIJ).

Si de nombreuses initiatives ne nécessitent que très peu de moyens, elles en exigent cependant. Les collectivités ou les associations ne pourront pas, dans tous les cas, y pourvoir. D'où la nécessité d'un fonds d'intervention jeunes au niveau régional.

Ce fonds pourra jouer un rôle équivalent au fonds d'intervention culturelle avec une volonté plus forte de décentralisation. Il pourra en particulier se démultiplier dans les missions locales. Il est en tout cas très important que son utilisation soit très souple. Un groupe de jeunes qui propose un projet doit pouvoir, si son projet est valable, le réaliser vite ; la lenteur administrative serait ici néfaste.

Une nouvelle vitalité associative.

Au cours des dernières décennies, comme les animateurs, les associations ont joué un rôle irremplaçable dans le processus de socialisation des jeunes, chaque fois qu'elles ont réussi à les atteindre en grand nombre. Mais leur pénétration dans le milieu de la jeunesse est insuffisante et le développement d'une véritable démocratie locale repose sur l'existence d'un tissu associatif actif et diversifié, au sein duquel la jeunesse puisse trouver non seulement un accueil, mais surtout une expression pleine et entière.

Tout doit être fait, notamment de la part des pouvoirs publics, pour favoriser le développement de la politique associative.

Dans cette perspective, les relations que l'État entretient avec les structures de coordination des associations de jeunes doivent être renforcées, aux niveaux national, régional et local.

3. La santé

Nous ne traiterons pas ici les problèmes de drogue et d'alcoolisme. Ils sont d'une très grande complexité et ne s'accommodent pas d'un traitement superficiel. D'autres que nous s'en préoccupent. Ce n'est pas par négligence mais par respect pour leur gravité que nous nous sommes retenus de les analyser. Nous tenons cependant à souligner que l'alcoolisme, bien que moins spectaculaire que la drogue, constitue aujourd'hui un problème dramatique.

Mais en proposant des mesures d'insertion professionnelle et sociale au sens large, nous nous attaquons, au moins en partie, aux causes de la toxicomanie et de l'alcoolisme.

Apprendre aux jeunes à être responsables de leur santé et de leur corps.

Nous ferons nôtre la définition de la santé donnée par l'OMS, selon laquelle la santé est « l'état de complet bien-être physique, mental et social, et non seulement, l'absence de maladie ». Accepter cette définition, c'est renoncer à voir la santé comme le seul résultat de la pratique médicale.

Dès lors, il faut déjà à l'école, apprendre à l'enfant — même si c'est difficile, car il n'en voit pas l'intérêt — à être responsable de son corps et de sa santé. Il faut aussi éduquer les parents : un important travail est à faire pour étudier les moyens d'y parvenir (école des parents, médias). La qualification sociale doit intégrer cette dimension.

Développer et améliorer la prévention médicale pour les jeunes.

La prévention médicale n'est pas à améliorer seulement pour les jeunes cependant, elle prend pour eux une importance considérable. Leur processus de croissance n'est en effet pas achevé à 16 ans, ce qui rend les jeunes de cet âge sensibles à toutes les agressions. Or, le passage du mode de vie scolaire au monde de vie actif implique des changements de rythme, des fatigues et des efforts d'adaptation psychologique et sociale importants.

D'autre part, les problèmes de drogue et d'alcoolisme sont aussi pour eux particulièrement graves.

La médecine préventive, sous toutes ses formes, doit être mise en situation de se faire entendre et d'intervenir pour l'amélioration des conditions de vie, de formation et de travail : son isolement et sa marginalisation doivent cesser.

- *Surveiller les conditions de travail des jeunes travailleurs.*

Même si le problème n'est pas simple — les conditions variant énormément d'un jeune à l'autre et d'un poste de travail à l'autre — il doit être étudié. Des mesures devront être prises pour que n'importe quel travail ne soit pas donné à n'importe quel jeune et que par ailleurs les rythmes soient étroitement contrôlés.

- *Il faut également faire passer un bilan régulier de santé aux jeunes chômeurs.*

Ceux-ci, n'étant dans aucune structure, ne bénéficient d'aucune prévention ni surveillance. Au moins devrait-on jumeler certaines visites à l'ANPE avec des visites médicales

- *Le développement de la prévention sera d'abord quantitatif.*

Il s'agit de doter, en moyens et en personnel, les lieux de médecine préventive, et de faire en sorte qu'elle cesse d'être le parent pauvre de la médecine. Il convient de plus de les développer dans les zones rurales particulièrement sous-équipées dans ce domaine.

- *Mais il sera également qualitatif.*

Pour les lieux de soins (dispensaires, hôpitaux, centres de soins infirmiers), il convient d'en améliorer l'accueil et d'en faire là aussi des lieux d'écoute pour les jeunes.

Les méthodes de consultation (l'accueil, le temps passé, les techniques, le langage, etc.) devront être améliorées dans le sens de l'écoute personnalisée. La prise en compte par les médecins des conditions concrètes de travail et de vie devra être la règle et non l'exception.

Créer un véritable réseau de services sanitaires et sociaux.

Les fonctions de ce réseau seront essentiellement d'accueil, d'écoute, de bilan, de conseil, d'information et d'amélioration de la prise en charge des jeunes en difficulté.

Ces services devront être ouverts aux jeunes sans conditions. Cela suppose la gratuité absolue des services rendus et des horaires d'ouverture très larges. Il ne doit y avoir aucune condition d'identité, de statut, de résidence.

On s'inspirera ici de l'expérience acquise en matière sanitaire et sociale.

Des expériences, parmi lesquelles on peut citer les « boutiques de santé », doivent pouvoir être utilisées dans le cadre de ces services, notamment en ce qui concerne leurs acquis en matière d'information, d'éducation sanitaire, de regroupement de personnes concernées par un même intérêt (la drogue, le tabac, l'alcoolisme, anciens opérés de… etc.). Il serait intéressant de procéder au recensement des diverses expérimentations d'intervention sanitaire et sociale, pour en reprendre ou en effectuer le bilan, et l'intégrer dans le cadre de la nouvelle politique de santé et d'action sanitaire.

Un réseau d'aide et de conseil par téléphone du type « SOS amitiés » pourrait être associé à ces services.

Une telle formule suppose la mobilisation de personnes ressources réunies en équipes cohérentes dans leurs objectifs et leurs pratiques. Ces équipes doivent être pluralistes, c'est-à-dire capables de prendre en charge des cas très différents et pas seulement de santé stricte, et d'animer des groupes d'information ou de réflexion sur toute une série de sujets concernant la vie des jeunes. Elles doivent pouvoir mettre à disposition des jeunes qu'elles accueillent, leur potentiel d'intervention dans leurs institutions d'origine.

Les membres de ces équipes n'exercent évidemment dans de telles structures leur fonction qu'à temps partiel, l'auto-organisation par les usagers eux-mêmes, d'une part du fonctionnement étant à rechercher.

Élargir certains droits des jeunes.

L'ensemble de ces propositions ne saurait être mis en place durablement et efficacement, si les possibilités qu'elles offrent aux jeunes ne s'inscrivent pas dans la définition de nouveaux droits à la santé et à la libre disposition de leur corps.

Se pose ici la question de la majorité à propos de problèmes très graves.

Nous estimons qu'il faut, au moins et très vite, réexaminer les textes concernant l'avortement des mineures. Dans le cadre de la loi sur l'interruption de la grossesse (loi du 31 juillet 1979), ne faut-il pas :

- supprimer l'obligation de l'autorisation parentale ou du représentant légal pour les mineures désirant avorter ;
- élargir la notion d'avortement thérapeutique aux jeunes filles de 16 à 18 ans : le rapport de l'OMS démontre, en effet, que les grossesses pour les très jeunes filles, sont des grossesses à haut risque pour la mère et l'enfant ;
- faire observer par les médecins le secret professionnel devant des demandes d'avortement des mineures ;
- supprimer l'obligation des trois mois de séjour en France, pour le droit à l'avortement des jeunes migrantes de plus de dix-huit ans ;
- et, d'une manière générale, assurer le secret médical pour les jeunes de plus de 16 ans ?

4. LA JUSTICE

4.1 Le problème des jeunes délinquants est véritablement inquiétant

Par son nombre.

70000 jeunes passent chaque année par la justice. Au moins 2 % des jeunes de 16 à 18 ans (plus de 30000[6]) relèvent de l'Éducation surveillée, soit au titre de la protection judiciaire, soit après jugement par les tribunaux pour enfants. Les jeunes de 16 à 21 ans sont, proportionnellement à leur tranche d'âge, beaucoup plus nombreux que les adultes à aller en prison.

6 Les chiffres exacts sont difficiles à connaître.

Jamais autant de jeunes n'ont connu la prison. On constate une très forte augmentation de leur nombre (40 %) au cours de ces trois dernières années.

Par la nature de son traitement.

Sous-estimant probablement ces chiffres, l'opinion publique a souvent tendance à attribuer la délinquance à la seule responsabilité individuelle, à la nature de la personne qui serait « mauvaise ». Mais les jeunes délinquants ne sont-ils pas d'abord le produit de la misère économique, culturelle, sociale, psychologique, affective, physique, sexuelle, et ne subissent-ils pas la succession et le cumul des échecs ?

Sous-estimant par ailleurs les possibilités de réinsertion, l'opinion condamne hâtivement et définitivement le délinquant. Or quand on sait que 55 % de la délinquance juvénile est liée au phénomène de la motorisation (vol de vélomoteurs ou voitures, conduites sans permis de conduire), on ne peut que s'effrayer devant le fossé entre l'acte commis — certes répréhensible — et les effets qu'entraînent les sanctions prises.

- *Il faut informer le public sur les causes de la délinquance et sur les conséquences des sanctions.*

Il convient de faire réfléchir les citoyens sur le fait qu'on condamne, réprime et enferme, surtout parce qu'on a peur : toute déviance par rapport à la norme sociale étant perçue comme une menace et jugée comme une agression.

Il est donc urgent de revoir le seuil de tolérance sociale et de mieux informer sur les causes de la délinquance. Les médias, les institutions à fonction éducative, devraient localement pouvoir développer des initiatives dans ce sens.

Chaque année notamment, un bilan social « justice-jeunes » pourrait être établi et largement diffusé. Outre son intérêt d'outil privilégié d'information, il constituerait un bon instrument pour les responsables et un moyen de mobiliser le monde de la justice sur les problèmes des jeunes.

- *Il convient aussi d'informer les jeunes sur le fonctionnement de la justice et sur ce qu'elle réprime.*

Il est très frappant de constater qu'un grand nombre de jeunes ne mesurent pas les conséquences judiciaires d'actes qui, pour eux, ne sont que des actes mineurs alors qu'ils constituent pour la société de véritables délits.

D'autre part, le fonctionnement de la justice, les droits de chacun et les mécanismes de la défense individuelle, doivent faire partie du cursus d'une formation civique rénovée. Des guides pratiques accessibles aux jeunes devront être élaborés et diffusés largement dans tous les lieux fréquentés par eux.

4.2 Reconstruire une relation avec les autres, réapprendre la vie collective, reconquérir son autonomie

Être délinquant, c'est être en rupture avec soi-même et avec les autres.

Dès lors, l'insertion sociale d'un jeune en situation d'échec et de rejet suppose que puisse se reconstruire progressivement une relation avec lui-même et avec son entourage.

Pour cela, il faut pouvoir s'appuyer sur la compréhension de l'opinion publique, recourir à des méthodes de développement de l'autonomie et éviter autant que possible toute mesure à caractère d'exclusion. En fait, il s'agit de retrouver l'esprit et la lettre de l'ordonnance du 2 février 1945 qui prévoyait, pour les mineurs délinquants, que la répression devait être l'exception et la mesure éducative, la règle.

Le désenclavement des institutions est nécessaire.

Il faut réduire le fossé qui sépare les différentes institutions et personnels spécifiquement chargés des jeunes, éviter leur mise à l'écart par l'ensemble du corps social, et ainsi réduire les effets ségrégatifs qui en découlent.

Toutefois, un tel désenclavement ne doit pas conduire à un quadrillage étroit des champs d'intervention : il y a des marges de liberté qu'il convient de respecter.

La concertation interinstitutionnelle ne doit pas conduire non plus à la confusion des rôles : se trouve posé le délicat problème des fonctions du policier, du magistrat, de l'avocat, de l'éducateur, de l'assistante sociale, du médecin... dans leur rapport avec les jeunes.

L'Éducation surveillée devra participer à la concertation organisée par la mission locale. Il en sera de même des comités de probation. Il importe en effet que les structures d'insertion professionnelle et sociale restent ouvertes à tous, y compris aux délinquants.

Le développement d'un réseau diversifié de personnes et d'institution est lui aussi indispensable.

Toutes les modalités de prises en charge en milieu ouvert sont à développer et à soutenir : petits foyers ouverts, appartements dits « thérapeutiques », hébergement de jeunes en situation de protection judiciaire dans des foyers de jeunes, accueil dans des familles, etc.

Dans le voisinage de ces différentes structures, des réseaux de « personnes-ressources » peuvent beaucoup aider. La multi-professionnalité des équipes spécialisées permettra une ouverture, en intégrant, au côté des éducateurs et des assistants sociaux, des animateurs, des enseignants, des moniteurs de sports, etc.

Tout ce qui ouvre et désenclave, sans toutefois abolir les repères, concourt au réapprentissage à la vie avec les autres.

Ainsi que la possibilité de relations personnalisées.

Actuellement, un agent de comité de probation a en charge 140 personnes en moyenne. Assumer une relation efficace exige de diviser ce nombre par 3.

Dans les prisons, le développement des équipes socio-éducatives travaillant auprès des jeunes détenus, permettra d'assurer une préparation à la sortie de prison et de prévoir notamment l'aide nécessaire mobilisable dans l'heure qui suit la sortie.

4.3 Tout faire pour éviter l'engrenage de la prison

En prison, le jeune délinquant perd la maîtrise de son existence : il y acquiert une sorte de « culture carcérale ». Ce processus est antinomique de la réinsertion sociale qui reste l'objectif assigné aux institutions pénitentiaires et se retrouve à l'origine de bien des récidives.

Dès l'arrestation, tout devra être tenté pour rechercher d'autres solutions que l'emprisonnement préventif.

Pour cela, l'intervention d'un travailleur social auprès du Parquet devrait être plus systématique et généralisé.

Il nous semble surtout souhaitable d'envisager la mise à l'étude rapide de la suppression de l'incarcération des mineurs à titre préventif et pénal.

En attendant, assurer le respect des droits des jeunes condamnés, la privation de liberté, doit être un impératif absolu.

Les détenus doivent pouvoir exercer, certes dans des conditions particulières, tous leurs droits de citoyens. Ainsi l'ensemble des administrations doit rechercher les modalités spécifiques leur permettant d'intervenir en prison, comme l'Éducation nationale a commencé à le faire.

Il y a lieu, par exemple de reconnaître :

- Le travail fait en prison comme un travail à part entière (rémunération, reconnaissance des qualifications professionnelles acquises, hygiène et sécurité);

- Le droit d'utiliser en prison une partie du crédit-éducation et de passer un contrat de qualification professionnelle et sociale, avec possibilité d'alternance, en développant au maximum les mesures de semi-liberté;
- L'intervention médicale à la demande et la médecine préventive systématique pour les plus jeunes (plutôt que de développer la médecine pénitentiaire interne, utiliser les services médicaux de la zone géographique).

<u>Ne pas entacher l'avenir professionnel et social des jeunes jugés pour délits.</u>

Ne conviendrait-il pas de revoir le problème de l'inscription au casier judiciaire des mesures éducatives et de certaines condamnations ?

Dans cette perspective ne faut-il pas, par ailleurs, définir des cahiers des charges précis pour tous les partenaires de toutes les instances jeunes, pour qu'elles prennent en compte ce public spécifique, par la reconnaissance égalitaire de ses droits ?

5. Les médias

5.1 Les médias jouent un rôle fondamental dans le modelage des comportements sociaux

La solidarité entre les générations implique une connaissance réciproque des groupes sociaux.

La participation des jeunes au changement social signifie qu'ils doivent pouvoir féconder nos modes de vie, nos valeurs, nos comportements. Les médias doivent donc véhiculer ceux des jeunes et nous les faire connaître.

L'insertion sociale des jeunes suppose confrontation. Les médias doivent donc permettre qu'ils se confrontent aux adultes et réciproquement.

La démocratie suppose un accès égal de tous, à tous les moyens de communication et d'information.

5.2 Les médias jouent un rôle irremplaçable en matière d'information et d'insertion

Les médias abordent tous les problèmes (car ils parlent à la fois des conditions de la vie sociale, de l'emploi, de la formation, de la culture), et tous les publics.

5.3 Or force est de constater que les jeunes n'ont pas leur place dans les médias

S'ils ne lisent pas la presse, c'est qu'elle n'est pas faite pour eux.

Les jeunes, et en particulier les jeunes défavorisés, lisent peu ou pas du tout la presse régionale et la presse nationale. Beaucoup n'achètent que des revues spécialisées (moto, musique, sport, beauté) ou les bandes dessinées qui utilisent des codes culturels et un langage plus attractif et motivant que les médias traditionnels. S'ils lisent peu la presse, c'est qu'elle n'est pas faite pour eux et qu'ils n'ont pas accès à la « rédaction ». Les quelques expériences de presse-jeune ont échoué : elles atteignaient surtout les lycéens et les universitaires. Elles ont dû s'arrêter, faute de soutien (voir l'expérience d'« Antirouille », ou les essais entrepris avec l'aide de MJC, FJT qui servent de support à des journaux locaux souvent bien faits mais toujours confidentiels).

Bien que télévision et radio les marquent profondément, ils en sont exclus.

Les jeunes de 16 à 21 ans appartiennent aujourd'hui à des générations qui sont nées avec la massification des médias audiovisuels. Ils ont donc fondé, pour la première fois dans l'histoire contemporaine, une grande partie de leur base culturelle, non pas sur l'écrit, mais sur les médias modernes.

Mais ces médias, et notamment la télévision, ne leur accordent aucune attention particulière. On peut même dire que l'image des jeunes qu'ils véhiculent n'est pas représentative de la majorité d'entre eux. On y valorise les comportements marginaux ou à l'inverse l'image élitaire. Certes, cette image est celle qu'en ont souvent les adultes et les médias ne font que la véhiculer mais précisément, ce faisant, ils la renforcent.

Les médias n'ont pas su, ou voulu, faire réfléchir l'ensemble de la société sur la crise économique et ses répercussions dramatiques sur les jeunes.

Et même le cinéma est relativement fermé aux défavorisés.

Or, il est un des médias les plus attractifs pour les jeunes et reste l'occasion d'une pratique de socialisation (la « sortie du samedi soir » fait partie des rituels sociaux des jeunes sur l'ensemble du territoire), d'autonomie par rapport à la famille, de découverte de modèles parfois différents de ceux diffusés par les médias nationaux.

Mais l'accessibilité des jeunes défavorisés au cinéma se heurte, d'une part, au coût du billet d'entrée, d'autre part à la localisation des salles de cinéma. La concentration cinématographique des centres-villes a pour corollaire la désertification culturelle des banlieues ouvrières et des zones rurales.

Enfin les politiques de production et de distribution cinématographiques n'ont que par exception favorisé l'émergence et la circulation d'œuvres capables de guider les jeunes dans la recherche et la construction de leur identité.

Les projets de fermeture de salles de cinéma dans les zones périphériques ou en voie de désertification devraient être examinés par les collectivités locales qui, soutenues par la puissance publique, pourraient prendre des mesures pour maintenir l'exploitation de ces salles. En outre, les collectivités s'efforceront de promouvoir des formules de ciné-club susceptibles d'intéresser les jeunes de ces zones, en les faisant éventuellement gérer par des jeunes eux-mêmes ou par des associations.

Toutes ces insuffisances touchent les jeunes mais aussi les groupes qui les représentent ou souhaitent les représenter : ni les mouvements de jeunes ni les associations d'éducation populaire n'ont l'accès qu'ils méritent aux médias.

5.4 Il convient d'accorder une plus grande place aux jeunes dans les médias

<u>Donner les directives dans ce sens aux responsables de la télévision et de la radio.</u>

Les questions relatives aux jeunes doivent être traitées en abordant tous les aspects de la vie quotidienne et professionnelle, en insistant sur les relations jeunes-adultes.

On évitera toutefois de passer trop d'émissions « jeunes, pour les jeunes, sur les jeunes ». Il s'agit en effet d'un travail de maturation et de conscientisation collective et non de « matraquage » du type « l'année des jeunes »

Pour les télévisions et les radios du service public, les instances de programmation — composées des professionnels de l'audiovisuel, de représentants des collectivités locales et des publics des chaînes, dont les jeunes —, renouvelés régulièrement, devront mieux prendre en compte les questions relatives aux jeunes.

On rappellera aux chaînes nationales le respect de leur cahier des charges qui, pour certaines, prévoient déjà de faciliter l'entrée (des jeunes) dans la vie active et, dans ce but, de traiter notamment de l'emploi et de la formation.

Faire jouer aux médias leur rôle de diffusion d'informations.

- *Travailler au plus près des jeunes (ou des groupes de jeunes).*

Plus on « décentralisera » l'action, plus elle aura des chances de répondre à leur attente.

Des systèmes locaux d'information (annoncés par les médias nationaux et régionaux) s'appuyant sur des nouveaux services télématiques, devront être mis en place. Ils donneront des informations sur l'emploi, la formation professionnelle et sociale, les programmes éducatifs, le logement, le travail, la santé, les pratiques culturelles et sportives, la consommation, le service national, les démarches administratives, mais aussi sur les points de « consultation » tels l'ANPE, les CIO, les ADIL, les offices d'HLM, les FJT, les centres sociaux, les CAF, les GRETA, les formateurs locaux, les CIDJ, les associations, les collectivités locales... et les micro-lieux.

Ces informations doivent par ailleurs être largement diffusées dans les lieux fréquentés par les jeunes, en particulier, par le biais de bulletins légers et gratuits, à la rédaction desquels ils seront largement associés.

- *Mais aussi au plan national.*

La programmation de messages de service au niveau national (campagne d'information de la CNAF, de l'INC, de l'Éducation nationale, de l'Union des HLM) doit être développée.

D'autre part, il serait utile de mettre en œuvre une campagne auprès des journaux, de façon à déclencher chez eux des réflexes d'insertion d'information concernant les jeunes.

Dans le même sens, on pourra envisager une politique d'achats d'espaces dans les organes de presse écrite pour sensibiliser le public à certaines questions relatives aux jeunes.

Cette campagne d'information auprès des professionnels de la presse, ainsi que les achats d'espaces seront vraisemblablement les meilleurs vecteurs pour inciter les journaux à modifier dans un sens plus positif le contenu des articles qu'ils peuvent écrire sur la jeunesse.

Parallèlement, les grands médias devront jouer un rôle de motivation à expérimenter.

Toutes sortes d'expériences sont menées par les jeunes en France et à l'étranger. Les faire connaître peut développer l'imagination et la motivation.

À titre d'exemple, les réseaux spécifiques d'échanges technologiques pourraient être développés, faisant circuler de l'information sur des thèmes technologiques attractifs tels que : énergie renouvelable, solaire, mécanique, micro-informatique, électronique, biologie, télécommunications. En outre, grâce aux échanges qu'ils permettent, pourrait se constituer un capital collectif de connaissances.

De même, les grands médias devraient renforcer leur rôle d'information sur les projets auxquels peuvent être associés les jeunes dans les pays en voie de développement (cf. *infra*).

5.5 Permettre aux jeunes d'utiliser les médias comme outil de création d'expression et de communication sociale

Favoriser le développement des médias dirigés par des jeunes et dans lesquels ils se reconnaissent.

Un projet de journal national pour les 16-20 ans est à l'heure actuelle en cours d'élaboration. Il faut l'aider à sortir, voire en promouvoir d'autres. Mais il faut aller plus loin et favoriser les productions locales (journaux vidéo ou journaux écrits de quartiers, festivals vidéo, locaux et régionaux, transmission d'activités locales).

Parallèlement les aider à la création et au fonctionnement de centres multimédias de production et de diffusion.

Les conditions de passage à l'antenne, notamment dans les stations de FR3, des produits faits dans les différentes structures audiovisuelles régionales et locales, par ou avec des jeunes, doivent être prévues au cahier des charges des chaînes.

- *Les aider, les former, à la réalisation.*

Même si cela suppose absolument qu'ils produisent eux-mêmes, favoriser la création et l'expression des jeunes, entraîne une aide technique, faute de quoi ils abandonneront vite : aide à l'utilisation des matériels, à la prise de vue ou à la rédaction, à la « gestion » et à l'organisation. Si pour les loisirs, une aide légère suffit souvent, ici, de véritables formations sont à organiser.

Des pratiques de visites, de stages, voire de vacations offertes aux jeunes auprès des structures locales et régionales de production et de diffusion de médias doivent être instituées pour contribuer à l'accroissement de leur qualification sociale et, le cas échéant, leur permettre de s'orienter en connaissance de cause vers des filières de formation aux métiers de l'audiovisuel.

Cela pourra se faire aussi par la diffusion de brochures techniques de vulgarisation.

• *Encourager le développement de radios locales de type communautaires...*

... à l'aide desquelles les jeunes pourront entrer en dialogue avec d'autres couches de la population.

Ces radios locales devront respecter un cahier des charges les contraignant (ou les incitant, peut-être au travers d'une politique de subvention) à relayer sur leur zone d'écoute, l'ensemble des informations du dispositif jeunes qui sera mis en place.

Radio France a l'intention de mettre en œuvre un plan de création de radios locales (types radio Mayenne) ou thématique (type radio 7) centré sur les jeunes. Ces projets doivent être suffisamment précis pour que les jeunes y aient une place réelle et que les questions qui concernent leur insertion professionnelle et sociale soient effectivement traitées. Il en est de même pour les radios locales privées.

5.6 Utiliser les médias comme outil de formation professionnelle et sociale

La nature même des problèmes que posent les exclus suppose essentiellement une relation de face à face. Qu'il faille étudier dans l'avenir les possibilités d'un meilleur emploi socioculturel des médias et en particulier de l'informatique, est cependant certain. La simple extrapolation de l'utilisation actuelle des médias dans l'éducation n'est pas pertinente. Des explorations sérieuses doivent avoir lieu dans ce domaine si l'on ne veut pas être influencé seulement par les politiques commerciales des firmes productrices.

Par contre, il est certain que l'emploi de nouveaux matériels dictatiques informatisés sera utile pour les isolés (handicapés, jeunes ruraux, etc.).

5.7 La mission locale : un moyen de rapprocher les médias des jeunes et réciproquement

La plupart des « rédactions » de médias lourds se situent au niveau régional et national. Certes, il faut qu'il y ait des représentations des associations et des groupes de jeunes dans les instances régionales et nationales. Mais le développement technologique et la baisse des coûts permettront à l'avenir une appropriation à la fois individuelle et collective des matériels, une véritable banalisation. Aussi la mission locale peut-elle jouer ici un rôle essentiel dans l'animation et l'utilisation des médias légers.

6. Conclusion

Les propositions sectorielles que l'on vient de lire, nous permettent de préciser ce que nous entendons par insertion sociale. Celle-ci s'articule autour de deux points forts :

- La lutte contre les diverses formes de la marginalisation
- À l'inverse, la construction d'une société dont les jeunes ne soient pas exclus.

6.1 Lutter contre toutes les formes de marginalisation

Individuelle.

La marginalisation extrême des jeunes prend de multiples formes, allant du déracinement et de l'errance subie à la délinquance, en passant par l'alcoolisme et la drogue. Pour traiter ces problèmes nous avons proposé, par exemple, des mesures de mise en place de lieux d'accueil, de lieu d'hébergement provisoire et des actions de prévention et de réinsertion.

Il est néanmoins certain que ces mesures traitent davantage les effets de la marginalisation que ses causes. C'est pourquoi elles doivent s'inscrire dans des mesures plus larges en amont.

Collective.

À côté des formes de marginalisation individuelle, nous avons trouvé des formes de marginalisation collective : celles qui président à l'organisation de groupes de jeunes allant des concentrations de motards aux bandes, en passant par les communautés. Il était sans doute important de voir qu'il y a là une tentative de socialisation : comme elle ne se réalise pas dans des formes « normales », elle est perçue comme une menace et contrée par les adultes et les institutions en place. Les jeunes risquent alors d'être renvoyés aux formes individuelles de marginalisation, voire à la désespérance.

Nous avons voulu prendre en compte cette aspiration de socialisation spontanée et autonome des jeunes. C'est ainsi que nous proposons des aides aux tentatives d'habitat collectif, que nous facilitons l'émergence de projets collectifs finalisés ou encore la constitution d'associations à statut allégé, dans les domaines du temps libre. Nous voyons là une application du principe qui, dans le champ de l'insertion professionnelle, favorise la réalisation de projets de production de biens et de services sous des formes nouvelles et collectives. Nous y voyons également les moyens de donner un contenu à une part importante de ce qui est désigné sous le terme de qualification sociale.

6.2 Construire une société dont les jeunes ne soient pas exclus

Notre souci est de ne pas couper l'évolution de la société des forces de novation dont les jeunes sont porteurs. C'est pourquoi nous nous sommes efforcés de prendre en compte ce qui nous paraît devoir constituer des valeurs importantes de la société de demain.

Substituer aux relations d'autorité, le partage des décisions.

Les formes de l'autorité et de la contrainte, exercées tant à travers les relations hiérarchiques à l'école, au travail, dans la famille ou même d'une façon plus insidieuse, à travers la publicité — qui impose les images de valeur d'une société surtout consommatrice —, sont souvent rejetées par les jeunes. Même si nous sommes conscients de l'évidente nécessité des relations d'autorité, nous cherchons à accroître les possibilités des jeunes à partager les décisions.

D'abord par l'accès à la connaissance des règles du jeu social et économique (cf. le CQPS).

Puis par l'ouverture de certains lieux à leur participation responsable : vie associative, vie syndicale, vie politique. Mais il ne nous est pas possible d'en décrire tous les éléments car c'est avec les jeunes et les diverses instances syndicales et politiques que cela doit être traité.

Enfin par de nouvelles formes de relations avec les adultes, tout en sachant qu'il s'agit là d'un changement de comportement à long terme plus que de décisions volontaristes, nous avons proposé quelques mesures significatives, par exemple : la mise en place de lieux de dialogue adultes-jeunes, l'effort de modification de l'image des jeunes dans les médias, la multiplication d'occasions de travail en commun adultes-jeunes.

L'expression et la création collective comme alternative à la seule consommation.

La critique globale de la société de consommation est un lieu commun des jeunes. Paradoxalement, ils sont dans certains domaines parmi les plus grands consommateurs. Nous avons fait l'hypothèse que ces comportements venaient, pour un large part, des carences dans les offres non mercantiles. C'est ainsi que nous avons proposé des moyens leur permettant d'accéder à des formes culturelles répondant mieux à leurs choix : développement de ciné-clubs, de radio locales par exemple.

Plus encore, on se rend compte que, faute de lieux pour créer ensemble musique ou spectacle, pour se retrouver dans de vastes rencontres, les désirs de création sont bloqués ou se convertissent en besoins de consommation. C'est pourquoi de nombreuses mesures cherchent à promouvoir les projets créatifs, à développer tous les moyens d'expression (radio, journaux, musique, fêtes, spectacles, etc.), à ouvrir des lieux ou les rencontres soient possibles.

Contre le temps confisqué, le temps libéré.

Nous avons dit comment le travail cessait d'occuper une place centrale dans le système de valeurs des jeunes, pour des raisons complexes, dont l'importance croissante que prendrait le temps libre dans les décennies à venir. L'utilisation de ce temps libre revêt pour les jeunes de multiples formes auxquelles nous essayerons de donner une réalité : comme temps de recherche, d'expérience, de découverte des autres. Nous le rendons possible à l'aide des mesures facilitant la circulation, les échanges internationaux, mais aussi l'accès aux formes culturelles différentes, telles qu'elles sont véhiculées par les médias. Comme temps d'attente, d'hésitation, de recherche de soi, de maturation ou simplement de détente, nous multiplions les lieux libres et les espaces non finalisés, non sophistiqués et que surtout les jeunes peuvent s'approprier. Comme temps de l'éphémère et du transitoire, nous avons cherché des formes souples, transformables, adaptables, ne voulant pas fixer artificiellement ce qui ne doit pas l'être : projets à court terme rapidement finançables, lieux de passage, personnes disponibles pour les écouter ou les aider, ressources aisément mobilisables.

Contre l'espace morcelé, sans repères, un espace cohérent où se construire.

L'éclatement des espaces de vie entre des lieux d'habitat, des lieux de travail et des lieux de loisirs éloignés les uns des autres, mais aussi l'apparente facilité d'accès à des espaces très lointains, donnés par les images de TV, les films, la photographie, rendent difficile toute coordination et ne donnent pas aux plus défavorisés les moyens de se structurer. Contre ces parcellisations, nous voulons offrir divers moyens, allant d'un développement de micro-lieux de rencontre au plus près des jeunes, jusqu'à une demande de repenser l'urbanisation, en passant par la facilitation de l'accès à la production et à la diffusion de messages audiovisuels.

Plus encore, les effets de cette déconstruction de l'espace sur la personnalité, nous ont parus devoir faire l'objet de mesures particulières, à travers la réappropriation de son corps par la santé et par les activités sportives.

6.3 Un plan à court terme élaboré par les départements ministériels

Nous souhaitons que les départements ministériels, en concertation avec les partenaires concernés, mettent à l'étude les propositions contenues dans ce rapport et contribuent activement à la mise en place des missions régionales et locales.

Le plan d'urgence ne peut être établi que par eux.

UN PROGRAMME DE SOLIDARITÉ INTERNATIONALE

1. TOUTES LES MESURES PROPOSÉES JUSQU'ICI RESTENT LIMITÉES À LA FRANCE

Certes, on propose aux jeunes, toutes sortes d'expériences, mais à l'intérieur du territoire. Or, de nombreux jeunes Français (et cela ne leur est pas spécifique) sont très sensibles à la solidarité internationale et souhaiteraient partir pour un temps à l'étranger (et plus particulièrement dans les pays du Tiers-Monde). Le goût de l'aventure n'y est pas exclu, mais pourquoi ne pas leur permettre d'y répondre, dans la mesure où cela leur plaît et où, en outre, de telles expériences sont le plus souvent d'une extrême richesse sociale, éducative et culturelle. En les faisant réfléchir sur leurs modes de vie, elles peuvent déclencher des changements d'attitude qu'aucune autre formation ne pourra jamais développer.

2. LA PARTICIPATION DES JEUNES À LA CRÉATION D'UN NOUVEL ESPACE SOCIAL EUROPÉEN

Il existe déjà des réalisations qu'on devrait revitaliser et accroître.

• *Le Conseil de l'Europe,* par l'intermédiaire du Centre Européen de la Jeunesse et du fonds qui lui est affecté, a organisé des échanges de jeunes, intéressants parce que l'organisation en est faite en cogestion.

- *L'Office franco-allemand et, par ailleurs franco-québécois de la jeunesse* ont de leur côté, organisé de nombreux voyages qui se sont montrés très fructueux dans la mesure, en particulier, où ce sont les groupes qui partent, qui négocient leurs projets avec un partenaire de l'autre pays et définissent avec lui un contrat. Ils devraient pouvoir atteindre davantage de jeunes.

- *Le programme expérimental de recherche de la CEE sur l'insertion* des jeunes dans la vie active, qui a donné lieu à trois projets en France, a organisé, non seulement des échanges de formateurs et une analyse commune des expériences, mais aussi, bien que d'une façon modeste, des échanges de jeunes, échanges d'autant plus intéressants qu'il s'agissait de jeunes en situation d'échec scolaire. Cette action devrait maintenant sortir du cadre expérimental, les échanges entre jeunes devraient être accrus. Dans ce cadre, il serait intéressant que le gouvernement français propose à la CEE la création d'un fonds d'échanges pour la jeunesse européenne, fonds pour lequel il serait cependant utile de trouver des modalités décentralisées de gestion, afin qu'il puisse toucher les jeunes les plus défavorisés.

Le Conseil de la CEE a décidé, le 16 juillet 1979, de développer par ailleurs, un programme très intéressant d'échanges de jeunes travailleurs. Par des stages d'une durée de quatre à seize mois (stages dits « de longue durée ») ou de trois semaines à trois mois (stages dits « courts ») et parallèlement aux mesures visant à promouvoir l'emploi des jeunes, les objectifs de ce programme visent à permettre à des jeunes de :

- développer leurs connaissances professionnelles et d'enrichir leur expérience, grâce au contact avec d'autres milieux ;
- favoriser leur prise de conscience des problèmes professionnels du monde du travail et améliorer leurs connaissances des relations sociales.

Toutes ces expériences sont d'un grand intérêt et mériteraient d'être largement développées. Elles ne coûtent pas nécessairement très cher et l'on voit quelle importance elles présenteraient pour les formations qualifiantes.

La France ne pourrait-elle prendre des initiatives d'une nouvelle logique de la coopération européenne ?

3. Mais on doit aussi permettre aux jeunes de participer à des formes nouvelles de coopération avec le Tiers-Monde

Des jeunes, en groupes encadrés, se mettraient à la disposition des pays qui le souhaitent.

Jusqu'ici la coopération dans ces pays a principalement consisté à envoyer des « experts » et en particulier, des enseignants.

Notre objectif est fort différent : il s'agit d'une coopération qui ne revêt donc plus la forme d'expertise, mais qui est une mise à disposition de main d'oeuvre répondant à des besoins auxquels ces pays ne sont pas en mesure de répondre à court terme.

Pour apporter aux pays demandeurs la garantie d'une coopération efficace, les volontaires devront posséder une qualification (mais quelle motivation pour ces volontaires à la préparer !) et être encadrés par des spécialistes très expérimentés.

On prendra appui sur les organisations non gouvernementales et on donnera un statut aux jeunes.

Dans la situation actuelle, des obstacles entravent toute possibilité de développement de ces organisations et de ces actions. Ainsi, les volontaires ne bénéficient d'aucune couverture sociale et d'aucun droit leur permettant de se réinsérer au retour de coopération.

D'autre part, n'ayant aucun contrat, ils ne reçoivent qu'un pécule. Une solution peut consister à leur donner le statut de « stagiaire de la formation professionnelle », qui leur assure un système de protection sociale, ainsi qu'une rémunération supérieure aux indemnités actuelles. Cela permet également de leur apporter une formation culturelle et technique avant leur départ.

Au retour, ils bénéficieront d'un droit aux indemnités de chômage. D'autre part, il est évident qu'ils auront beaucoup appris au cours de leur travail dans ces pays. On leur validera, grâce au système d'unités capitalisables, les acquis tant professionnels, que sociaux, que généraux (par exemple acquis dans des langues étrangères). Si besoin est, on leur offrira des formations professionnelles pour qu'ils puissent terminer des diplômes.

Mettre en œuvre ces mesures suppose :

- *de faire évoluer la conception de la coopération*

Si les pouvoirs publics adoptent notre hypothèse, il leur faudra entamer une série de négociations avec les pays intéressés par une telle forme de coopération. Il n'est pas absurde de penser que cela pourrait, à terme, atteindre des milliers de jeunes partant ainsi dans de nombreux pays. Surtout si l'on en arrive à développer des projets intensifs (sur des problèmes tels que reboisement, irrigation, énergie solaire) avec certains pays, dans le cadre de programmes solidarité — jeunesse Tiers-Monde, fondés sur le bénévolat.

- *de créer un fonds d'intervention*

- *de faire connaître sur le terrain l'existence de ces possibilités*

Et les missions locales auront encore ici un rôle important à jouer

- *de mener à bien avec les pays intéressés des recherches communes*

Une telle action ne peut en effet se limiter à l'envoi de jeunes, même qualifiés et encadrés, dans les pays demandeurs. Elle suppose outre la formation de formateurs, de véritables recherches sur les conditions techniques de réalisation : formation de formateurs et recherches qui seraient menées en commun entre la France et les pays co-contractants.

Ceci peut être l'occasion d'un réexamen utile des conditions de la coopération avec les pays en voie de développement.

ANIMER L'ENSEMBLE AU PLUS PRÈS DES JEUNES

Le champ des mesures à prendre pour transformer la situation des jeunes est tellement vaste, et leur éloignement des structures établies tellement grand, que ce n'est pas par le jeu spontané des institutions qu'on peut résoudre les problèmes.

Sans une animation volontariste :

- qui travaille au plus près des jeunes et avec eux ;
- qui prenne en charge tous leurs problèmes dans leurs interrelations ;
- qui permette une coordination des actions, souvent dispersées, menées en leur faveur ;
- qui s'appuie sur toutes les forces administratives, sociales et économiques

... aucune politique à la dimension de l'enjeu n'est possible à court terme.

Or, les jeunes l'attendent.

C'est à cette fin que nous avons à plusieurs reprises mentionné la création de dispositifs spécifiques (micro-lieux, missions locales).

Avant de les décrire, nous tenons cependant à marquer les limites de leur action : nous n'avons pas la naïveté de penser que de petites équipes locales mêmes nombreuses, pas plus d'ailleurs que les mesures que nous venons de proposer, sont de nature, à elles seules, à résoudre les problèmes professionnels, sociaux et culturels des jeunes.

1. Une politique d'insertion des jeunes ne peut être isolée d'une politique économique et sociale globale

Seuls les jeunes qui trouvent un lieu où il leur est possible de « reglobaliser » une vie éclatée : école, rue, entreprise, logement,... arrivent à se situer et à s'insérer dans la société.

C'était, jusqu'à maintenant, d'abord la famille qui constituait ce lieu, en permettant l'intégration des outils culturels indispensables. Tel est encore souvent le cas. Mais pour les autres ? Certains cherchent, aujourd'hui, dans une vie collective (la communauté, la bande,...) cet environnement socioculturel qui leur est indispensable pour vivre autrement qu'en menant une existence « en miettes ».

C'est justement pour susciter chez les jeunes des formes de vie sociale qui permettent de remplir cette fonction vitale, que nous avons mis l'accent sur l'insertion professionnelle, ouvert un dossier « social », insisté sur la vie associative, proposé par l'alternance, une pédagogie qui recrée une cohérence entre l'école et les situations de travail.

On ne remplacera pas la cellule familiale par une animation sociale, même coordonnée.

On ne remplacera pas les carences de la communication sociale, entre l'école et l'entreprise, entre l'école et la famille, par des équipements ou des institutions de substitution.

Il appartient à toutes les forces politiques, syndicales, sociales, culturelles de redonner un sens à notre société.

La politique proposée doit surtout permettre de passer :

- *d'initiatives nationales à une action décentralisée,*

- *de l'action isolée à l'action concertée,* ce qui implique le décloisonnement : éviter l'isolement des acteurs sociaux, dialoguer avec la population, ouvrir le champ de l'action sociale au bénévolat.

- *de l'intervention individualisée à une action sur le milieu,* ce qui implique que l'on considère les personnes, le groupe familial, la communauté, l'entreprise, dans leurs relations mutuelles et que l'on agisse avec leur participation.

De ce point de vue, les aspects de nos propositions qui tendent à responsabiliser les jeunes (en préférant les aides directes à des aides aux institutions en suscitant partout la négociation et la contractualisation,...)

peuvent avoir pour effet d'augmenter les risques de déstabilisation. N'oublions pas que, de plus en plus de jeunes sont de fait, livrés, à 18 ans, à leurs seuls moyens de subsistance (c'est-à-dire pratiquement sans aucune aide familiale).

2. Agir au plus près des jeunes

Il faut imaginer de nouveaux dispositifs qui ne se substituent à aucun autre.

Il ne s'agit de créer ni des structures parallèles aux structures existantes, ni une nouvelle administration.

Le but d'un réseau d'animation locale pour l'insertion professionnelle et sociale des jeunes est d'aboutir, à terme, à ce que les structures existantes, qu'elles soient publiques, privées ou associatives, jouent pleinement leur rôle. Le projet vise à réduire la division du travail entre les différents acteurs qui interviennent aujourd'hui de manière trop parcellaire, et de rechercher davantage d'efficacité. Le choix proposé est de concentrer et de coordonner les moyens d'intervention au niveau local.

Des missions légères, temporaires, globales, adaptées.

- *Ce sont des équipes légères.*

La mission locale est constituée par une petite équipe pluridisciplinaire, composée de personnes mises à disposition à temps plein ou à temps partiel par les administrations et les différents partenaires concernés.

Ce sont, par exemple, un conseiller en formation continue, un conseiller d'information et d'orientation, du ministère de l'Éducation nationale, un conseiller professionnel de l'ANPE, un formateur de l'AFPA, un assistant technique des chambres consulaires, un animateur socioculturel d'une collectivité locale ou de FJT, un travailleur social.

Il s'agit là, bien sûr, d'une composition indicative qui variera d'une zone à l'autre et qui n'exclut pas d'autres origines de recrutement. C'est leur profil de compétence et leurs motivations qui doivent déterminer leur sélection.

- *Elles ont une existence temporaire.*

Les problèmes d'insertion des jeunes justifient une mise en place rapide.

Elles devront disparaître lorsque le vaste mouvement de décentralisation qui s'amorce aujourd'hui sera, sinon achevé, du moins suffisamment avancé. De ce point de vue d'ailleurs, les missions peuvent contribuer à accélérer le processus.

Par exemple, les missions devront contribuer à aider l'ANPE à constituer le réseau de correspondants qu'elle projette de créer dans le cadre de sa décentralisation.

- *Elles ont un mode d'intervention global.*

Il n'y a pratiquement pas de lieu où une information de caractère global soit apportée. Il n'y a pas de lieu ni de personne qui puisse écouter les jeunes tout à la fois sur des problèmes aussi importants que la santé, la sexualité, la drogue, le logement, la culture, le travail, etc. En outre, le plus souvent, les jeunes n'ont d'autre recours que de s'adresser à des structures conçues pour des adultes.

Il convient donc de créer des lieux susceptibles de concerner tous les aspects de la vie sociale et individuelle des jeunes. Cela doit permettre de traiter les différents aspects d'un même problème et, pour sa solution, de réaliser toutes les interconnexions souhaitables.

Nous excluons évidemment que toutes les réponses puissent y être apportées immédiatement. Mais l'ensemble des problèmes pourra y être abordé et les solutions seront recherchées avec les organismes compétents. C'est le principe du « guichet unique ».

- *Elles sont adaptées aux situations locales particulières des jeunes.*

Nous ne reviendrons pas sur les dimensions moyennes des zones d'intervention, zones qui correspondent en règle générale, à un bassin d'habitat et d'emploi. Nous avons déjà souligné la nécessité de prévoir un traitement prioritaire pour certaines zones plus particulièrement défavorisées. Compte tenu des problèmes que rencontrent les jeunes des zones rurales et ceux des grands ensembles, nous proposerons, en fin de ce chapitre, des modèles d'interventions spécifiques. C'est à propos du cas des grands ensembles que nous aborderons le problème de l'insertion des jeunes migrants dits de la deuxième génération.

3. Les rapports de la mission locale avec sa zone d'animation

Elle est en rapport :

- avec les jeunes ;
- avec ceux qui, dans sa zone d'animation, ont des responsabilités à l'égard des jeunes ;
- avec les autres missions de la région et les instances régionales et nationales.

Avec les jeunes

- *Ses tâches : l'importance de l'information.*

Ses tâches ont déjà été précisées tout au long de ce rapport. Cependant nous insisterons ici plus particulièrement sur l'information.

Les modes actuels et les contenus de l'information accroissent les inégalités sociales des jeunes.

L'information est conçue de façon uniforme, comme si elle pouvait être accessible à tous de façon identique. Or cela n'est pas vrai : le degré d'abstraction de l'information diffusée est tel que de nombreux jeunes n'y ont intellectuellement pas accès et surtout, cette information suppose que tous ceux qui la reçoivent, sont déjà largement informés sur la société, sur les mécanismes sociaux, sur le jeu social.

On touche là un point capital : si les jeunes n'ont pas de repères construits, ils ne comprendront pas l'information qui leur est destinée. Ils ignorent souvent, par exemple, les différences entre une profession salariée et une profession libérale, le fonctionnement de l'entreprise, des collectivités locales, des administrations.

On pourrait ainsi allonger la liste sans jamais être exhaustif.

Pour certains jeunes, le milieu familial et/ou les études secondaires leur fournissent cette connaissance civique élémentaire. Mais pour les autres, sans doute les plus nombreux, le problème reste entier. Or ce sont ceux-là qui auraient le plus besoin d'informations concernant leur orientation, leur choix professionnel, leurs droits, leurs conditions de vie, etc. Mais comme ils ne peuvent pas recevoir et comprendre le type d'information qui leur est fourni, les inégalités sociales s'accentuent.

C'est une des raisons pour lesquelles nous avons introduit l'objectif de qualification sociale pour les jeunes de 16 à 21 ans, et la décentralisation des informations, que nous voulons active. Les jeunes doivent être largement impliqués dans les processus d'information.

- *Ses relations directes et indirectes.*

En raison du nombre des jeunes et en vertu du principe de non-substitution, la mission ne rencontrera pas directement elle-même tous les jeunes et ne traitera pas tous les problèmes.

D'une manière générale, elle est en contact avec les jeunes par l'intermédiaire des réseaux institutionnels et associatifs, y compris les responsables des micro-lieux.

Au cas où certaines tâches indispensables ne seraient prises en charge par personne, la mission les assumera directement, en attendant de les transférer aux instances habilitées les plus proches. Les jeunes ou groupes de jeunes pourront toujours s'adresser à elle pour y trouver recours. De son côté, la mission entretiendra toujours des contacts directs avec des groupes de jeunes.

Rappelons qu'elle est signataire des contrats de qualification professionnelle et sociale : elle les signera par l'intermédiaire d'un réseau de correspondants ou, à défaut, directement.

Avec ceux qui ont des responsabilités à l'égard des jeunes.

- *Une relation constante avec l'ANPE.*

Il va de soi que la mission locale n'est pas conçue pour se substituer à l'ANPE. Il ne lui appartient ni de procéder à un placement direct ni de dispenser l'information et le conseil professionnel qui sont du ressort de l'ANPE.

Par contre, elle démultiplie la mission de l'ANPE auprès des jeunes qui restent en dehors des circuits d'information et procède avec elle à un examen systématique des situations des jeunes demandeurs d'emploi. À ce titre d'ailleurs, elle participe aussi aux bilans périodiques organisés par cet organisme.

- *Une collaboration étroite avec les organismes de formation.*

Pas plus qu'elle ne place, elle ne forme. Il appartient à la mission de participer, avec les organismes de formation, à l'élaboration des offres de formation, afin que soient pris en compte à la fois les caractéristiques du public et les possibilités et perspectives de l'emploi.

La mission est partie prenante des bilans qui interviennent à la fin des actions de formation. La personne détachée du ministère de l'Éducation nationale sera plus particulièrement chargée d'organiser, avec les instances compétentes, les validations des acquis.

- *Des rapports privilégiés avec :*

1) les collectivités locales

En dehors des problèmes sociaux et culturels qu'elles traitent déjà, les collectivités locales sont appelées à participer activement à la lutte contre le chômage des jeunes, en tant qu'incitateur et promoteur, en particulier en matière de création d'activités. Elles devraient jouer un rôle essentiel auprès des missions locales. Collectivités et missions locales ne peuvent travailler les unes sans les autres.

2) l'action sociale, l'action culturelle et le réseau associatif, qui ont un rôle tout à fait central dans le contact avec les jeunes et le traitement des problèmes sociaux et culturels. Nous ne concevons pas de mission locale sans une représentation de ces instances.

3) le réseau des entreprises

La mission devra tout faire pour associer, de façon active, les employeurs et les organisations syndicales, à la conduite de la politique locale d'insertion des jeunes.

4. Le statut des missions locales

Une lettre de mission, émanant du Premier ministre, devrait définir les prérogatives et le champ de compétences de la mission pour rendre clair son statut.

Compte tenu des problèmes d'organisation et d'articulation avec tous les pouvoirs en place (ministères, collectivités locales), compte tenu, d'autre part, de l'état d'avancement de la décentralisation, et des réorganisations en cours dans différents ministères, nous prenons le parti de ne pas nous prononcer sur le statut de la mission et sur sa situation dans l'organigramme général.

Par contre, nous estimons qu'elle doit :

- disposer de moyens spécifiques provenant du fonds d'intervention jeunesse, moyens destinés à lui permettre d'encourager des initiatives locales, dont la création d'activités et des projets directement proposés par les jeunes ;
- disposer d'une très grande autonomie et d'une grande souplesse de fonctionnement ;
- être animée par un responsable d'un rang suffisant pour pouvoir négocier avec les administrations et les collectivités territoriales.

5. Des comités locaux pour l'insertion des jeunes

Il est nécessaire que soient également créés des comités locaux pour l'insertion des jeunes. Articulés sur les comités locaux pour l'emploi, en voie de création, ils ne seront pas confondus avec eux, dans la mesure où ils comprennent des responsables des problèmes sociaux et culturels. Les élus locaux doivent y jouer un rôle essentiel.

La relation entre la mission locale et ce comité local dépendra du statut qui leur sera octroyé.

6. Une fonction régionale de coordination et de soutien

Au niveau régional, la fonction de coordination et de soutien est tout à fait indispensable.

Sans nous prononcer ici encore sur son statut, nous proposons que, sur le modèle des missions locales, soit créée, dans chaque région, une mission régionale « jeunes » qui :

- coordonnera les activités des missions locales ;
- sera un relais de l'information montante et descendante, coordonnera la formation des formateurs ;
- établira le plan régional développement-emploi-formation des jeunes ;
- gèrera le fonds d'intervention jeunes ;
- produira et diffusera un bilan annuel des actions menées.

Si la politique en faveur des jeunes doit être prioritaire et spécifique, il est évident qu'elle ne peut être isolée. La mission régionale « jeunes » doit donc trouver sa place au sein des futures structures régionales et notamment, auprès des structures de formation, actuellement à l'étude.

7. Au niveau national : une politique interministérielle

En raison du nombre important de départements ministériels, d'organisations professionnelles, sociales et culturelles concernées, du caractère d'urgence des mesures à prendre et des réformes de structure à mettre en œuvre, nous proposons que la politique d'insertion des jeunes soit placée sous l'autorité du Premier ministre.

Pour développer cette politique, des dotations budgétaires seraient normalement inscrites auprès de chaque département ministériel concerné. Mais, en outre, serait créé un fonds national d'intervention, placé auprès du Premier ministre.

Compte tenu des problèmes que rencontrent les jeunes des grands ensembles (et particulièrement parmi eux ceux appartenant à la deuxième génération de migrants) et les jeunes des zones rurales, nous présentons ici, pour ces deux situations, des modèles d'intervention spécifique.

8.1 Le cas des grands ensembles et des migrants de la deuxième génération

Une contribution au traitement des problèmes des jeunes dans les grands ensembles.

- *Le constat :*

13.3 % des familles sont logées en HLM (en 1978). Un logement loué sur trois est un HLM. La plupart d'entre eux sont concentrés dans des grands ensembles.

Or, trente ans après le début de leur construction massive, la grande majorité de ces grands ensembles se trouve dans un état de dégradation physique, et doit faire face à une série de dysfonctionnements sociaux inquiétants.

Ceux-ci ont été largement décrits :

- taux de chômage plus élevé que les taux moyens des centres ville ;
- faiblesse du pouvoir d'achat des résidents et pénibilité des emplois ;
- très faibles niveaux de qualification ;
- pauvreté ou inadéquation des lieux de développement de la vie économique, sociale et culturelle ;
- sur-densité de la population ;
- insuffisance des infrastructures de transports collectifs ;
- concentration élevée de familles de migrants ;

Le nombre de jeunes de 16 à 21 ans y est particulièrement élevé.

Dans le passé, on s'est attaché à ralentir les risques de « dérapage » ou de « basculement » de ces quartiers (par exemple opérations missions d'éducation permanente dans les ZUP et opérations « Habitat et vie sociale »). À ces opérations sont venues s'ajouter, récemment, quelques actions ponctuelles de formation pour les jeunes, menées conjointement par les ministères de l'Éducation nationale, de la Santé et du Travail. Mais l'ensemble des opérations reste très modeste.

Elles ont cependant mis en évidence l'insuffisance du traitement des problèmes sociaux et culturels par la seule densification des équipements, et l'urgence à aborder les problèmes des jeunes et en particulier, des jeunes migrants.

- *Trois principes d'action :*

Trois principes d'action, aujourd'hui largement partagés par les élus, doivent guider les opérations futures :

- ne pas traiter séparément les problèmes du quartier et ceux de la ville.

On sait combien l'image sociale, fortement négative des ZUP et de leurs résidents, contribue à pénaliser ceux-ci dans l'ensemble des actes de leur vie sociale, et singulièrement dans le cadre de la recherche d'emploi.

Rares sont ces quartiers qui échappent, d'un bout à l'autre du territoire, à un climat de suspicion, d'insécurité, largement entretenu par les médias, singulièrement par la presse locale.

Pour ne pas accroître l'effet de ghetto, il faut «qualifier» les grands ensembles comme quartiers de ville à part entière.

- ne pas traiter séparément les problèmes de formation, de réhabilitation du cadre bâti, de créations d'emplois, d'action culturelle,...

- ne pas traiter séparément les problèmes des jeunes de ceux des adultes et des enfants, et leur chercher des solutions nouvelles, à partir de toutes les données de la vie collective.

Dans le domaine de l'éducation, par exemple, la formule de zone d'éducation prioritaire pourrait être étendue à l'ensemble de la population et donner lieu à un effort d'adaptation des contenus et des méthodes d'éducation et de formation à tous les niveaux.

- *En réponse à ces principes, une mission locale spécifique de développement communautaire.*

Dans des situations aussi difficiles que celles des grands ensembles, l'isolement des différents intervenants économiques, sociaux, éducatifs et culturels, est difficilement acceptable, par eux et par la collectivité.

La mission locale doit offrir à ces différents intervenants un lieu de regroupement et de concertation. Elle devra trouver des modalités d'animation telles que tous les intervenants y participent, et joignent leurs efforts pour construire une action de développement communautaire qui intègre toutes les actions particulières.

Par ses personnels permanents, elle assure bien entendu les services de base qu'assurent normalement l'ensemble des missions locales.

Pour tenir compte de cette situation spécifique, la mission devra être particulièrement proche de la municipalité concernée.

Les problèmes d'insertion des jeunes immigrés de la deuxième génération.

- *Le constat :*

Ces problèmes ne touchent évidemment pas tous les jeunes migrants et le constat que nous faisons se limite à ceux, nombreux cependant, qui se trouvent en situation précaire.

Ils ne bénéficient pas d'activités culturelles et sportives et vivent dans des conditions de logement et d'habitat déplorables. La scolarité prend très vite, pour eux un caractère sélectif, pesant.

Leurs parents sont très souvent dans les emplois les moins qualifiés et les moins rémunérés. Ainsi, le milieu familial, en difficulté lui-même, ne peut jouer son rôle stimulateur et ne présente pas un support à leurs acquisitions.

D'ailleurs, beaucoup de ces jeunes sont en rupture avec les schémas culturels de leurs parents, sans pouvoir s'identifier, pour autant, aux modèles français. Ils vivent dans cette ambiguïté à la recherche de leur identité. Très tôt ils adoptent un mode appauvri d'appréhension de la réalité, et leurs mécanismes logiques et représentatifs en sont également réduits.

D'autres contraintes limitent leurs possibilités d'insertion : pour entrer en formation dès la fin de la scolarité obligatoire, ils doivent avoir une carte de séjour, une carte de travail, leurs parents doivent justifier d'un emploi en France. La plupart du temps, ces modalités constituent une entrave, surtout si le père est chômeur ou absent. Des mesures correctives doivent être mises en place.

Faute d'une alternative, ces jeunes rejettent alors globalement leur mode de vie actuel, avec une tendance à la marginalité.

- *Les mesures :*

Elles ne peuvent se limiter à des mesures de formation et au seul jeune lui-même.

Elles doivent :

- viser l'emploi du père et de la mère, leur insertion sociale dans le quartier, et s'accompagner de formations ou préformations adéquates. S'il s'agit là de mesures à long terme, il faut cependant les étudier dès maintenant ;

- viser l'accès des parents aux filières d'information, de concertation avec les écoles, les travailleurs sociaux et, d'une manière générale, toutes les institutions qui concernent le jeune : santé, logement... Le système d'animation devra favoriser et solliciter leur participation et, pour ce faire, inventer de nouvelles méthodes d'animation ;

- l'école a évidemment un rôle capital à jouer, à la fois sur le plan pédagogique (les recherches pédagogiques sur les problèmes de la deuxième génération doivent être très vite intensifiées, en particulier pour développer la nécessaire formation bi-cultlurelle, et les maîtres formés à ces types de publics), et sur le plan des « contacts » avec les parents.

Les écoles et les collèges des grands ensembles, à taux élevé de jeunes migrants de la deuxième génération, devraient voir leurs effectifs accrus pour développer les relations avec les parents. Ainsi s'implanteraient dans les quartiers, des équipes pédagogiques stables.

- les animateurs des groupes en formation, en particulier en contrat de qualification professionnelle et sociale, devront bénéficier de temps pour se former, se concerter entre eux et, par l'intermédiaire de la mission locale, avec les autres partenaires, l'ANPE, les entreprises.

8.2 Le cas des jeunes ruraux

- *Le constat :*

L'insertion des jeunes ruraux dans la vie active présente une gravité particulière. Même si les clivages entre zones urbaines et rurales se réduisent, des différences significatives subsistent, et il faut en tenir compte. Le milieu rural lui-même n'est d'ailleurs pas homogène ; une distinction doit être faite entre les zones critiques en voie de désertification et celles qui, à l'inverse, sont relativement attractives pour le système économique.

Si en milieu urbain et, en particulier dans les grands ensembles, il y a surpopulation de jeunes inoccupés, en milieu rural, au contraire, le problème est précisément la sous-population jeune. L'exode des jeunes, particulièrement des jeunes femmes, est dramatique. Il tient :

- au « vide culturel »

- aux conditions sociologiques, notamment à la coexistence des jeunes ménages avec leurs parents, dans les familles d'agriculteurs en particulier

- à la faible rentabilité, décroissante d'ailleurs, des activités économiques et à la difficulté des conditions de travail

- aux conditions d'habitat, de vie sociale (garde des enfants, santé) qui sont souvent pénalisantes

La faible densité de population, les distances, accroissent les difficultés d'organisation et le coût des équipements collectifs.

L'école pose aussi des problèmes spécifiques : à quelques exceptions près, elle a été conçue sur des modèles urbains, les instituteurs ruraux ont disparu. Les jeunes qui veulent suivre l'enseignement général et qui sont prêts à rester en milieu rural sont, cependant, conduits presque irrémédiablement vers la ville.

Au cours de ces dernières années, des efforts ont été amorcés :

- pour faciliter l'installation des jeunes agriculteurs et pour aider les groupes féminins ;
- pour soutenir des activités nouvelles ;
- pour accueillir les nouveaux venus (bureau d'accueil de la DATAR) ;
- pour promouvoir des opérations intégrées de développement (contrats de pays, schémas d'aménagement).

Sur ces projets ont été greffées des demandes éducatives globales.

Ces expérimentations sont très insuffisantes, mais elles peuvent fournir des indications d'une nouvelle politique, capable d'enrayer plus activement les problèmes de vieillissement et de dévitalisation de ces zones.

<u>Les mesures :</u>

Certes, partout l'approche globale des problèmes s'impose. Mais, comme dans les grands ensembles, l'action culturelle et sociale doit nécessairement précéder, puis accompagner, l'approche économique. Dans les deux cas, il s'agit de requalifier le milieu des adultes pour pouvoir parler de qualification des jeunes.

Dans les zones urbaines, comme dans les zones rurales, on trouvera des agents de développement effectuant un travail de même nature.

Le problème des jeunes ruraux passe par une action :

- d'information, d'orientation et d'accueil : il faut valoriser les possibilités nouvelles de communication, imaginer des centres de ressources et des dispositifs relais ;

- de revitalisation sociale et économique des « pays » par la création d'activités nouvelles et la mise en place de services adaptés aux publics et au milieu ;
- de réinsertion des jeunes, par des itinéraires de qualification sociale et professionnelle cohérents avec les exigences des emplois et des activités en milieu rural.

Il faut concevoir cette politique d'ensemble en l'intégrant systématiquement dans des stratégies de « développement local ».

Des missions locales de développement rural seront mises en place.

Elles rempliront l'ensemble des fonctions dévolues aux missions locales en les étendant à la population tout entière. Compte tenu de la spécificité de l'action dans les zones rurales, elles seront particulièrement proches des collectivités locales.

Rien ne se fera sans les jeunes.

C'est pourquoi cette politique ne peut être entreprise et menée à bien qu'avec ceux à qui elle s'adresse.

C'est à eux qu'il revient de donner à l'ensemble des forces sociales concernées des raisons de s'acharner à construire les nouvelles voies.

Index des sigles cités

ADEP	Agence Nationale pour le Développement de l'Éducation Permanente
ADIL	Agence Départementale d'Information sur le Logement
AFPA	Association pour la Formation Professionnelle des Adultes
AMOF	Association de Main d'Œuvre et de Formation
ANPE	Agence Nationale Pour l'Emploi
ASSEDIC	Association pour l'Emploi Dans l'Industrie et le Commerce
BEP	Brevet d'Études Professionnelles
BEPC	Brevet d'Études du Premier Cycle
BP	Brevet Professionnel
CAF	Caisse d'Allocations Familliales
CAP	Certificat d'Aptitude Professionnelle
CEE	Communauté Économique Européenne
CEREQ	Centre d'Études et de Recherches sur les Qualifications
CFA	Centre de Formation des Apprentis
CIDL	Centre d'Information et de Documentation Jeunesse
CIO	Conseils d'Information et d'Orientation
CNAF	Caisse Nationale des Allocations Familliales
CPA	Classe Préparatoire à l'Apprentissage
CPPN	Classe Préprofessionnelle de Niveau
CPQS	Contrat de Qualification Professionnelle et Sociale
DASS	Direction des Affaires Sanitaires et Sociales
DATAR	Délégation à l'Aménagement du Territoire et à l'Action Régionale
DFEO	Diplôme de Fin d'Études Obligatoires
DUT	Diplôme Universitaire de Technologie
FAF	Fonds d'Assurance Formation
FIJ	Fonds d'Intervention Jeunes
FJT	Foyer de Jeunes Travailleurs
GRETA	Groupement d'Établissement pour la Formation Continue
HLM	Habitation à Loyer Modéré
INC	Institut National de la Consommation
IUT	Institut Universitaire de Technologie
LEP	Lycée d'Enseignement Professionnel
MJC	Maison des Jeunes et de la Culture
OCDE	Organisation de Coopération et Développement Économique
OP	Ouvrier Professionnel
OMS	Organisation Mondiale de la Santé
OS	Ouvrier Spécialisé
PME	Petite et Moyenne Entreprise
SMIC	Salaire Minimum Interprofessionnel de Croissance
SNCF	Société Nationale des Chemins de Fer
ZUP	Zone à Urbaniser en Priorité

Bien sous tout Rapport

Philippe Labbé

Des alluvions aux sédiments…

C'est à la fois un honneur et un risque que d'accueillir le *Rapport Schwartz* dans cette collection des « Panseurs sociaux ». L'honneur, on le comprend puisque, quoiqu'en dise et en pense son rédacteur, Bertrand Schwartz, ce Rapport est entré dans la mythologie des missions locales. Le risque, en fait, est multiple. Car il faut louvoyer finement dans un raz de Sein où affleurent les écueils de la célébration, à l'intérêt plus que relatif parce que superficiel, du recueillement, guère éloigné de l'exhumation, du raisonnement partial, qui sans critique salubre ne retiendrait du rapport que ce qui sert la thèse d'une actualité toujours pertinente. Serge Papp, du Synami, m'écrivait interrogatif : « se figer dans une analyse n'est-ce pas la fossilisation de cette analyse ? » J'assume avec le pari de revigorer l'analyse et non de la fossiliser ou de la folkloriser : ce n'est pas une mise en spectacle commémorative mais une réflexion pour une mise en perspective. *Nous assumons* puisque cette réédition est la concrétisation d'un projet partagé avec l'Association des directeurs de mission locale (Association nationale des directeurs de missions locales), représentée par sa présidente Annie Jeanne.

Ce Rapport, qui est aussi un manifeste, n'est pas un ordinaire rapport pas plus que son succès ne serait le fruit du hasard. Rencontre, il est une coalescence entre un homme, une condition historique, une antériorité et un réseau.

L'homme, Bertrand Schwartz, est engagé, iconoclaste[1], « agitateur de premier ordre[2] », « écoutant », convaincu et, parce que pragmatique, convaincant. Écoute et détermination… cela lui vient de loin. « Inlassable défenseur des droits de l'homme, pourfendant tour à tour la torture en Algérie, la guerre américaine au Vietnam ou l'intervention soviétique en Afghanistan », son frère Laurent, mathématicien, fut le premier lauréat français de la médaille Fields. En septembre 2006, dans un portrait du *Monde* consacré à Bertrand Monthubert, Président de *Sauvons la recherche*, on pouvait lire que celui-ci « apprendra ce précepte de Laurent Schwartz lequel le tenait de son père : « Si tu te trouves seul de ton avis contre tous les autres, essaie de les écouter, car peut-être ils ont raison et tu as tort. Mais si, après avoir réfléchi, tu conserves ton avis tout en restant seul, il faut le dire et le crier très fort[3]. » Bon sang ne saurait mentir. L'homme encore, parce que le Rapport lui est confié *intuitu personae*, dans une lettre de commande qui explicite « *sachant l'intérêt personnel que vous portez à ces questions et considérant l'importance et la notoriété des travaux que vous leur consacrez depuis de nombreuses années[4]…* ». Si le Rapport correspond à une mission d'aide à la décision, il comporte « d'emblée et avant tout une dimension politique qui se lit à la fois dans l'origine et le contexte de l'initiative, dans le choix du rapporteur, et dans la nature du problème traité, puisque l'accès à l'emploi est un enjeu fort[5]. »

La condition historique est celle de l'arrivée de la gauche au pouvoir avec, en ce qui concerne l'insertion, deux particularités. Tout d'abord et assez bizarrement dans la mesure où la jeunesse a été un thème récurrent de la pensée socialiste (du discours à la jeunesse de Jean Jaurès à Albi en 1903 à celui de Guy Mollet à Arras en 1952, de Léo Lagrange avec le Front Populaire en 1936 au projet de Pierre Mendès France en 1954 d'un grand ministère de la Jeunesse — combattu par la Ligue de l'enseignement pour étatisme

1 « Bertrand Schwartz fait figure de personnalité iconoclaste dans l'univers de la décision publique où il va s'inscrire. » François Jousserandot, *L'action publique d'aide à l'orientation 1981-2001*, thèse pour le doctorat en science politique (Philippe Warin, directeur de thèse), novembre 2004, Université Grenoble II Pierre Mendès-France, Institut d'Études Politiques.

2 Jean-Marie Mignon, *Une histoire de l'éducation populaire*, Paris, Éditions La découverte, 2007.

3 *Le Monde*, 29 septembre 2006.

4 Les citations en italiques et entre guillemets sont extraites du Rapport de Bertrand Schwartz qui précède cette contribution, *L'insertion professionnelle et sociale des jeunes*, Paris, La documentation Française, 1981.

5 Dominique Mansanti, *L'insertion des jeunes : élaboration d'une politique. 1981-1984*, thèse pour le doctorat en science politique (Didier Renard, directeur de thèse), Université Grenoble II Pierre Mendès-France – Institut d'Études Politiques, janvier 1995.

rampant), une absence de programme politique pour la jeunesse, même si Pierre Mauroy avait rédigé la préface d'un ouvrage antérieur de Bertrand Schwartz, *Une autre école*[6] : on chercherait en vain la question de l'insertion dans *les 110 propositions* de François Mitterrand[7]... ce qui permettra de s'engouffrer dans ce vide. Également, une proximité avec les Trente Glorieuses qui permet d'envisager (même à très court terme!) la «sortie du tunnel» et la «*relance économique*» : c'est l'état de grâce et tous les espoirs sont permis...[8]

L'antériorité, construite dans les laboratoires sociaux post-soixante-huitards — «*Il ne faut cependant pas oublier les leçons de mai 1968...*» — et imprégnée de la philosophie de l'éducation permanente et de l'éducation populaire, recouvre la naissance de l'insertion par l'activité économique à l'initiative de la prévention spécialisée, les expérimentations Giffard, les stages EST («Éducation – Santé – Travail»), les emplois d'utilité collective (EUC) expérimentés en 1979 par Jacques Delors avec qui Bertrand Schwartz travailla, les mouvements sociaux (Alma-Gare...) si l'on s'en tient au seul cadre national mais, Outre-Atlantique, au Québec, d'autres expérimentations clignotent et irriguent les imaginations. Chercheurs et praticiens ensemencent et cela germe.

---

6 Bertrand Schwartz, *Une autre école*, Paris, éditions Flammarion, 1977. Dans sa préface, Pierre Mauroy posait «la question primordiale (*qui est le second objectif de la commande du Rapport de 1981*) : quelles sont les relations entre école, formation et emploi ? Nous constatons que la société capitaliste a construit son système éducatif en niant l'indispensable cohérence entre ces trois aspects.»

7 Les *110 propositions* du candidat François Mitterrand, sont réparties dans quatre chapitres : «La paix : Une France ouverte sur le monde» (propositions 1 à 13), «L'emploi la croissance sociale par la maîtrise de l'économie» (14 à 43), «La liberté : des femmes et des hommes responsables» (44 à 104), et «La France : un pays libre et respecté» (105 à 110). En les détaillant, on trouve cependant quatre propositions qui participent d'une préoccupation d'insertion – le mot n'étant pas cité — des jeunes : la proposition 18 avec «60000 emplois d'utilité collective seront mis à la disposition des associations et des collectivités locales.»; la proposition 77, «L'enseignement technique sous toutes ses formes recevra les moyens nécessaires en personnel et en matériel afin qu'aucun jeune, fille ou garçon, n'arrive dans le monde du travail sans qualification professionnelle.»; la proposition 88, «Des dispositions particulières seront prises pour favoriser aussi le logement des jeunes (construction des F1 et F2).»; Enfin la proposition 91, «Quel que soit le niveau d'études, chacun devra disposer en fin de scolarité d'une formation professionnelle.»

8 Ici, sans aucun doute, les choses ont bien évolué... sans d'ailleurs attendre le XXIe siècle puisqu'en 1988, guère plus d'une demi-douzaine d'années après le rapport, le député socialiste Jean-Pierre Sueur déclarait lors du débat parlementaire sur le RMI «Pour ma part, je crois trop à l'insertion pour accepter que ce mot devienne lui aussi une sorte d'alibi, car la véritable insertion — ne nous leurrons pas — c'est d'abord l'emploi, et <u>ce n'est pas à court terme que chacun, dans ce pays, aura un emploi, ni même sa part d'activité, d'insertion professionnelle définitive</u>.» (souligné par nous).

Le réseau — il faudrait plutôt parler « des réseaux », dont bien sûr l'Agence pour le développement de l'éducation permanente (ADEP) qui « dans les années soixante-dix, a largement participé à l'élaboration et à la diffusion de thèmes qui se pensaient porteurs de nouveaux modèles d'intervention, tels que le développement communautaire, la valorisation du local et l'action globale[9]. » — est composé des acteurs de ces dynamiques innovantes, des *acteurs* — pas des *agents* — au plus près des réalités de terrain, attentifs aux frémissements sociaux, confrontés à *La crise de l'État-Providence*[10] — ouvrage de Pierre Ronsavallon précisément en... 1981 — et au basculement d'une société industrielle stable, fordiste, en société post-industrielle — néo ou postmodernité — qui charrie déjà « le nouvel esprit du capitalisme[11] » : projet, mobilité, flexibilité... Cette mobilisation militante (mais aussi la pression sociale des banlieues secouées en rodéos : l'été des Minguettes à Vénissieux) explique le temps record — quelques semaines — de la remontée d'informations qui feront du Rapport un précipité foisonnant de propositions. Encore fallait-il ne pas s'en tenir à l'écume de la question — aux seules institutions et personnes autorisées à penser — mais solliciter les acteurs. Ce qui fût fait : quatre cents contributions de « praticiens... tous en relation directe avec les publics de jeunes visés, des acteurs des foyers de jeunes travailleurs, des maisons des jeunes et de la culture, des centres d'information et d'orientation, des agences locales pour l'emploi... « Beaucoup d'entre eux sont des travailleurs sociaux ou des professionnels proches ou issus du travail social... C'est une façon de valoriser, parmi l'ensemble des professionnels, les opinions et les façons de voir des plus actifs[12]. » Valorisation qui est un invariant de la démarche de Bertrand Schwartz. On en prendra pour preuve son implication, à quatre-vingt-huit ans, dans la recherche-action conduite par le Synami qui va à la rencontre, sur les terrains, des jeunes et des professionnels. Chapeau !

Cette émulsion a produit une *situation* — moment où le spectateur devient acteur — à partir de laquelle il a été possible de construire : « Une situation construite est nécessairement collective par sa préparation et son déroulement... il semble... qu'un individu doive exercer une certaine prééminence pour une situation donnée, en être le metteur en scène[13]. »

---

9 Dominique Mansanti, 1995, *op. cit.* L'ADEP, créée en 1973, était un établissement public à caractère industriel et commercial (EPIC) placé sous la tutelle du ministère de l'Éducation nationale, et fût dissoute en 1992.

10 Pierre Rosanvallon, *La crise de l'État-Providence*, Paris, éditions du Seuil, 1981.

11 Luc Boltanski, Ève Chiapello, *Le nouvel esprit du capitalisme*, Paris, éditions Gallimard, 1999.

12 Dominique Mansanti, 1995, *op. cit.*

13 Internationale situationniste, « Problèmes préliminaires à la construction d'une situation » (juin 1958, n° 1), *Internationale situationniste 1958-1969*, Paris, éditions Champs Libre, 1975.

Du metteur en scène, Bertrand Schwartz, un mot plus personnel que strictement sociologique. L'homme est modeste, un peu coquet aussi me semble-t-il… mais si peu au regard de son histoire dont il pourrait largement se prévaloir, que cela en est attachant. Il est surtout animé d une conviction : la vie est déséquilibre, donc changement. Je l'entends s'adressant à des professionnels de missions locales, à Rennes en mars 2007 : « Moi, j'ai des révoltes. J'ai peur pour l'avenir des missions locales. Il est essentiel que vous puissiez argumenter pour que vous soyez considérés différemment. Mais il est aussi essentiel que vous changiez. »

La légitimité de l'action des missions locales, bien sûr, ne devrait pas être sans cesse mise en cause par une stratégie du soupçon et il y a quelque chose de désespérant à devoir faire la démonstration de son utilité alors que, de toute évidence, l'insertion des jeunes est autant au niveau macro « un impératif national » maintes fois déclamé sous les ors de la République qu'elle est au niveau individuel une obligation morale. Je partage avec Bertrand Schwartz une sorte d'incongruité triste lorsque par exemple — c'est une situation vécue — je dois aider un professionnel à démontrer vis-à-vis des autorités qui financent son activité que celle-ci, par exemple un service de soins palliatifs, est utile. Nous en sommes donc arrivés là : il faut démontrer qu'aider des personnes en fin de vie, que leur apporter chaleur, affection, soulagement, est utile… au même titre qu'il faut démontrer que l'est le fait d'aider un jeune à trouver sa place dans la société ! Mais, surtout, il faut le démontrer dans les termes du financeur, c'est-à-dire d'abord (parfois exclusivement) selon une logique d'efficience… contrainte qui n'est certes pas réservée aux missions locales[14] : cela vaut-il l'argent qui y est investi ? Alors que, bien évidemment, le calcul est incapable de concevoir, d'exprimer et encore moins de mesurer nos joies, nos peines, nos échecs, nos réussites. Cette incongruité triste s'exprime parfois lorsque, à la question du bilan de toutes ses innovations, Bertrand Schwartz lâche : « C'est un échec complet, Louise. Oh, je ne dis pas qu'on n'a pas gardé ici ou là tel ou tel détail… Mais l'essentiel est trahi. Quand je dis cela dans des rencontres aujourd'hui — parce que je le dis ! —, on me répond que j'ai tort. Mais je vois bien que j'ai raison… je vois bien ce qu'ils font ! L'écoute participante, qui est au cœur de cette démarche, n'est plus mise en œuvre[15]. »

14 « Au nom de l'efficience, on les [*les agents de l'ANPE*] contraint à satisfaire d'abord de multiples indicateurs et à atrophier la dimension relationnelle et sociale de leur travail. », CFDT-ANPE, « L'ANPE une fois de plus dans la tourmente », février 2007, (tract national).

15 Louise L. Lambrichs, *L'invention sociale. À l'écoute de Bertrand Schwartz*, Paris, éditions Philippe Rey, 2006.

Cependant je partage aussi avec Bertrand Schwartz la conviction que l'on ne peut ni doit s'abriter derrière la seule légitimité morale de son action et qu'aider les jeunes à changer s'accompagne d'une capacité à soi-même changer en permanence. Non pas comme une girouette mais parce que, au cœur de l'insertion, ce n'est pas «lejeunocentre», c'est l'interaction entre le jeune, le professionnel, la société, autant de parties *mobiles*, et que, ce que l'on attend de cette interaction, c'est une émergence c'est-à-dire une qualité nouvelle apparaissant à partir de la combinaison d'entités en jeu dans un système complexe. La raison est là, dans la complexité. Donc dans la démarche, dans le processus, ce sur quoi à longueur de vie Bertrand Schwartz force la réflexion. L'opposé est, caricaturalement, l'obligation de résultat, la focalisation exclusive sur les *outputs*. Cela s'y oppose pour deux raisons. La première est qu'inévitablement l'obligation de résultat conduit à vouloir faire entrer dans des moules parallélépipédiques des personnes et des problématiques patatoïdes, donc à substituer la complexité par la complication et à vouloir ne changer qu'une entité, la personne… quitte à la cabosser alors que, généralement, elle a eu sa large part de heurts. La seconde est que, posant l'obligation de résultat comme un impératif, on fait glisser la culture du résultat, elle non seulement légitime mais — oui — obligatoire, d'un registre déontologique à un registre instrumental. Ce faisant, on pervertit le ressort de l'engagement du professionnel vis-à-vis du jeune, on fait le lit d'une relation purement instrumentale alors que la fécondité de cette relation repose de toute évidence sur la confiance, le respect, le contrat. Ceci étant, comprenons-nous. Ne serait-ce qu'au titre de l'exigence démocratique de transparence mais également, surtout dirais-je, pour fortifier les acteurs des missions locales, il ne s'agit pas de sanctuariser ces dernières. L'évaluation leur est nécessaire… une évaluation qui ne soit pas confondue avec le contrôle mais qui parvienne à révéler les valeurs ajoutées de l'offre sociale. Du chemin reste à faire.

Échanger avec Bertrand Schwartz a ainsi quelque chose de stimulant — il vous renvoie toujours aux solutions qu'il vous appartient de découvrir faute de quoi celles-ci seraient hétéronomes, donc non appropriées et très probablement condamnées à ne pas s'exprimer concrètement — et d'agaçant… parce que l'on imagine qu'une telle vie a eu le temps de trouver des réponses et que, tant qu'à faire, on aimerait les connaître. Sacré nom d'une pipe! Va-t-il à la fin nous dire comment faire? Mais, inlassablement, le sage vous renvoie à l'autonomie, la vôtre, puisque «il est indispensable d'écouter et d'entendre les acteurs eux-mêmes car le problème ne peut être résolu qu'avec eux. La solution est en eux et doit émaner d'eux[16]. » Regarder la lune, pas le doigt. Pour Jean-Philippe Revel, de la Fédération nationale CGT des personnels des organismes sociaux l'enseignement central de la pensée de Bertrand Schwartz est ainsi « une sorte de "Suis-toi toi-même" appliqué à ces structures innovantes qui, à l'orée de leur vingt-sixième anniversaire, se voient reconnues au risque de leur inventivité... Qu'elles définissent elles-mêmes ce qu'elles doivent être et devenir ».

Je viens de parler de mythologie. Tout groupe social construit sa mythologie. Le mythe n'est ni la mystique, comme dans la théorie foulcaldienne une vérité-foudre révélée à une personne élue, ni la mystification. Le mythe, qui « ne peut avoir qu'un fondement historique, car le mythe est une parole choisie par l'histoire : il ne saurait être de la « nature » des choses »[17], est un liant, un vecteur de cohérence qui éclaire sans éblouir mais dont cependant, en l'occurrence ici parmi les acteurs des missions locales, personne n'est dupe : on sait bien que, si le *Rapport Schwartz* est fondateur, entre celui-ci et aujourd'hui de l'eau a coulé sous les ponts, qu'il y a à la fois une continuité et un écart de douze milles professionnels, de cinq cents structures, et que les conditions objectives de l'insertion faites aux jeunes ne sont plus identiques. Au chômage endémique persistant et à la précarité grandissante correspond désormais une insertion si généralisée qu'elle est devenue quasi-synonyme de socialisation; les dispositifs de l'emploi pour les jeunes sont devenus une politique jeunesse; l'accompagnement réservé aux chômeurs de longue durée s'est élargi — « mesures actives » — à l'ensemble des demandeurs d'emploi avec la réforme de l'assurance chômage en 2000 et 2001... Ainsi la visée encore envisageable en 1981 d'un modèle ternaire de carrière « formation – emploi – retraite » a cédé la place à l'enjeu — certes plus facile à exprimer qu'à réaliser — d'une gestion des discontinuités, tel que l'écrivait Dominique Charvet dans *Jeunesse, le devoir d'avenir*[18]. Passer de la carrière à la trajectoire dans des marchés transitionnels, ce n'est pas rien. Et, ajouterais-je, la bonne santé mentale des professionnels que je côtoie dans les missions locales ne laisse guère de place au doute : ils sont encore suffisamment indisciplinés (« parce que transdisciplinaires » ajouterait Edgar Morin), même si certains les préféraient en petits soldats, pour y croire sans génuflexion, pour faire du *Rapport Schwartz* un point d'appui, non une Bible, et de Bertrand Schwartz

16 Gérard Sarazin, « Repousser les limites du possible », *Construire une pensée collective pour l'action,* Paris, revue *Pour* n° 189, mars 2006..

17 Roland Barthes, *Mythologies*, Paris, éditions du Seuil, 1957.

18 Dominique Charvet, *Jeunesse, le devoir d'avenir*, Commissariat Général du Plan 2001, Paris, La documentation Française.

un fondateur, non une icône. Accepter, connaître, redécouvrir le mythe, c'est progresser dans une vraie rationalité : « Nous commençons à devenir vraiment rationnels quand nous reconnaissons la rationalisation incluse dans notre rationalité et reconnaissons nos propres mythes[19]... »

Ce Rapport est aussi un mythe parce qu'il n'est plus, ou exceptionnellement, lu : alors qu'il est message et communication, épuisé depuis de nombreuses années, son accessibilité n'était réservée qu'aux professionnels des structures-fourmis qui avaient pris le soin de classer ou de photocopier. Mais il y a des structures-cigales... Et encore ! Je me souviens de la stupéfaction de cette jeune professionnelle qui comprit lors d'une formation « Culture Commune » que, parmi les vieux documents qu'elle avait envoyés au pilon dans une louable démarche volontariste de mise en ordre de la documentation, il y avait le *Rapport Schwartz* ! Ce simple fait qu'il ne soit pas lu, ou peu, ou oublié, justifierait cette réédition. Car, s'il ne fallait raisonner qu'en prenant en compte le futur (et son projet) et en considérant le passé comme dépassé, il faudrait par exemple à chaque rentrée littéraire organiser l'autodafé de la saison précédente : *tabula rasa*, condamnation à l'amnésie et, au bout du compte, empêchement du projet pourtant objet de toutes les attentions parce, tout simplement, il manquerait un point d'appui : sans racines, pas de rameaux. Bertrand Schwartz le sait bien, les idées comme les jeunes cheminent. Progressivement. Certaines idées sont vite dispersées ; d'autres parviennent à s'alluvionner puis, progressivement, à se sédimenter. Elles passent ainsi du statut d'idées-étincelles au statut d'idées-fondatrices, c'est-à-dire d'expérimentations en expérience. L'analogie est immédiate : lorsqu'il s'agit de définir où s'arrête la jeunesse et où commence l'adultéité, il y a généralement beaucoup de perplexité : âge, installation matrimoniale, décohabitation familiale, emploi vaguement stabilisé ? Il me semble que la différence tient précisément là : la jeunesse est le temps des expérimentations multiples : cognitives, affectives, sociales, professionnelles, sexuelles... L'adultéité est le temps de la sédimentation de ces expérimentations en expérience, ce qui, fort heureusement, ne signifie pas que de nouvelles expérimentations en soient exclues, ni que la progression soit interrompue (pensons à la formation tout au long de la vie). Simplement, elles constituent des découvertes ou des aventures plus raisonnées et plus responsables (au sens weberien de l'éthique de responsabilité) parce que reliées à des situations plus ou moins similaires et déjà vécues dont on a pu tirer des enseignements.

---

19 Edgar Morin, *Les sept savoirs nécessaires à l'éducation du futur*, Paris, éditions du Seuil, 2000.

Ce Rapport peut, sans doute même doit-il, constituer un point d'ancrage… qui n'empêche pas de lever l'ancre : tout au contraire, on peut s'en éloigner parce que l'on sait qu'on peut y revenir en cas de gros temps, aussi pour nourrir la professionnalité. Ne pas céder à la pression du présentéisme, du courtermisme, à l'obsolescence obligée, au culte de la nanoseconde mais prendre le temps, selon l'expression de Newton, de se jucher sur les épaules des géants qui ont ouvert la voie pour voir plus loin et les dépasser… pas pour la compétition mais pour la vision. Les missions locales ont un quart de siècle mais ces vingt-cinq ans seuls ne suffiraient pas à garantir leur adultéité : elles ont besoin de ce Rapport, y compris de sa mythologie, et de ce qui lui a succédé… sauf à les voir emportées comme des fétus, soulevées et dispersées par les vents des programmes-dispositifs-mesures («prodismes»?). C'est bien à partir de ce Rapport et de l'histoire qui lui a succédé, que les missions locales parviendront à répondre à l'exhortation de Bertrand Schwartz, à laquelle je souscris totalement, pour l'écriture d'un nouveau rapport. Une écriture à multiples mains, fruit d'une encore plus large mise en débat que le fût le *Rapport Schwartz* grâce aux avancées technologiques et parce que les acteurs de l'insertion se sont multipliés, à l'instar du modèle de «l'offre publique de réflexion» du ministère de la Jeunesse et des Sports sur l'avenir de l'éducation populaire[20] qui déboucha sur *Citoyens chiche! Le livre blanc de l'éducation populaire*[21].

Des questions d'actualité…

À ce stade, il me faut également répondre à la question de l'actualité du Rapport car certains pourraient ne pas être convaincus par l'ancrage, par le mythe, et penser que ce qui fût écrit il y a vingt-cinq ans n'aurait aujourd'hui qu'un vague intérêt historique, rapidement anecdotique. Or, si effectivement bien des choses ont changé, on ne peut que constater que l'on trouve au fil des pages du Rapport une large partie de ce qui a permis de construire la politique de l'emploi.

Ainsi les «*contrats de perfectionnement et de développement technologique*» ne sont-ils pas, ni plus ni moins, les actuels EDEC («engagements de développement des emplois et des compétences») qui ont succédé aux EDDF («engagements de développement des formations»)? La proposition

20 Franck Lepage, *Le travail de la culture dans la transformation sociale. Une offre publique de réflexion du ministère de la Jeunesse et des Sports sur l'avenir de l'éducation populaire*, ministère de la Jeunesse et des Sports, rapport d'étape, janvier 2001.

21 Ministère de la Jeunesse et des Sports, *Citoyens chiche! Le livre blanc de l'éducation populaire*, préface de Marie-Georges Buffet, Paris, les éditions de l'Atelier/les éditions Ouvrières, 2001.

de «*production de plans sectoriels de formation*» s'est concrétisée dans les CEP (vingt «contrats d'études prévisionnelles» de branches professionnelles entre 1988 et 1992) et les FACT («fonds d'amélioration des conditions de travail») qui sont devenus des «contrats d'études prospectives» avec la circulaire DFP n° 93-05 du 10 février 1993. Avec les «*agences d'aide à la création d'emplois et d'activités*», on n'est guère éloigné des maisons de l'emploi, ni d'ailleurs pour le secteur non marchand des DLA («dispositifs locaux d'animation») et de l'ingénierie développée pendant le programme NS-EJ («Nouveaux Services – Emplois Jeunes»). Lorsque le Rapport préconise «*un plan de relance pour l'activité artisanale menacée de disparition*», force est de constater aujourd'hui qu'il s'agit là du thème certainement le plus partagé sur les territoires, sous l'effet d'amplification des départs en retraite (le «papy-crash»), par les chambres des métiers et l'UPA (Union professionnelle artisanale). Lisant que «*L'État doit offrir à tous les jeunes qui sortent du système éducatif la possibilité d'acquérir une qualification professionnelle et sociale*», on y trouve l'ambition du CFI («crédit formation individualisé») de 1989... ambition d'ailleurs toujours non atteinte[22]. Proposant un «*contrat d'insertion qui consiste à inscrire la formation dans l'intervalle qui sépare deux missions*», parce que «*certains secteurs économiques ont, de façon régulière, besoin d'avoir recours à des formes d'emploi de durée limitée, correspondant à des fluctuations saisonnières de leur activité*», le Rapport ouvre la voie au «contrat d'activité» que proposera Jean Boissonnat en 1995 dans *Le travail dans vingt ans*[23] et recouvre la même problématique de sécurisation des parcours et de continuité dans la discontinuité — «*itinéraire qualifiant*» — qui peut se lire avec les thèmes de la «flexisécurité», des «marchés transitionnels du travail» ou de l'évolution du «modèle social français[24]»...

22 «Ce droit [*le CFI*] restera largement virtuel, en raison du décalage entre l'offre de formation disponible et l'appétence des jeunes pour la formation, mais aussi de la difficulté à mobiliser les crédits au niveau nécessaire pour atteindre cet objectif ambitieux, la «deuxième chance» promise dans *La Lettre aux Français* par François Mitterrand, lors de la campagne présidentielle de 1988.», Michel Abhervé et Philippe Labbé, *L'insertion professionnelle et sociale des jeunes ou l'intelligence pratique des missions locales* , Rennes, éditions Apogée, 2005.

23 Jean Boissonnat, *Le travail dans vingt ans*, Paris, éditions Odile Jacob, 1995.

24 Alain Lefebvre, Dominique Méda, *Faut-il brûler le modèle social français?* Paris, éditions du Seuil, 2006. Sur les marchés transitionnels du travail (MTT), on peut lire entre autres de Bernard Gazier «Marchés transitionnels du travail et restructurations : vers une gestion collective des transitions», 2005/1, *Revue de l'IRES* n° 47. La littérature concernant la «flexisécurité» — exprimée comme telle ou comme «sécurité sociale professionnelle», «sécurisation des trajectoires professionnelles», etc. — est surabondante et ne peut être reprise ici. Rappelons simplement que la flexisécurité recouvre l'articulation de trois pôles : une législation sur la protection de l'emploi modérée (c'est-à-dire la possibilité d'embaucher et de débaucher avec un minimum de

De ces quelques exemples, que l'on pourrait multiplier *ad libitum*, doit-on en conclure que la politique de l'emploi ne brille guère par son imagination, ne faisant que reproduire ce qui avait été conçu de longue date, la seule variante étant la dénomination et corrélativement la valse des acronymes ? Évidemment non, au moins pour une raison : même si la politique de l'emploi s'organise selon une logique programmatique, c'est-à-dire descendante, elle a intégré — en particulier avec les lois de décentralisation et la territorialisation — la dynamique projectale, celle ascendante qui s'appuie sur les particularités des terrains et qui, de ce fait, ne peut se construire que progressivement en intégrant le hasard, cette « chance à saisir[25] ». De la sorte, si nombre

contraintes), une politique active du marché du travail (à l'opposé d'une politique dite « passive » se contentant de rémunérer les chômeurs) et une indemnisation généreuse du chômage mais subordonnée au respect d'engagements mutuels. Comme l'écrit Elisabeth Guigou, « Le modèle danois est là pour nous montrer qu'on peut à la fois privilégier la sortie du chômage et la sortie de la pauvreté, mais à un certain nombre de conditions souvent passées sous silence : un dialogue social intense, des syndicats forts, ainsi que des politiques publiques axées sur la formation continue et le suivi personnalisé des demandeurs d'emploi dotées de moyens considérables, impliquant un taux de prélèvement obligatoire beaucoup plus élevé qu'en France. » (« Crise de l'emploi, malaise au travail », février 2005, *Fondation Jean Jaurès*, note n° 45). Si le thème s'impose donc dans le débat public, il faut toutefois avoir en mémoire qu'on ne peut pas, sauf à se barricader dans des ghettos et payer des vigiles pour notre sécurité (Éric Maurin, *Le ghetto français. Enquête sur le séparatisme social*, 2004, Paris, « La République des idées », éditions du Seuil) — éventuellement avec des aides d'État pour des emplois d'insertion, vouloir sortir éthiquement par le haut en mobilisant la solidarité nationale et européenne tout en refusant ses conséquences pour le porte-monnaie personnel. Autrement formulé, si le modèle danois ou, plus largement, celui des pays nordiques a le vent en poupe, non seulement il faudra consentir pour l'importer un effort financier supplémentaire substantiel mais il faut être prêt à remettre en cause certains de nos systèmes. Car, lorsque l'on parle de politique active de l'emploi, cela par exemple concerne la formation professionnelle dont on sait qu'en France elle bénéficie aux plus formés. Au Danemark, les dépenses publiques d'éducation représentent 8,5 % du PIB contre 5,8 % en France et 25,7 % de la population au travail ont participé dans les quatre dernières semaines à une formation contre 7,4 % en France, soit plus d'un rapport de 1 à 3 en notre défaveur (Dominique Méda, Bertrand Minault, *La sécurisation des trajectoires professionnelles*, octobre 2005, DARES, « Documents d'études » n° 107). Il faut être conscient que le modèle danois fonctionne parce que…

- La population accepte de payer des impôts, l'emploi public au Danemark étant l'un des plus élevés d'Europe avec 31 % de la population active. Le Danemark est de l'Union européenne le pays où les prélèvements sociaux sont les plus importants. Mais, au pays de Descartes, comme le bon sens le slogan « Moins d'État, mieux d'État » semble la chose la mieux partagée…
- Il existe chez les Danois une tradition de dialogue social qui favorise une culture du consensus, ce que l'on peut appeler une « confiance sociale » (Jean-Claude Barbier, « Apprendre vraiment du Danemark : réflexion sur le « miracle danois », février 2005, Centre d'Études de l'Emploi). Ce consensus est aussi possible parce que, au Danemark, l'éventail des salaires est nettement plus réduit qu'en France. L'effort porté par tous est dans un cas crédible, dans l'autre soupçonnable.

25 Edgar Morin, *Introduction à la pensée complexe*, Paris, ESF éditeur, 1990.

de dispositifs « nouveaux » recouvrent d'anciens dispositifs, ceux-ci n'en sont pas moins réajustés sur la base de multiples évaluations[26] : le sentiment, très partagé par les professionnels mais non exclusivement par eux[27], d'empilement ou, selon l'expression, de « mille-feuilles » pourrait être pondéré dès lors que la généalogie de la politique de l'emploi, de ses dispositifs et de ses mesures, était expliquée… ce qui est rarement le cas. Les programmes de formation s'intéressent plus à la boîte à outils, le professionnalisme, qu'à l'envie d'ouvrir celle-ci, la professionnalité, oubliant que, si un bon ouvrier a de bons outils, les bons outils ne font pas le bon ouvrier. Précisons en revanche que ces ajustements de la politique de l'emploi peuvent être le fruit d'une volonté raisonnable et pragmatique d'amélioration… mais qu'ils peuvent tout autant exprimer des régressions, le retour de vieux démons — avaient-ils réellement été chassés ? — tels que le traitement sectoriel, disjonctif, de la problématique d'insertion : l'urgence sociale (de trente ans !) justifiant l'emploi, que l'emploi… le reste n'étant que coquetterie intellectuelle…[28] Pourtant, dans le Rapport, l'avertissement est clair : « *Ainsi considérons-nous comme grave et dangereux le risque qu'on encourrait à ne prendre en considération que les mesures touchant à la formation et à l'emploi parce qu'elles apparaîtraient suffisantes pour régler les problèmes les plus visibles.* » L'entend-t-on ?

Le *Rapport Schwartz* ne se limite donc pas, comme cela a pu être écrit, à être la date de naissance de l'insertion et, si ses bénéficiaires étaient les jeunes, nombre de ses propositions pouvaient concerner un public plus large. Ce qui fût fait comme en témoignent les quelques exemples supra. Plaidant pour une « *discrimination positive* » avant que cette expression ne soit entachée de relents ethnico-communautaristes et de politiques de quotas importés de l'*affirmative action*, Bertrand Schwartz anticipe d'ailleurs sur le risque de

---

26 Multiples, précisément, évaluations. La mutualisation des évaluations a été laborieuse puisque, selon les termes mêmes de la DARES, « On a plutôt eu tendance à reconstruire, pour chaque mesure, un dispositif d'évaluation spécifique, qui cherchait à s'adapter aux caractéristiques de la mesure, à éclairer les aspects qui en faisaient l'originalité. » aux dépens d'une procédure générale d'évaluation de la politique de l'emploi « afin de proposer un jugement synthétique sur l'action évaluée. » Didier Gélot, Bernard Simonin, « L'évaluation de la politique de l'emploi. Un bilan partiel des pratiques depuis la fin des années soixante-dix », *40 ans de politique de l'emploi*, DARES, ministère du Travail et des Affaires sociales, Paris, La documentation Française, 1996.

27 Ainsi et entre autres, la Cour des Comptes qui souligne « l'éclatement et l'instabilité » des aides à l'emploi et qui écrit que « les contrats nouveaux viennent souvent constituer une strate supplémentaire sans articulation avec les textes antérieurs. Il y a souvent simple « parenté » d'un dispositif à l'autre sans que tel contrat soit clairement désigné comme le successeur d'un autre. » *L'impact des aides à l'emploi : les contrats aidés*, « Projet de rapport pour la commission des finances du Sénat sur le fondement de l'article 58-2 de la LOLF », 2007.

28 Philippe Labbé, « Les sept fantasmes de la politique de l'emploi », *Le Monde*, 10 mai 2006.

noyer les mesures spécifiques dans une politique d'emploi trop générale, utilisant — c'est la seule fois pour tout le document — le qualificatif « *socialiste* » : « *Si l'on propose par exemple de prendre des mesures pour permettre aux jeunes de mieux accéder au logement individuel, on pourra en effet répondre que cela vise aussi tous les adultes et que tous les adultes doivent être logés décemment. Cela est vrai. Mais remarquons aussitôt que les jeunes, et les jeunes défavorisés en particulier, parce qu'ils manquent d'autonomie financière, voient leurs problèmes décuplés et ont des conditions de logement pires que celles de l'ensemble de la population. Ce n'est donc pas parce que nos dossiers sociaux s'intègrent dans des dossiers plus globaux que cela limite leur valeur intrinsèque : par contre, cela exige qu'on les relie aux politiques nationales. Une politique socialiste ne peut pas se passer d'une politique sociale et les jeunes aujourd'hui attendent sur ce plan un renouvellement très profond.* » « Socialiste » rappelle la condition historique du Rapport mais également le fait que son auteur, sans être partisan, est un homme de gauche engagé dans le combat politique : « Mon propos sera donc également politique. Parce que traiter de la formation, de l'insertion, de l'emploi, de l'organisation du travail, et préconiser des actions en la matière, n'est ni anodin, ni neutre. Toute innovation sociale est politique. Défendant des valeurs humaines et sociales, je préconiserai, aussi, une certaine politique[29]. »

Cependant, si le Rapport embrasse largement, il est aussi ce qui va déclencher à une échelle nationale une véritable politique de l'insertion des jeunes, logée à ses débuts dans le même bâtiment avec deux autres nouvelles politiques publiques dites « transversales » et interministérielles : la prévention de la délinquance avec Gilbert Bonnemaison, le développement social des quartiers, qui se transformera en politique de la ville, avec Hubert Dubedout. Un laboratoire social au cœur de Paris. On le sait, l'insertion éprouvera quelque difficulté de reconnaissance : « L'insertion n'est pas de la noble lignée de l'intégration portée sur les fonds baptismaux par les plus grands (Durkheim…). Elle semble plutôt bâtarde. Si l'enfant-insertion est bien là, avec ses adoptants-professionnels qui s'en satisfont et le reconnaissent, la recherche en paternité n'est guère concluante et l'insertion, dans bien des cas, semble une pièce rapportée dont l'artificialité fait problème. Brebis Dolly de l'intégration, l'insertion est une copie semblant déjà vieille alors qu'elle est jeune, un double que l'on soupçonne d'un hiatus essentiel. Produit d'un clonage, il manque à l'insertion la reconnaissance de ses origines[30]. »

29 Bertrand Schwartz, *Moderniser sans exclure*, Paris, éditions La Découverte-poche, 1997.
30 Philippe Labbé, *Les bricoleurs de l'indicible. De l'insertion en général, des missions locales en particulier*, tome I, Rennes, éditions Apogée, 2003.

De nombreux auteurs l'ont mise en cause comme signifiant l'abandon d'une volonté d'intégration. Ainsi Robert Castel et Jean-François Lae écrivaient-ils en 1992 « L'insertion tente de structurer un espace entre une intégration ou réintégration complète et définitive, qui est rarement possible, et une marginalisation croissante qui est toujours à redouter... On parle souvent d'insérer lorsqu'on sait que l'on ne va pas pouvoir véritablement intégrer, c'est-à-dire réinscrire un individu dans un emploi stable et dans un réseau interrelationnel fort. »[31] En 1998, pour Michel Autès qui, avec d'autres, confond la pseudo-dictature du projet avec la vraie dictature qui est celle de la vacuité de projet, « L'insertion se fait passer pour une émancipation des individus alors qu'elle organise leur enfermement dans une logique de projet qui ne les contraint à rien moins qu'à faire leurs preuves[32]. » Plus récemment, Bernard Eme va jusqu'à dire que « l'insertion peut donc être interprétée comme l'envers de l'intégration[33]. » Si cette thèse s'avérait juste, croit-on qu'elle aurait satisfait les acteurs de l'origine et ceux qui leur ont succédé ? Je ne le pense pas. Mais, pourrait-on objecter, d'où l'ambiguïté et le malaise perceptibles avec, par exemple, le thème récurrent de « l'instrumentalisation ». Il suffit pourtant, me semble-t-il, de lire le Rapport pour comprendre que l'ambition d'intégration, de qualification professionnelle et sociale, de citoyenneté, est bien là, univoque, répétée à l'envi, essentielle. Et que l'insertion n'est — et n'est pas plus — qu'un processus dont la visée est bien l'intégration... sauf, pour reprendre les mots de Robert Castel, à ce qu'il s'agisse d'une « insertion à perpétuité ». De cette interprétation, l'insertion comme une intégration par défaut et minimale, qui sans aucun doute aurait été alimentée par des missions locales, on peut en tirer un enseignement-antidote : lire et relire le *Rapport Schwartz* de telle façon à ne pas perdre de vue que le processus et la procédure qu'est l'insertion ne sont qu'au service de l'objectif finalisé et de l'ambition qu'est l'intégration... tout en sachant que cette dernière n'est plus — et le sera encore moins demain — synonyme de position stable *ad vitam*.

31 Robert Castel, Jean-François Laé, *Le revenu d'insertion, une dette sociale*, Paris, éditions L'Harmattan, 1992.

32 Michel Autès, « L'insertion, une bifurcation du travail social », *À quoi sert le travail social ?*, Paris, revue *Esprit* n° 241, mars-avril 1998.

33 Bernard Eme, « L'insertion, c'est être dans un processus indéfini sans place sociale assurée », *La lettre de l'insertion par l'activité économique* n° 122, février 2006.

Gloutonner ou picorer le Rapport Schwartz…

Dans sa lettre de mission, Pierre Mauroy, Premier ministre du tout nouveau gouvernement de François Mitterrand, fixe à Bertrand Schwartz deux objectifs… même si l'on a souvent tendance à n'en retenir qu'un : bien sûr, proposer des solutions concrètes pour que l'entrée des jeunes dans la vie active ne soit plus « *une véritable course d'obstacles* » et, parce que l'on ne pourrait en faire l'économie, « *établir une meilleure articulation de tous les services publics concernés* », c'est-à-dire le système éducatif, la formation professionnelle, les dispositifs d'orientation et d'insertion… sans oublier le service national ! On sent peser sur ceux qui deviendront les acteurs centraux de ces ambitions le poids de la planète sur les épaules d'Atlas… Mais nous sommes en 1981 et, comme nous l'avons noté, les trente glorieuses, éloignées de moins de dix ans, permettent de croire en « *la relance économique* » en tout cas pour celles et ceux qui n'ont pas spontanément associé l'arrivée de la gauche au pouvoir aux chars russes sur les Champs-Élysées.

Structuré en six chapitres, le Rapport est précédé d'un liminaire incisif et d'une introduction à deux volets : l'un constate, l'autre ambitionne. Il serait fastidieux d'en faire ici une explication de texte : à tel chapitre tel contenu, à tel autre telle orientation. Fastidieux et même contradictoire puisque cette réédition vise, nous frôlons la tautologie, à ce que le *Rapport Schwartz* soit lu… pas simplement connu par ce que l'on en dit. Dans l'esprit bien « schwartzien » (je suis persuadé que Bertrand Schwartz abhorre ce qualificatif…), au lecteur de construire sa lecture : linéaire ou itérative, progressive ou diagonale, gloutonne ou picoreuse. Cependant, pour lire et comprendre le Rapport, quelques indications — une sorte de matrice — peuvent être utiles pour éviter, compte tenu de sa profusion de propositions et de ses multiples allers et retours des ambitions aux faits, des principes aux données sociales, que l'esprit se dissipe dans le foisonnant.

Cette matrice part d'une philosophie pour l'action et d'une posture, s'étaye d'une conception systémique, combine les ambitions et les réalisations, met en œuvre une méthode et… avertit de ses limites.

Une philosophie pour et par l'action et une posture

Il s'agit bien d'une philosophie « pour et par l'action » et non, d'un point de vue orthodoxe, « de l'action ». Le mot qui vient à l'esprit, lorsqu'on lit son Rapport et, plus encore, lorsqu'on dialogue avec Bertrand Schwartz, est celui de *pragmatisme*. Les faits, la réalité vécue… Début 1946, le jeune polytechnicien Bertrand Schwartz — vingt-sept ans — est démobilisé et peut entrer à l'École des Mines comme enseignant : « Trop tard pour m'intégrer dans l'année en cours. Le directeur m'ayant dit qu'il fallait attendre le mois de septembre, j'ai décidé de faire un stage dans la mine. [...] à Valenciennes. C'était dur. Se lever à quatre heure du matin, puis rejoindre la mine à vélo et passer huit heures au fond[34]... » Huit mois de stage avec les gueules noires, à manquer de nombreuses fois — c'est lui qui le dit — de se planter le marteau-piqueur dans le pied et à apprendre la solidarité ouvrière : c'était son bonjour au prolétariat... pas les adieux d'André Gorz à celui-ci en... 1981[35]. La réalité, ni cotonneuse ni coconneuse, mais faite d'aspérités minérales douloureuses ou humaines enthousiastes. Dans les deux cas, apprenante. Le pragmatisme de Schwartz est bien celui de Charles S. Peirce et de John Dewey ; il s'oppose à « un prêt-à-penser constitué dans lequel il suffirait de puiser des recettes de cuisine applicables immédiatement[36] ». Ce pragmatisme, étonnamment d'ailleurs dans un Rapport au Premier ministre, va jusqu'aux détails de la vie quotidienne, par exemple dans le chapitre consacré à l'habitat : « *L'appartement à double entrée, l'insonorisation de certaines pièces, l'existence de chambres indépendantes dans les immeubles où logent les parents et de lieux de réception, sont des éléments qui permettent de combiner le désir d'autonomie, avec le souhait de proximité, le goût du bruit des jeunes avec la demande de calme ou de repos des parents.* » Schwartz n'est pas loin de mesurer l'épaisseur des cloisons pour Mauroy... parce que, selon le précepte de Bergson, il agit en homme de pensée et pense en homme d'action.

On ne saurait mieux identifier ce pragmatisme que par une conception de l'action humaine « qui s'enracine dans les dimensions pratiques et quotidiennes de l'action humaine orientée vers la résolution de problèmes, au sein d'activités et de processus coopératifs, qui sont de nature expérimentale, [et qui] subissent le test de la mise en œuvre effective [...], des perspectives critiques[37]. »

Incisif, le liminaire du Rapport, moins de vingt lignes, annonce que, si les jeunes ne constituent pas un ensemble homogène, « *ce qui les unit, c'est leur désespérance devant l'absence de perspectives* ». Expression assurément excessive — tous les jeunes, loin de là, n'éprouvaient pas des difficultés

34 Louise L. Lambrichs, 2006, *op. cit.*

35 André Gorz, *Adieux au prolétariat. Au-delà du socialisme*, Paris, éditions Galilée, 1981.

36 Michel Renault, « délibération, action et démocratie : une perspective pragmatique institutionnaliste », (*dir.*) Marc Humbert, Alain Caillé, *La démocratie au péril de l'économie*, Rennes, Presses Universitaires de Rennes, 2006.

37 Michel Renault, 2006, *id.*

d'insertion, ni n'étaient *no future* — mais qui correspond à cette phase un peu pathos d'interpellation critique ouvrant la voie quelques pages plus loin d'une mobilisation à la hauteur de ce qui a été dénoncé : « *Nos propositions ne visent donc pas exclusivement la lutte contre le chômage, mais elles l'intègrent dans un objectif plus large qui est la remise en jeu économique et sociale des jeunes.* » Schwartz, ce faisant, introduit deux conditions qui constitueront une posture dans tout le Rapport et ce qui lui succédera, la confiance et le respect. Pour la confiance et en dehors même d'un choix éthique (on sait qu'elle a été largement validée par les théories du stigmate : on se conforme au jugement porté sur soi...[38]), on parlerait aujourd'hui du « jeune comme ressource[39] » : « *Quand ils constatent qu'on leur fait confiance, et qu'on vit et agit avec eux dans le respect et la confiance mutuelle, leur énergie et leur créativité sont sans limite.* » Pour le respect, il s'agit de ne pas prendre la place mais de faire avec, non à la place ou même pour, de prendre en compte et non en charge : « *Ils ont besoin de considération, ils souhaitent être pris en compte, compris et ne refusent pas l'aide si celle-ci n'est pas assistanat ou jugement permanent.* » Respect... c'est-à-dire altérité — c'est-à-dire l'inverse de l'exclusion — et dignité, cela constituant une éthique d'autant plus obligée que, reprenant les mots de Richard Sennett, cette fois pour les jeunes qui sont l'origine et la visée du Rapport, il s'agit de gens qui savent ce qu'ils ne sont pas : ils ne sont pas des bourgeois[40].

Une conception systémique...

Bizarrement, le Rapport n'est pas avare du vocable « système », cité soixante-neuf fois... mais l'est de « systémie » ou de « systémique ». Leur posant un soir la question de cette absence, Bertrand Schwartz et Gérard Sarrazin, plutôt amusés, m'ont répondu qu'à l'époque il y avait beaucoup trop de « marchands de systémie » pour ne pas prendre ce risque ! Entendons systémie à la pim-pam-poum, PNL hérisson ou paillasson et autres philtres de séduction... du latin *sedire* qui signifie « tromper ». Et pourtant... elle tourne : le raisonnement systémique est bien là, étayant, charpentant, fournissant une cohérence interne à l'ensemble du discours. Comme cela est développé plus loin dans la contribution de l'Association nationale des directeurs de missions locales, la systémie est l'architecture théorique du Rapport et elle le sera dans la mise en oeuvre concrète de sa proposition de missions locales, s'exprimant évidemment avec l'approche globale.

---

38 Howard S. Becker, *Outsiders*, Paris, éditions A.-M. Métailié, 1985.

39 Alain Vulbeau (*dir.*) *La jeunesse comme ressource*, Paris, éditions Érès, 2001.

40 Richard Sennett, *Respect. De la dignité de l'homme dans un monde d'inégalité*, Paris, éditions Albin Michel, 2003.

Si le qualificatif « global », largement sollicité dans le Rapport, n'est accolé qu'une seule fois à « approche », « *Une approche globale des problèmes s'impose...* », l'idée est bien là, répétée, avec « *politique* », « *mission* », « *interrogation* » ou « *réflexion* » toutes... « *globales* ». On ne peut s'empêcher se songer à trois choses.

Bien sûr au slogan du développement durable, bien postérieur au Rapport, « Penser global, agir local » qui d'ailleurs pourrait être inversé puisque le projet du Rapport, ascendant, est aussi de penser le local pour agir sur le global. Il y a là une posture qui me plaît bien : parier sur les piou-piou pour changer l'ordre des choses plutôt que l'inverse.

Également au second volet de la commande de Pierre Mauroy, avec l'insertion des jeunes, l'inter ou le trans-institutionnel : associer les acteurs de l'orientation, de l'emploi, de la formation, relier ce qui est dispersé... c'est-à-dire revenir à l'étymologie de complexité : *complexus* ou « ce qui est tissé ensemble ».

Enfin, c'est ce qui fera l'originalité des missions locales, l'approche globale recouvre le parti pris de l'insécabilité du jeune : ses besoins, les formes et les expressions de sa socialisation, sont multiples mais, dans sa perspective (on pourrait parler, une nouvelle fois avec Weber, de « perspective compréhensive »), cela constitue un tout auquel on ne peut répondre par le deuxième précepte du *Discours de la méthode*, celui de séparabilité : « diviser chacune des difficultés que j'examinais en autant de parcelles qu'il se pourrait et qu'il serait requis pour mieux les résoudre.. » Plutôt que la séparabilité, « La pensée complexe [*qui*] est la pensée qui embrasse le divers et réunit le séparé[41]. » Voilà en substance ce qu'est l'approche globale : le Sujet dans sa complexité et, mot du social, un partenariat aussi large que le nécessite la multidimensionalité des besoins. Évidemment, cette approche globale si évidente intellectuellement se heurtera à un principe de réalité car, si l'insertion est professionnelle et sociale, interrogeons-nous sur ces deux qualificatifs, à la façon de Saül Karsz parlant de son opposé, l'exclusion[42].

Professionnelle, l'insertion est visible, ancrée dans le temps et dans l'espace. Elle est finalement simple, c'est-à-dire appartenant à un registre de l'ordinaire complication où A sur B donne toujours C, la réponse étant l'emploi.

Sociale, l'insertion devient sans frontières, globale, un fait total... et complexe : A sur B donne toujours C'. Face aux calendriers politiques, donc institutionnels, l'adhésion intellectuelle cède sa place à la nécessité comman-

41 Edgar Morin, *Éthique. La méthode 6*, Paris, éditions du Seuil, 2004.
42 Saül Karsz, « L'exclusion : faux concept, vrai problème », (*dir.*) Saül Karsz, *L'exclusion, définir pour en finir*, Paris, éditions Dunod, 2000.

dée du résultat ou, formulé différemment, le complexe est abandonné au profit du compliqué. C'est à la fois ordinaire et consternant. L'insertion professionnelle questionne le marché du travail, l'entreprise, et, à l'échelle de la personne, l'indépendance économique mais l'insertion sociale interroge « la racine des êtres et des sociétés, leur souche, ce qui les tient, ce à quoi ils tiennent. » D'où l'inanité de ne vouloir traiter que la première alors qu'elle est imbriquée dans la seconde. Ainsi, toujours en suivant le raisonnement sur l'exclusion de Saül Karsz, « si l'absence de logement ou le manque d'emploi peut être comblé par un habitat ou un emploi, de son côté [*l'exclusion*] l'insertion sociale suppose une démarche globale, aussi radicale que le manque qu'il s'agit de combler… »

On ne serait plus dans la mythologie mais dans la mystification si l'on avançait que seules les missions locales peuvent revendiquer l'approche globale : celle-ci est explicite dans les textes des centres sociaux[43] et des foyers de jeunes travailleurs. Mais, en ce qui concerne la politique de l'emploi, cette globalité que l'on doit toujours comprendre avec ses deux volets d'insécabilité du jeune et de partenariat — jeunes/besoins et acteurs/réponses — est bien spécifique aux missions locales, justifiant d'ailleurs que la loi leur confie la responsabilité de l'accompagnement, devenu un nouveau droit-créance[44]. Parce que accompagner ce n'est pas seulement prescrire ou fournir une offre de services, c'est cheminer à côté et, comme au cours d'une promenade (qui peut être une marche éprouvante), échanger de tout et de rien, du grave et du léger, passer du coq à l'âne. Bref, appréhender le compagnon sous toutes ses facettes. Notons en passant que cette responsabilité et d'autres confiées aux missions locales n'ont pas été de tout repos, tant à l'échelle des acteurs locaux poussant des coudes pour le leadership dans l'orchestration de la mise en concurrence qu'à celle des chercheurs qui, bien souvent, sont otages de leur objet et en deviennent partisans : les missions locales seront par exem-

43 « La vision des centres sociaux et socioculturels ne fractionne pas la vie humaine en autant de segments qu'il y a d'administrations ou de prestataires de service : elle identifie ce qui fait la globalité de l'existence individuelle et des situations collectives. », *Charte fédérale des centres sociaux et socio-culturels de France*, texte adopté par l'Assemblée générale d'Angers, 17-18 juin 2000.

44 La loi n° 2005-32 du 18 janvier 2005 de programmation pour la cohésion sociale a inscrit dans le code du travail l'article L. 322-4-17-1 selon lequel « Toute personne de seize à vingt-cinq ans révolus en difficulté et confrontée à un risque d'exclusion professionnelle a droit à un accompagnement, organisé par l'État, ayant pour but l'accès à la vie professionnelle. » et l'article L. 322-4-17-2 : « L'accompagnement destiné aux bénéficiaires du droit mentionné à l'article L. 322-4-17-1 est mis en oeuvre, avec l'ensemble des organismes susceptibles d'y contribuer, par les missions locales pour l'insertion professionnelle et sociale des jeunes […] et les permanences d'accueil, d'information et d'orientation… »

ple mises en cause comme (*sic*) « catégorie [*qui*] tente d'imposer sa propre problématisation de l'insertion des jeunes, et de s'ériger en porte-parole de l'ensemble des acteurs impliqués de fait ou potentiellement à un titre ou à un autre dans l'œuvre d'insertion[45]. » ; ou encore comme participant d'une logique (*re-sic*) d'« handicapologie », « avec une conception thérapeutique de l'insertion [qui] permet une lecture à peu près acceptable de la faiblesse des résultats obtenus. Il y aurait pathologisation de l'échec[46]. » ; quant aux professionnels des missions locales, « agents d'insertion », ils seraient « le plus souvent des diplômés surnuméraires en quête de postes correspondant à la valeur antérieure de leurs titres, déclassés virtuels, soustraits au déclassement par la mise en place de ces dispositifs d'insertion qui, faute d'être toujours en mesure d'insérer leurs publics, permettent au moins d'insérer les inséreurs[47]. »...

On sait que, si le principe de l'approche globale est peu contesté frontalement, les réalités de terrain démentent régulièrement la capacité des institutions, alors même qu'elles reposent sur un principe lui aussi global, l'intérêt général, de s'extraire de leurs logiques cloisonnées (compétences arrêtées, éligibilité définie, publics-cibles, prestations fléchées...), des raisonnements disjonctifs... ceux qui éteignent la lumière[48]. La critique est rude : pondérons-la... Cette disjonction s'explique également, comme souligné, par la difficulté du complexe et, son corollaire, par la facilité du compliqué : « [...] plus que faire preuve de coupable indifférence envers les populations concernées, ou du cynisme vis-à-vis des travailleurs sociaux [...], ces administrations témoignent de l'extrême difficulté à nommer très précisément ce qu'insertion veut dire — à rapporter, en partie tout au moins, à un sérieux

45 Lionel Chaty, « La structuration de réseaux d'action publics pour l'insertion des jeunes, ou la domestication du jeune dans les quartiers », 2001, Algoé consultants, communication au colloque de la Société Française de l'Évaluation. La critique de Lionel Chaty s'appuie sur l'article de Michel Callon, « Éléments pour une sociologie de la traduction. La domestication des coquilles Saint-Jacques et des marins-pêcheurs dans la baie de Saint-Brieuc », *L'année sociologique* n° 36, 1986.

46 Denis Castra, *L'insertion professionnelle des publics précaires*, Paris, Presses Universitaires de France, 2003.

47 Gérard Mauger, « Les politiques d'insertion. Une contribution paradoxale à la déstabilisation du marché du travail », *Actes de la recherche en sciences sociales* n° 136-137, mars 2001. Ce mépris pour « l'humanisme » ou « l'idéologie consensuelle » est partagé par certains disciples de l'école bourdieusienne tels Xavier Zunigo (*Le travail d'insertion sociale et professionnelle en mission locale*, 2000, directeur de mémoire Robert Castel, mémoire, EHESS). Il trouve son fondement théorique sur l'idée que l'éducation populaire est une façon de résoudre sans crise la question sociale, donc comme la trahison de l'abandon d'une juste et indiscutable lutte des classes.

48 Philippe Labbé, « L'abbé Pierre était-il efficient ? », *Territoires*, ADELS, avril 2007.

déficit conceptuel[49] ». Déficit qu'en amont le Rapport n'a pas comblé puisque « l'insertion sociale, telle qu'elle est présentée par le texte, [*apparaît*] comme une valeur plutôt que comme une notion opératoire. »[50] Et pourtant, régulièrement, les institutions à leur plus haut niveau redécouvrent les vertus de l'approche globale. Ainsi, par exemple, l'Inspection générale des affaires sociales dans son rapport annuel 2005, *L'intervention sociale de proximité*, met-elle en avant la recommandation d'« une intervention globale centrée sur les personnes[51] »... Autre exemple, l'Association des Régions de France publiait en mars 2007 un *Manifeste pour l'accompagnement des jeunesses* recouvrant trois engagements : « mieux vivre... en faisant de chaque établissement de formation un lieu d'éducation et de vie ouvert sur la cité » ; « mieux s'insérer... en contribuant à une insertion sociale et professionnelle sécurisée pour chaque jeune » ; enfin « aider les jeunes à appréhender les mutations de notre société »... rappelant étrangement les mots de Pierre Mauroy en liminaire du Rapport, « *qu'ils* [les jeunes] *aient la possibilité d'acquérir la culture et la formation qui leur permettront de s'adapter aux changements à venir...* » Rien que du bon dans ce *Manifeste*, pourrait-on dire... Cependant, à l'échelle des missions locales responsables de cette insertion professionnelle et sociale, en charge d'une socialisation ouverte sur la cité et préparant les jeunes aux mutations, l'écart est patent entre ce déclaratif psychoaffectif réconciliateur et la réalité moins amène d'une commande que l'on peut bien souvent résumer à « faites entrer les jeunes dans les cases du programme régional de formation »... Comme l'écrit la Ligue de l'Enseignement, également en 2007 et dans un manifeste, « Agir pour une République qui tient ses promesses[52] », il y a en effet depuis de trop nombreuses années — et cela produit un effet de saturation ainsi que du scepticisme — trop de distorsions entre les mots et leur traduction effective : « Il faut éviter les discours d'affichage ou d'incantation [*que l'on songe au nombre de fois où l'insertion des jeunes a été depuis vingt-cinq ans présentée comme « un impératif national » !*] pour exprimer une volonté réelle de réduire les fractures qui traversent la société française et hypothèquent son avenir. Il faut que des engagements précis soient pris, que des calendriers soient élaborés, pour permettre la définition et la mise en œuvre de mesures plus soutenues dans la lutte contre les discriminations et pour l'égalité des droits. »

---

49 Saül Karsz, 2000, *op. cit.*

50 Dominique Mansanti, *op. cit.*

51 Inspection générale des affaires sociales, *L'intervention sociale de proximité*, rapport annuel 2005, « Pour une intervention globale centrée sur les personnes », Quatrième partie, Paris, La documentation Française, 2006.

52 Ligue de l'Enseignement, « Agir pour une République qui tient ses promesses », 2007.

Vingt-cinq années après son Rapport, Bertrand Schwartz bute sur le même constat... et avec lui les missions locales : « Il faut bien comprendre une chose, évidente, mais que les politiques ne veulent jamais entendre : en fait, quand on n'a pas de formation, on n'a pas d'emploi. Quand on n'a pas d'emploi, on n'a pas d'argent. Quand on n'a pas d'argent, on ne peut pas trouver de logement et on mange mal. Quand on n'a pas de logement et qu'on mange mal, on a des problèmes de santé. Et quand on n'a pas de logement et des problèmes de santé, on ne trouve pas d'emploi et souvent, au bout d'un certain temps, on n'a même plus l'énergie d'en chercher un. À partir de là, la pente des expédients et de la délinquance est proche, il suffit d'une mauvaise rencontre. Autrement dit, toutes ces problématiques sont intimement liées. Et cette évidence-là, on a beaucoup de mal à la faire comprendre[53]. » Les résistances à la pensée complexe, il est vrai, s'exprimèrent dès la création des missions locales, conformes au projet du Rapport mais expérimentales, avec la création d'un second réseau parallèle, lui centré sur la seule qualification professionnelle (et non sociale), réservé aux seize — dix-huit ans... et bien en main du ministère de la formation professionnelle : les PAIO. La force des besoins des jeunes, qui, bien évidemment, se sont adressés quels que soient leurs problèmes et leur âge là où c'était possible, aux PAIO comme aux missions locales, a eu raison de ce parallélisme institutionnel... mais au bout de combien de temps ? De la lenteur du métabolisme social...

Des ambitions et des réalisations

Frappante dans le rapport est la combinaison d'ambitions élevées parce qu'inspirées philosophiquement et, comme on vient de le voir avec le pragmatisme de Bertrand Schwartz, de propositions « ordinaires », terre-à-terre, tant en termes de réalisations pour les jeunes que d'organisation du nouveau dispositif de coordination des moyens à l'échelle locale. Si cette juxtaposition est contrastée, elle ne doit pas être pour autant considérée comme une opposition : « je dirais même qu'aujourd'hui [en 1993] je suis de plus en plus convaincu que plus l'ambition d'un projet social est grand, plus on arrive à le faire... Il faut, au fond, proposer des projets invraisemblables. Et plus ça va, plus les miens sont invraisemblables[54]. » En ce sens, les ambitions de Bertrand Schwartz s'articulent sur une conviction profondément humaniste et sur une pédagogie de l'imaginaire, parfois même jubilatoire, qui permet de compren-

53 Louise L. Lambrichs, 2006, *op. cit.*
54 Bertrand Schwartz, « La formation : une invitation permanente », Toulouse, *Parcours*, Les cahiers du GREP Midi-Pyréenées, 1994.

dre parce qu'elle passionne : « L'imagination permet à tous les niveaux de *comprendre*. Au sens étymologique de ce verbe. Elle permet de « prendre avec soi » le réel[55]. »

Est-il utile de revenir sur les ambitions, sinon pour constater qu'elles demeurent aujourd'hui plus que légitimes, un impératif moral… puisque, en l'espace de vingt-cinq ans, les conditions objectives faites aux jeunes d'accès à l'adultéité se sont dégradées jusqu'à ce qu'apparaisse avec le problème de la dette un scénario possible sinon probable de conflit intergénérationnel ? Vingt-cinq ans ? C'est même trop peu… Quand fût lancé cet appel « c'est le sort des jeunes qui se trouve le plus compromis chaque fois que des solutions de facilité renvoient à plus tard les mesures qu'exige la gravité de la situation présente » ? Le 16 juin 1953, par le *Conseil français des mouvements de la jeunesse* (« Appel lancé aux responsables des destinées du pays »). À l'heure de la « stratégie de Lisbonne », qui intègre la problématique du développement durable avec son volet de responsabilité vis-à-vis des générations futures, comment ne pas constater le fossé entre le discours et la réalité… pour la nième fois avec ou sans le mot d'ordre d'« impératif national » ? Les jeunes doivent travailler deux fois plus longtemps qu'en 1986 pour louer la même surface dans le même quartier et trois fois plus pour l'acheter… Si les baby-boomers à vingt-cinq ans disposaient d'un pouvoir d'achat trois fois plus élevé que celui de leurs parents au même âge, c'est désormais, selon les termes de Louis Chauvel, une part considérable des jeunes qui « doit s'attendre à vivre un vrai déclassement social[56]. » ; l'ascenseur social est devenu un descenseur ; si le diplôme constitue toujours une protection vis-à-vis de la durée probable de chômage, il n'exonère plus ses détenteurs du piétinement devant l'emploi : d'une part, l'insertion comme problème est l'affaire de tous les jeunes, plus seulement des « niveaux V et *infra* » ; d'autre part plus le diplôme est élevé, plus le déclassement sera fort : on tombe d'autant plus haut que l'on est monté ; enfin l'insertion est réversible, telle personne avec tous les attributs symboliques de l'intégration (pavillon en espace rurbanisé, tondeuse à gazon, lecteur de dvd et méchoui annuel du lotissement) se retrouvant en quelques mois à réparer des frigidaires dans une entreprise d'insertion… Noble institution, l'Académie des sciences politiques constate : « Une fracture entre les âges s'est ouverte au sein du monde du travail, comme si les jeunes — contraints pour la plupart d'évoluer d'emplois instables en emplois précaires — étaient voués à une longue « file d'attente » avant de pouvoir accéder

55 Georges Jean, *Pour une pédagogie de l'imaginaire*, Paris, éditions Casterman, 1976.

56 Louis Chauvel, « Fracture générationnelle : une jeunesse sans destin », *La nouvelle critique sociale*, La République des idées, éditions Seuil-Le Monde, 2006.

à l'emploi protégé réservé aux 30-55 ans[57]. » On peut sans réserve reprendre aujourd'hui les mots de Paul Nizan : « *J'avais vingt ans. je ne laisserai dire à personne que c'est le plus bel âge de la vie… Il est dur à apprendre sa partie dans le monde* »

Le Rapport, on l'a vu, n'est pas avare de propositions, du partage du travail aux emplois et aux activités d'intérêt collectif, de la validation des acquis au « *contrat de qualification professionnelle et sociale de base* » — « *CQPS-B* ». Encore s'agit-il, une fois la politique structurelle arrêtée, de décliner tout cela sur les territoires : ce sera aux « *missions d'animation locale* » ou « *missions locales* » d'assurer cette mise en œuvre… avec quatre qualificatifs : « *Des missions légères, temporaires, globales, adaptées…* »

Légères avec une « *petite équipe pluridisciplinaire composée de personnes mises à disposition* ». Temporaires puisque « *elles devront disparaître lorsque le vaste mouvement de décentralisation qui s'amorce aujourd'hui sera, sinon achevé, du moins suffisamment avancé.* » Globales, c'est-à-dire « *susceptibles de concerner tous les aspects de la vie sociale et individuelle des jeunes* » sans toutefois « *que toutes les réponses puissent y être apportées immédiatement* » — c'est bien l'idée de réseau partenarial. Enfin adaptées « *aux situations locales particulières des jeunes* ».

De ces caractéristiques attendues des missions locales, ne retenons que la deuxième, « *temporaires* » : la globalité est conforme au principe systémique fondateur et s'exprime concrètement dans une notion — dont on mesure la modernité toute relative — de « *guichet unique* » ; l'adaptation correspond à l'ancrage territorial et la légèreté est également aussi relative puisque, en 2005, la plus petite mission locale, Dun-sur-Auron, salarie 0,75 équivalent temps plein contre 109,82 pour la plus grande, Marseille. Au moins quatre raisons incitent Bertrand Schwartz à préconiser « *des missions locales temporaires* ».

Tout d'abord, comme observé, une quasi-foi dans le retour de la croissance, dans « *la relance économique* » : ce que la droite a laissé s'échapper, l'âge d'or du plein-emploi, la gauche va le reconquérir rapidement… même si cette croyance a posteriori bien naïve est pondérée par la conscience que la société française franchit un saut qualitatif vers une organisation où l'adaptabilité sera une compétence discriminante. Pierre Mauroy écrit : « *qu'ils* [les jeunes] *aient la possibilité d'acquérir la culture et la formation qui leur permettront de s'adapter aux changements à venir* » et Bertrand Schwartz répond « *la société technologique, qui s'insère dans une nouvelle forme de division mondiale du travail,*

57 Académie des sciences morales et politiques, *La France prépare mal l'avenir de sa jeunesse*, Paris, éditions du Seuil, 2007.

se construit à travers la crise actuelle ; elle demandera de nouvelles formes de qualification technologique, une nouvelle forme de culture. »

La deuxième raison participe d'un même registre de croyance, cette fois sur les possibilités d'évolution des institutions, et répond au second objectif des missions locales, distiller de nouvelles façons de faire — particulièrement la transversalité — par contamination et transférabilité progressives permises grâce aux mises à disposition : « *Le but d'un réseau d'animation locale pour l'insertion professionnelle et sociale des jeunes est d'aboutir, à terme, à ce que les structures existantes, qu'elles soient publiques, privées ou associatives, jouent pleinement leur rôle.* »

La troisième raison est tactique. Créant des missions locales sur la base d'un constat d'inadéquation de l'offre de services des différents acteurs en place, Éducation nationale et ANPE particulièrement, Bertrand Schwartz introduit un nouveau joueur dans le système et peut s'attendre à des résistances... ce qui sera le cas. « *Il ne s'agit de créer ni des structures parallèles aux structures existantes, ni une nouvelle administration... Elles devront disparaître lorsque le vaste mouvement de décentralisation qui s'amorce aujourd'hui sera, sinon achevé, du moins suffisamment avancé. De ce point de vue, d'ailleurs, les missions peuvent contribuer à accélérer le processus.* » Annoncer que le nouveau joueur ne restera pas longtemps à la table, c'est anticiper sur les résistances des joueurs installés. On sait que celles-ci ne tarderont guère à s'exprimer et perdureront : pour analyser les relations entre les missions locales et le grand frère ANPE, il vaut mieux être géologue que sociologue... tant celles-ci s'apparentent à la tectonique des plaques : frottements, chocs, glissements, recouvrements, fusions et failles. Quant à l'Éducation nationale... attirance et répulsion, conviction républicaine et modernité : de l'innovation pour créer des « Écoles de la 2e chance » à défaut de pouvoir interroger celle de la 1re chance.

La quatrième raison est la conviction de l'auteur sur la nécessité du changement et corrélativement sa défiance vis-à-vis d'une installation trop pérenne des structures pour que celles-ci, à un moment donné, ne soient pas tentées par un panachage de leur mission centrale, répondre aux besoins des jeunes, par le tropisme de toute organisation, consolider sa propre existence... voire mobiliser une partie de ses ressources pour soigner la maladie qu'elle a secrétée. Dans *Némésis médicale*[58], Ivan Illich nommait cela la « iatrogénèse », une « contre-productivité paradoxale ». Ivan Illich — ce n'est certes pas un hasard — appartient à ce mouvement de penseurs-acteurs internationalistes

58 Ivan Illich, *Némésis médicale*, Paris, éditions du Seuil, 1975.

(Cuernavaca, base stratégique d'Illich au Mexique, fût avant l'heure une sorte de Porto Alegre) et inspirés par le catholicisme social (Illich embrassa le sacerdoce puis redevînt laïc) qui a irrigué la « deuxième gauche française » au cours des années soixante-dix et qui a trouvé, par exemple dans la revue *Esprit*, un soutien pour l'expression d'une critique sociale à la fois anti-capitaliste et humaniste. Deuxième gauche dont Bertrand Schwartz est un acteur, qui court de Jacques Delors à Pierre Rosanvallon, de Pierre Mendès France à Edmond Maire, qui exerce sa critique tant à l'encontre du capitalisme que du marxisme et qui promeut, pour reprendre les mots d'Emmanuel Mounier définissant le personnalisme, « le primat de la personne humaine sur les nécessités matérielles et sur les appareils collectifs[59]… »

Cette question est celle de l'institutionnalisation[60], c'est-à-dire de la légitimité accordée par les pouvoirs publics au nom de l'intérêt général, souvent confondue avec la bureaucratisation. Cependant, si institutionnalisation et bureaucratisation ne sont pas synonymes, le problème posé est celui de la compatibilité ou non entre l'institutionnalisation et l'innovation. En effet, si la précarité n'est certainement pas une assurance d'originalité et de novation (contrairement à la thèse de la créativité du poète maudit ou à celle, néolibérale, qui voudrait parer l'insécurité sociale de vertus libératrices d'énergie, la sécurité générant a contrario l'assoupissement), l'institutionnalisation n'en est pas plus une garantie. En revanche, la position d'un entre-deux, permettant des zones d'incertitude donc de dépassement de la stricte commande politique et institutionnelle, associe les bénéfices d'une stabilité et d'une dynamique d'innovation. Cet entre-deux, à l'étude des vingt-cinq années écoulées depuis le Rapport, correspond à un système de relations par opposition dont les missions locales sont à la fois captives et bénéficiaires.

- Elles s'organisent entre, d'un côté, l'impératif économique et, de l'autre, l'impératif social. Le premier obéit au pragmatisme, le second à l'éthique.

- Elles oscillent entre un réalisme (on forme des agents) et une ambition émancipatrice (on vise des acteurs). Le réalisme est sectoriel, l'émancipation est systémique.

- Elles balancent entre la priorité à la commande publique et la priorité au sujet privé. Avec la commande, c'est la logique gestionnaire. Avec le sujet, c'est la logique pédagogique

---

59 Emmanuel Mounier, *Le personnalisme*, (1949), Paris, Presses Universitaires de France, 2005.

60 Philippe Labbé, « Missions locales : l'institutionnalisation aux dépens de l'innovation ? », *Actualités Sociales Hebdomadaires* n° 2391, 21 janvier 2005.

- Elles hésitent entre la personne singulière et celle-ci avec d'autres comme acteur collectif. Dans un cas, c'est la tradition du travail social, dans l'autre plutôt celle de l'intervention sociale.

- Elles godillent entre des priorités accordées à la rationalité des moyens ou à la fidélité aux fins. Les moyens appellent les compétences, c'est-à-dire le professionnalisme. Les fins appellent le sens de l'action, c'est-à-dire la professionnalité.

- Elles trébuchent entre la gestion de l'employabilité, avec le pari de la deuxième chance pour tous, et celle de l'inemployabilité, c'est-à-dire l'incapacité à modifier l'ordre dans la file d'attente… voire le renforcement de cet ordre inéquitable.

- Elles évoluent entre le modèle, rassurant mais promis à l'obsolescence, d'une trajectoire linéaire et celui, inconnu, d'une gestion des discontinuités.

- Elles mobilisent des mesures de discrimination positive tout en s'entendant reprocher leur participation à la déstabilisation du contrat de travail « ordinaire ».

Assurément, cette nomenclature pourrait être abondée mais son esquisse suffit puisque l'on y lit qu'aucune des alternatives n'appelle une seule solution et que, conséquemment, la qualité des réponses tient précisément à des interprétations presque au cas-par-cas… avec une posture elle aussi dialogique : loyauté et indiscipline ou, selon les mots de Bertrand Schwartz, en 1981, « *Agir dans le sens des priorités décidées par le gouvernement* » et, en 2006, « Quand le national prenait des mesures, il fallait que nos décisions soient cohérentes avec elles, mais en les dépassant[61]. »

Ainsi le changement, non pour lui-même mais pour innover, parce que ni le droit commun, ni le marché ne suffisent à résoudre un problème posé depuis plusieurs décennies, m'apparaît-il consubstantiel aux missions locales… à deux conditions : qu'institutionnalisées elles ne cèdent pas à la tentation de l'auto-reproduction institutionnelle ; qu'apprenantes elles garantissent à leurs acteurs les temps de la réflexion et de la réflexivité faisant leur l'adage selon lequel « À force de sacrifier l'essentiel à l'urgence, on parvient à en oublier l'urgence de l'essentiel… ». Cependant, je le constate, peu parviennent à l'essentiel et beaucoup cèdent à l'urgence.

61 Louise L. Lambrichs, 2006, *op. cit.*

Une méthode

Les derniers mots du Rapport, « *Rien ne se fera sans les jeunes.* », expriment ce qui, de longue date et toujours aujourd'hui — sans doute même plus que jamais, renforcé par des décennies d'expérimentations — est l'axiome de Bertrand Schwartz : la participation. Il nous le rappelle dans l'introduction de cet ouvrage (« développer la recherche-action collective », « organiser l'écoute », assurer le consensus minimum », « afficher la place de chaque personne ») comme il l'écrivait trois années avant le Rapport... dans un autre rapport « explosif... et resté secret[62] » (jusqu'en 2006) sur l'éducation permanente pour le Conseil de l'Europe. À celles et ceux tentés de croire qu'une réflexion datant de 1978 serait par définition obsolète, on peut poser cette alternative qui invite à réfléchir sur un des axes majeurs de l'activité des missions locales, la formation : « L'objectif politique [*de la formation*] est-il de développer l'autonomie de l'individu, du « sujet social », comme aptitude à gérer sa vie (c'est le sens même du mot autonomie), l'objectif de la formation est alors de susciter cet apprentissage de l'autonomie, tout d'abord à l'intérieur même de la situation de formation : il s'agit là d'une action de responsabilisation qui devrait aller jusqu'à donner à l'individu la responsabilité de ses objectifs, de ses contenus, de ses méthodes, jusqu'à lui déléguer le pouvoir de la décision. L'objectif politique est-il au contraire de réaliser une adaptation plus adéquate des individus aux exigences des structures, la formation choisit alors de privilégier l'apport d'apprentissages très précis : c'est un peu le degré zéro de la participation, dont l'illustration est la formation professionnelle pointue, ou encore les cours dits de promotion sociale qui préparent à des diplômes[63]. » Question à l'étude des structures : jamais, sans doute, n'a-t-on été aussi peu avare de l'expression « le jeune au centre »... mais, dans les missions locales et particulièrement du fait que les financements régionaux sont largement déterminés par la prescription de formations pré-qualifiantes ou qualifiantes, la formation répond-t-elle au projet d'autonomie du « sujet social »... ou à celle de remplir les stages, c'est-à-dire le « degré zéro de la participation » ?

La participation est une méthode qui ne se discute pas. S'inscrivant en droite ligne dans la généalogie de la recherche-action (Lewin, Freire...), encore une fois de la systémie (les conditions d'atteinte des objectifs comptent tout autant que l'atteinte de ces objectifs...), des nouvelles pédagogies[64] et de

---

62 Louise L. Lambrichs, 2006, *id.*

63 Conseil de la coopération culturelle, *Éducation permanente*, rapport final, *(dir.)* Bertrand Schwartz, « Éducation & Culture », CCC/EP (77) 8 révisé, 21 janvier 2005.

64 Bertrand Schwartz est l'auteur de *L'éducation demain*, Paris, éditions Aubier Montaigne, 1973 et de *Une autre école*, 1997, *op. cit.*, Il est fait référence dans le Rapport aux

l'éducation populaire, on pourrait à loisir illustrer ce parti pris du faire avec et non du faire à la place, du prendre en compte et non du prendre en charge : « La JOC-JOCF est un mouvement d'éducation par l'action. Nous ne donnons pas aux jeunes un savoir tout fait[65]... » ; « Nécessité d'une éducation globale et permanente... en vue de permettre aux enfants, aux jeunes et aux adultes de prendre en charge, individuellement et collectivement leurs responsabilités respectives dans la construction de la société. Cet effort... doit être fondé sur la participation de tous les citoyens[66]. » Par la méthode de la participation, par le concept d'approche globale, par le projet d'innovation donc de transformation sociale, les missions locales s'inscrivent dans le mouvement de l'Éducation populaire et l'on ne peut que s'étonner de leur discrétion vis-à-vis de cette riche filiation : si leurs principaux interlocuteurs sont logiquement les acteurs du service public pour l'emploi, une place plus importante pourrait être faite aux enfants de Condorcet[67].

Des limites

Bis repetita placent... Étrange de constater les similitudes entre le *Rapport Schwartz*, septembre 1981, et le rapport de l'Académie des sciences morales et politiques *La France prépare mal l'avenir de sa jeunesse*, janvier 2007[68]. On l'a vu, dès sa première phrase, le premier prévient « *Les jeunes représentent tout, sauf un ensemble homogène. Selon leur classe sociale, selon qu'ils sont garçons ou filles, selon le lieu où ils habitent, leurs problèmes sont différents ou plus ou moins graves* » mais ajoute « *Ce qui les* [les jeunes] *unit, c'est leur désespérance devant l'absence de perspectives* ». L'Académie, dans

nouvelles pédagogies pour permettre aux jeunes l'apprentissage de leurs loisirs : « ... *c'est d'abord dans la pratique scolaire (classes coopératives) et la revalorisation et la recherche de nouvelles pédagogies que ce souci devrait être intégré.* »

65 Régis Rossignol, « Éducation par l'action. La pratique de la JOC », Fédération nationale Léo-Lagrange, *Éducation populaire*, revue *Pour* (hors-série), éditions GREP-L'Harmattan, 1990.

66 « Déclaration des associations de jeunesse, d'éducation populaire et de développement culturel », 27 mai 1968.

67 La Charte des foyers de jeunes travailleurs (UFJT, 1996) énonce « Participant à la politique de la jeunesse, fidèles à notre vocation d'éducation populaire et de promotion sociale, nous adoptons une approche globale et individualisée de chaque jeune... C'est en aidant les jeunes à se construire personnellement que nous pouvons promouvoir leur citoyenneté et faire reconnaître leur droit de cité. » La Charte des centres sociaux (Angers, juin 2000) rappelle quant à elle dans ses « valeurs de références » que « se plaçant dans le mouvement de l'éducation populaire, les centres sociaux et socio-culturels fédérés réfèrent leur action et leur expression publique à trois valeurs fondatrices : la dignité humaine, la solidarité et la démocratie... »

68 Académie des sciences morales et politiques, 2007, *op. cit.*

l'introduction du second, écrit « Ce sont ainsi plusieurs jeunesses qui coexistent ; elles connaissent des conditions d'existence hétéroclites ; elles mènent des vies différentes ; elles portent des projets et des destins divergents… » et, parlant de « désenchantement », ajoute « Mais si tous ne subissent pas l'angoisse, la précarité ou l'exclusion, les tensions ne se transmettent pas moins, de plus en plus systématiquement, à travers toute la jeunesse. » Au terme de son constat et avant ses propositions, le *Rapport Schwartz* avertit des deux « *limites* » à l'opérationnalité de ces dernières :

L'école : « *Le problème scolaire, qu'il n'est pas de notre rôle de traiter, pèse aujourd'hui d'un poids que tout le monde s'accorde à reconnaître comme lourd : si ce poids n'était pas rapidement allégé, il serait même à redouter que nos propositions elles-mêmes en soient affaiblies, tant pour leur efficacité que pour leur crédibilité.* […] *C'est pourquoi, si des modifications profondes du système éducatif ne sont pas réalisées, les effets des politiques antérieures qu'on nous demande de combattre, se reproduiront indéfiniment et les mesures que nous proposons perdront leur sens.* »

L'emploi : *« Sans un développement de l'emploi, les mesures proposées risquent de perdre de leur portée.* »

Un quart de siècle plus tard, l'Académie avance dans son introduction exactement les deux mêmes facteurs : « L'échec de la démocratisation scolaire, par exemple, génère des troubles différents mais solidaires dans l'ensemble de la jeunesse. […] De même, l'anémie du marché de l'emploi suscite pour tous les jeunes des contraintes nouvelles. L'insuffisance des emplois pousse au déclassement de nombreux diplômés, ce qui réduit d'autant les chances offertes aux jeunes moins qualifiés. »

L'école…

De l'école, disons que dès le Rapport puis avec les missions locales la problématique sera toujours ambiguë : « Je vais vous faire un aveu. Lorsque j'ai fait mon rapport en 81, à la demande du Premier ministre, il m'a dit : « Je vous demande de ne pas parler de l'école. » Naturellement qu'il faut la changer[69]. » Bertrand Schwartz, lui-même enseignant, est comme tous les pédagogues progressistes : dedans, convaincu d'« *un service public qui est responsable du projet pédagogique et de son unité* », refusant « *la création d'un système éducatif parallèle et ségrégationniste* »… et à la marge, lucide quant à la nécessité de « *repenser progressivement l'ensemble du système éducatif.* » Position difficile qu'il partage avec Roger Cousinet, inspecteur de

69 Bertrand Schwartz, 1994, *op. cit.*

l'enseignement primaire et fondateur en 1946 de *l'École nouvelle française*, avec Célestin Freinet, instituteur et fondateur en 1947 de *l'Institut coopératif de l'école moderne* dont la charte s'appelle « Perspectives de l'éducation populaire », avec Fernand Deligny, lui aussi instituteur (il démissionna cependant en 1943 pour rejoindre la Sauvegarde de l'Enfance et de l'Adolescence.) Sans doute pourrait-on raccrocher tout cela à une longue généalogie humaniste et remonter aux trois principes de Comelius, philosophe et pédagogue du... XVIIe siècle : principe de continuité, l'éducation du berceau à la tombe ; principe d'intégralité, former un homme complet ; principe d'universalité, former tous les hommes. Vingt-cinq années plus tard, la question de l'école se pose en des termes comparables : comment la changer sans la sacrifier sur l'autel des impératifs marchands, des nécessités économiques, des réponses aux seuls besoins de l'appareil productif qui se soucie comme d'une guigne de culture, d'humanités et de tête bien faite sinon pour rétrécir cette dernière au « savoir-être » comportemental si utile pour s'adapter à la flexibilité ? Comment éviter que, comme indiqué précédemment, en promouvant « l'école de la deuxième chance », on s'exonère d'apporter des réponses aux dysfonctionnements de « l'école de la première chance » et que, ce faisant, on soit perpétuellement dans le curatif aux dépens du préventif ? Car, en amont, on poursuit allègrement « un véritable génocide pédagogique », selon l'expression de Christian Forestier, inspecteur général de l'Éducation nationale : de très loin, en 2003, la France est avec 38 % d'élèves ayant redoublé au moins une fois le premier pays de l'OCDE à choisir, probablement sous couvert de méritocratie scolaire, une pédagogie de l'échec plutôt que de la réussite[70].

L'emploi...

Avec l'école en amont, une seconde limite est posée en aval, l'emploi. Certes, il y a l'espérance d'une relance économique mais, toujours pragmatique et ne pouvant évidemment s'arrêter à ce seul espoir, Bertrand Schwartz traite de l'emploi selon plusieurs perspectives, depuis ces activités socialement utiles jusqu'au partage du travail... sans toutefois aller jusqu'à ce qui serait un saut qualitatif, de la revendication social- réformiste à la revendication politique radicale, le partage du capital. En ce qui concerne l'entreprise, le constat est celui d'une sélectivité... pour le moins toujours d'actualité et même accentuée : « *La sélection opérée par l'école se double désormais d'une sélection impitoyable par le marché du travail, qui exclut les jeunes les moins qualifiés.* » Toutefois, bien avant les shows Tapie de promotion de

70 Martine Laronche, « École : redoubler à la française », *Le Monde*, 13 mars 2007.

l'entreprise, une marque du Rapport est la non-diabolisation de l'entreprise. Tout au contraire, dès lors que la partition des responsabilités est claire — « *à l'État d'assurer aux jeunes une qualification professionnelle et technologique de base, de reconvertir ou d'adapter la qualification des jeunes demandeurs d'emploi aux exigences du marché du travail* » et aux « *entreprises de pourvoir à l'adaptation des jeunes aux situations de travail, d'assurer le perfectionnement et le recyclage pour maîtriser les évolutions technologiques et s'adapter aux nouveaux marchés…* » —, l'entreprise, en tant qu'entité économique mais aussi humaine avec les « partenaires sociaux », est appréhendée comme un acteur de l'insertion, particulièrement avec l'alternance qui organise autour du jeune un partenariat, volet « offre » de l'approche globale. De cette façon de regarder l'entreprise, que l'on aurait pu a priori imaginer distante sinon défiante de la part d'un homme de gauche doublé d'un enseignant, on peut, me semble-t-il, tirer quelque enseignement. Tout d'abord, la cohérence de cette posture au regard de l'approche globale et de la non-hiérarchisation entre sphères économique et sociale. Ensuite la nécessité pour les accompagnants d'abandonner leur bure thérapeutique pour s'impliquer dans le tissu économique où sont les entreprises sans se limiter au marché institutionnel du travail.

Les économistes Pierre Cahuc et André Zylberberg, s'appuyant sur la thèse de la « destruction créatrice » de Schumpeter, font une objective démonstration du mouvement permanent et important que recouvre le marché du travail[71]. Ainsi « en France, chaque jour ouvrable, 10 000 emplois disparaissent et autant sont créés… 30 000 personnes quittent leur emploi et… 30 000 en retrouvent… » et, toujours chaque jour ouvrable, « 6 000 personnes démissionnent et 4 000 partent à la retraite. » On peut faire l'exercice simple de rapporter ces données à l'échelle de la population active d'un territoire de mission locale et l'on approche — grosso modo bien sûr, toutes choses n'étant pas égales : bassins dynamiques ou atones — la réalité quantitative du marché du travail, pas celle filtrée par le canal institutionnel. Sans développer ici la signification d'une telle circulation en termes d'enjeu pour les missions locales, on peut toutefois dire que la veille s'impose comme un point de passage obligé de l'organisation des structures car, si cette veille n'est pas effective, on peut sans peine imaginer que la quasi-totalité de ces emplois échappera — comme toujours — aux jeunes des missions locales, ceux exonérés, obtenus au forceps et générateurs d'effets d'aubaine ou de substitution leur étant réservés. On le sait, à compétences, formation et qualification égales, c'est le capital social, c'est-à-dire la capacité de saisir les opportunités parce que l'on

71 *Le chômage, fatalité ou nécessité ?* , Paris, éditions Flammarion, 2005.

dispose de beaucoup de liens (dits « faibles »), qui font la différence. Or les jeunes qui s'adressent aux missions locales sont rarement les mieux dotés en capitaux. Il ne s'agit donc pas d'angélisme, l'entreprise étant supposée naturellement bonne[72], mais d'obligation professionnelle et déontologique : si les résultats mitigés — « de simples palliatifs[73] » ? - obtenus par le secteur de l'insertion s'expliquent par le choix politique de protéger les inclus de trente à cinquante-cinq ans, donc de réserver la précarité aux deux extrêmes générationnels, ainsi que par des variables indépendantes des acteurs de l'insertion (ne serait-ce que la décision d'embaucher), on peut cependant imaginer que l'essai de la rencontre avec l'entreprise est à transformer. Transférer du capital social ne peut s'obtenir sans qu'en amont il y ait porosité entre les missions locales et les entreprises.

Précisons que, si la veille sur le marché du travail reste à développer, elle ne s'y limite pas. Explicitée comme telle depuis peu d'années, la veille n'est cependant qu'une reformulation moderne d'une des missions inscrites dans la *Charte de 1990* : « À partir d'un diagnostic permanent de la situation des jeunes, d'une connaissance approfondie du tissu économique et social... » Cependant combien de missions locales parviennent-elles à être sur leurs territoires de véritables observatoires des jeunesses ? Il y a là pourtant, me semble-t-il, un besoin à combler pour répondre aux questions « Que vivent ici nos jeunes ? Qu'attendent-ils ? » ainsi qu'un facteur de légitimation des structures qui ne peuvent se satisfaire d'être interrogées au rythme des soubresauts sociaux qui agitent les quartiers...

S'agissant de l'emploi, on ne peut faire l'économie d'élargir la question à la problématique du rapport au travail. Il a été dit que, pour certains de ses passages, le Rapport constituait une réponse à *L'allergie au travail*[74], ouvrage du pédiatre Jean Rousselet, paru en 1974. À la thèse du refus du travail par les jeunes — « une fuite presque générale devant les responsabilités, les initiatives, les tâches de commandement et d'encadrement » — le Rapport oppose « *ils ne refusent pas le travail, ils le désacralisent.* »... recourant au quasi-même verbe puisque Rousselet écrivait « En se refusant à sacraliser aveuglément le travail et n'importe lesquelles de ses formes, ils témoignent en effet probablement de plus de lucidité qu'il ne peut paraître à travers le désordre de leurs révoltes. » Comment ne pas considérer que ce rapport au travail n'est pas

72 Philippe Labbé, « L'entreprise naturellement bonne, les structures d'insertion culturellement déficitaires », *Actualités Sociales Hebdomadaires* n° 2471, 29 septembre 2006.

73 Académie des sciences morales et politiques, 2007, *op. cit.*

74 Jean Rousselet, *L'allergie au travail*, Paris, éditions du Seuil, 1974.

toujours et plus encore une question d'actualité pour les professionnels des missions locales... à défaut d'être une question politique controversée dans le consensus ambiant autour de la « revalorisation du travail » qui condamne un thème présent explicitement dans le Rapport, « *le partage du travail* » (« *Notre action vise trois grands objectifs : agir sur le partage du travail : pour un temps de travail choisi...* »)?

Car, en effet en dehors de ce que l'on pense et l'on croît (c'est-à-dire pour une part l'idéologie), les faits sont décidément toujours têtus. Dans un article « La place du travail dans les identités[75] », trois auteures, qui s'appuient sur plusieurs enquêtes (CFDT, *Le travail en questions*, 2001, *European Values Survey*, 1994...) dont particulièrement celle de l'INSEE *Histoire de vie* (2003), écrivent : « Si 40 % des personnes interrogées et 54 % des actifs jugent que le travail est l'un des trois éléments qui « leur correspondent le mieux, qui permettent de les définir », il vient en seconde position loin derrière la famille. 7 % des personnes interrogées considèrent le travail comme l'élément principal de leur identité et 60 % des enquêtés ne citent pas le travail parmi les trois thèmes d'identification. » Ainsi, « le travail semble concurrencé par d'autres activités, domaine de vie ou valeurs... » ce qui, on en conviendra, n'est guère éloigné de la notion de « désacralisation ». Question d'actualité non théorique mais de pratique professionnelle quotidienne parce que, les jeunes n'étant pas sots, ont tiré des conditions d'accès à l'emploi qui leur sont réservées les conclusions qui s'imposent : pour assumer la précarité, il faut faire de nécessité (le non-travail) vertu (le temps libre) et, en l'occurrence, pondérer son investissement dans le travail à la hauteur (minimale) des garanties données. Mais alors comment faire, travaillant en mission locale, alors qu'on est évalué à la seule aune de l'accès à un « emploi durable », dont on sait qu'il participe de l'illusionnisme social, de la pure classification administrative, voire de la quête du Graal (DEFM catégorie 1 : « disponible immédiatement, à la recherche d'un contrat à durée indéterminée et à temps complet »), et lorsque le travail se résume *par la force des choses* à l'emploi, voire au job, à sa perspective strictement instrumentale aux dépens de ses dimensions sociale et symbolique? Ceci sans même évoquer ces conseillers-ères de La Réunion face à un taux de chômage des jeunes à 60 %[76]...

75 Hélène Garner, Dominique Méda, Claudia Senik, « La place du travail dans les identités », INSEE, *Économie et Statistique* n° 393-394, 2006.

76 À La Réunion où sont implantées quatre missions locales, 26 % de la population est couverte par le RMI, l'emploi aidé représente en moyenne annuelle un emploi sur quatre, le « marché de l'insertion » est face à un « marché de l'emploi saturé » et organise « l'agitation des stocks ». Nicolas Roinsard, *La Réunion face au chômage de masse. Sociologie d'une société intégrée*, Rennes, Presses Universitaires de Rennes, 2007.

Revaloriser le travail, admettons, mais quel travail? Cachez ce sein du partage du travail que l'on ne veut pas voir : en est-on bien certain? Augmenter les taux d'activité des jeunes, des seniors, des femmes? Autant d'objectifs européens — « Stratégie européenne pour l'emploi », « Plan national d'action pour l'emploi », « Programme national de réforme », « Cadre de référence stratégique national »... — vis-à-vis desquels on peut se demander, même si les données nationales accusent objectivement un retard par rapport à nos voisins, si la meilleure stratégie pour les atteindre n'est pas de lutter en amont contre la sélectivité du marché du travail pour les jeunes plutôt que d'essayer de « convaincre », plus probablement de forcer, celles et ceux qui après trente ou quarante ans de salariat aspirent au repos... Car oui, « de plus en plus de gens ressentent au contraire que leur travail est une impasse, une voie de garage, que cela ne peut pas continuer comme ça pendant toute leur carrière, qu'ils sont en train de s'user, qu'ils n'ont pas de perspectives[77]. » Ainsi, plutôt que se retourner vers les chômeurs ou les jeunes, qui manqueraient — dit-on — d'investissement dans le travail, ne doit-on pas faire en sorte que ceux qui proposent le travail, les employeurs, mettent en place les conditions effectives de sa revalorisation? S'il faut donc socialiser les jeunes, il faut également et en amont selon l'expression de Dominique Méda « civiliser l'entreprise[78] ». Car, incontestablement, le travail devrait permettre d'occuper « sa place », au sens de Lipietz, c'est-à-dire « quelque chose qui assure à la fois les moyens de vivre, une reconnaissance sociale et une certaine estime de soi, une image positive de soi[79]. » Le travail, en tant que situation propre et en tant que situations renouvelées, est donc dans sa version emploi une garantie d'indépendance économique; dans sa version échanges, une gratification du sujet; dans sa version statut, une possibilité pour le sujet de trouver sa place dans le collectif, de s'y construire, d'y construire et d'adapter autant de rôles sociaux que nécessaires. Tout cela demeure et tout cela évolue historiquement, en particulier les investissements que l'on peut miser... d'autant plus qu'ils varient suivant les personnes et leurs postes occupés : postuler que le travail est la pierre angulaire de la « bonne vie » et que « les emplois requièrent de la part des salariés un engagement important[80] » associé — pourquoi s'en priver? — à « l'élan vital » de Bergson semble bien trop général pour être réaliste. À qui

77 Michel Gollac, « *Le Travail et les Travailleurs ont changés* », (dir.) Jean-Pierre Gélard, *Travailler plus, travailler moins, travailler autrement,* Rennes, Presses Universitaires de Rennes, 2007.

78 Dominique Méda, *Qu'est-ce que la richesse ?* Paris, éditions Aubier, 1999.

79 Alain Lipietz, « Les défis de l'après-fordisme », *C'est quoi le travail ?* Paris, revue *Autrement* n° 174, 1997.

80 Edmund Phelps, « Pas de bonne vie sans travail », *Le Monde*, 25-26 février 2007.

fera-t-on croire que le nettoyage industriel aux pâles heures matinales en zone industrielle périphérique, donc déjà accessible avec difficulté, ou que l'abattage de volailles sur une chaîne peut correspondre à un… « élan vital » ? Cela répond à un strict besoin de survie économique. Ainsi, lorsqu'Alain Supiot écrit que « la face la plus hideuse et la plus inquiétante du chômage n'est pas tant la privation de revenus… que la destruction de l'identité de chômeur, qui l'expose aux diverses formes de la marginalisation[81] », il ne fait que reprendre le constat partagé par tous les intervenants sociaux quant aux dégâts identitaires du chômage : déliaison, disqualification, désaffiliation, exclusion… Cependant, les perspectives économique et identitaire ne peuvent être dissociées et hiérarchisées au service d'une thèse selon laquelle la gravité — incontestable — de l'identité affectée signifierait in fine que le travail serait « constitutif de l'identité, au sens anthropologique », c'est-à-dire une valeur centrale : c'est parce que le non-travail recouvre le chômage qui lui-même correspond à un manque de revenus, donc dans un monde marchand à des possibilités d'échanges, que la personne se trouve dans une spirale disqualifiante. À l'inverse, sans emploi mais riche (rentier, gagnant du loto, fin boursicoteur…), il est probable que la désaffiliation serait compensée par des affiliations extraprofessionnelles… et que le non-travail deviendrait supportable, le travail perdant du coup sa valeur ontologique. Comme historiquement démontrée, la centralité du travail, cette identité « anthropologique » est donc relative, y compris géographiquement comme l'analyse Nicolas Roinsard pour La Réunion où « l'intégration des individus est toujours et avant tout une intégration territoriale et communautaire[82] »…. De la sorte, oui la « perte d'emploi » est une « perte de soi », et ce n'est ni la « seule question financière qui intervient », ni la seule destruction de l'identité : c'est « un ensemble de facteurs parmi lesquels la remise en jeu de l'image de soi, de ce que l'on vaut, de ce à quoi on sert et l'indignité, l'injustice, dont on est frappé[83] ». La conscience ou préconscience de ce risque conduit à se préserver en distanciant la valeur travail. Le phénomène est particulièrement prégnant pour les jeunes femmes qui intériorisent plus tôt le « deuil des aspirations », expression particulièrement désespérante à l'âge — théorique — des conquêtes. Ici également, il faut maintenir une vigilance présente dans le Rapport — « *En particulier, lorsqu'on traite, d'une façon générale, des problèmes des jeunes, on néglige, de fait, de nombreux problèmes spécifiques aux jeunes femmes.* » — vis-à-vis du stéréotype « du jeune » implicitement

81 Alain Supiot, « Le travail, liberté partagée », *Droit social*, septembre-octobre 1993.
82 Nicolas Roinsard, 2007, *op. cit.*
83 Danièle Linhart (avec Barbara Rist et Estelle Durand), *Perte d'emploi, perte de soi*, Ramonville Saint-Agne, éditions Érès, 2003.

masculin s'adressant à la mission locale : 52 % des « premiers accueils » en 2005 sont des jeunes femmes et, comme à l'accoutumée, celles-ci, pourtant plus diplômées que leurs homologues masculins[84], se cognent à un plafond de verre qui s'ajoute au — expression québécoise imagée — « plancher qui colle » commun à presque toute la jeunesse.

La question posée aux professionnels de l'insertion est que, les jeunes n'étant ni rentiers, ni gagnants du loto ou lauréats de la *Star'Ac* (mais y rêvant), nombre d'entre eux se protègent du désenchantement par le cordon sanitaire de la mise à distance mentale du travail, s'y investissent plus tactiquement et par opportunité que stratégiquement... toutes choses aussi peu en phase avec le discours de la « revalorisation du travail » que peu compatibles avec le projet d'insertion professionnelle relativement linéaire tel qu'on pouvait l'imaginer dans les années quatre-vingt.

Il faut donc changer les modèles à penser l'insertion — ce qui devra être l'ambition du futur rapport appelé par Bertrand Schwartz — en prenant le soin de ne pas verser dans une simple soumission aux « exigences » du marché (ce qui serait aussi idéologique que l'inverse, c'est-à-dire de ne pas en tenir compte parce qu'elles apparaîtraient « impures »), ni céder par courtisanerie et intérêt financier bien compris aux obligations de prescription pour démontrer que tel programme ou tel dispositif répond bien à ses objectifs. **Car c'est dans cette inversion que réside principalement, à mon sens, le malaise qui s'exprime dans le réseau des missions locales : les programmes et dispositifs ne sont plus des outils que l'on saisit en fonction du projet du jeune, accouché à partir de l'écoute, de la compréhension et de la négociation, mais ce sont les jeunes qui sont saisis pour répondre à la démonstration de la pertinence de ces programmes**[85]. Comme l'exprime René Passet, « Quand on est au pouvoir, il faut des résultats, il faut un programme. Mais le programme a fait oublier le projet[86]. » Le projet participe de la démocratie et les missions locales, à leur création, participaient d'un projet politique démocratique. Or la démocratie, comme l'écrivait Ernest Barker, « vit dans l'air libre de la pensée toute vive et la discussion des principes est aussi nécessaire à son existence que celle de la politique à adopter... »[87]

84 Conseil national des missions locales, *Bilan d'activités 2005 des missions locales et PAIO*, janvier 2007.

85 Ce basculement peut être daté avec le Crédit formation individualisé en 1989, l'embauche de 3000 « correspondants CFI », personnels propres aux dépens de la logique de « MAD » (mises à disposition). Symptomatiquement, c'est à ce moment que dans les missions locales les « coordonnateurs », par définition horizontaux, cèdent la place aux « directeurs », tout aussi par définition verticaux.

86 Actuchômage, « L'invité : René Passet », www.actuchomage.org, juillet 2005.

87 Ernest Barker, *Plato and his predecessors,* Londres, Methuen, 1948.

Quels jeunes ?

Une troisième limite ou, plus exactement, une ambiguïté pourrait être relevée qui, aujourd'hui, est bien d'actualité. Le Rapport s'adresse aux jeunes de seize à vingt-et-un ans. L'accession de plus en plus difficile au monde du travail et l'allongement de la scolarité, plus largement d'une « adolescence interminable[88] », ont dilaté la classe d'âge jusqu'à vingt-cinq ans. Mais de quels jeunes s'agit-il ? De tous les jeunes ou des jeunes qui rencontrent le plus de difficulté (« *défavorisés* »), comme y invite la notion de « *discrimination positive* » ? Bertrand Schwartz lui-même reconnaît, au moment de la création des missions locales et des PAIO, en 1982, que « En ce qui concerne les jeunes, il s'agit de tous les jeunes parce que le rapport traite du thème de l'insertion. Mais on avait commencé par les exclus du système. D'où une certaine ambiguïté dans la rédaction[89]. » Cette ambiguïté sera relevée quelques années plus tard, en 1989, dans le Rapport Hastoy pour qui l'insertion des jeunes en difficulté « ne peut pas être totalement détachée d'une action plus large au bénéfice de l'ensemble des jeunes. »[90] En 1981, la difficulté résidait avec une approche ciblée dans le risque de stigmatisation, alors que la justice exigeait de faire plus pour ceux qui ont moins (équité), et dans la volonté d'une politique de jeunesse dépassant le seul cadre du public traditionnel du travail social. En 2007, la difficulté est de « construire ensemble une place pour tous les jeunes… pour que tous les jeunes participent au développement économique et social » (*Charte de 1990*) sans disposer des moyens humains et économiques en rapport avec cette ambition et, donc, en discriminant. Entre une première discrimination fondée sur l'équité et une seconde déterminée par les contingences économiques[91], il y a l'écart d'un quart de siècle mais aussi, peut-être, celui entre l'utopie — « D'où mon utopie ; mais est-ce une utopie ? Certainement, mais quel beau rêve[92] ! » — et le désenchantement.

---

88 Anne-Marie Alléon, Odile Morvan, Serge Lebovici (*dir.*), *Adolescence terminée, adolescence interminable*, Paris, Presses Universitaires de France, 1985.

89 Bertrand Schwartz, déjeuner-débat organisé par Temps Libres/comité Léo Lagrange le 9 décembre 1981 (cité par Dominique Mansanti, 1995, *op. cit.*).

90 Bernard Hastoy, *Les missions locales pour l'insertion professionnelle des jeunes en difficulté*, Rapport au ministre du Travail, de l'Emploi et de la Formation professionnelle, Paris, La documentation Française, 1989.

91 On se souviendra de ce qu'écrivait Alain Minc dans *La France de l'an 2000* (Commissariat Général du Plan, Paris, La documentation Française/éditions Odile Jacob, 1994) : « Il faut identifier les inégalités inefficaces et injustes qui doivent être combattues, développer les formes d'équité qui sont un facteur d'efficacité, et trouver le niveau acceptable d'inégalités nécessaires pour assurer le dynamisme de l'économie. » (souligné par nous).

92 Bertrand Schwartz, *Moderniser sans exclure*, Paris, éditions La Découverte-Syros, 1994, 2e édition 1997.

Pour une politique écologique de l'insertion…

La formule, facile, du pessimisme de la raison et de l'optimisme de la volonté ne vaut que par l'encouragement qu'elle distille. On peut cependant traduire celui-ci pour les missions locales à partir des « trois principes d'espérance dans la désespérance » qu'Edgar Morin propose pour une « ère écologique[93] ». Car une politique écologique d'insertion s'inscrirait dans une politique de civilisation, en particulier avec la responsabilité intergénérationnelle du monde adulte vis-à-vis de sa jeunesse, et recouvrirait une conception de la durabilité de l'emploi qui soit celle du *sustainable*, c'est-à-dire d'emplois de qualité ou, pour reprendre les termes du BIT, « un travail décent[94] ».

Le premier principe est celui de l'improbable. Qui sait si la dictature économique sur les finalités humaines ne franchira pas un seuil et ne bifurquera pas *raisonnablement* vers plus d'humanité et de responsabilité, vers une reconnaissance de l'utilité sociale, vers une évaluation confiante plutôt qu'un contrôle suspicieux crispé sur l'efficience ? Entendons-nous bien. Il ne s'agit pas de détacher l'économie du social en négligeant le premier et en créditant le second d'une pureté ontologique : si l'économie sans le social est inhumaine, le social sans l'économie est exsangue et le but de l'insertion, l'intégration, recouvre indissociablement l'autonomie sociale et l'indépendance économique. Il s'agit de replacer dans le bon ordre finalités et objectifs, d'équilibrer les pratiques — donc leur évaluation — entre les champs du social et de l'économie et, pour cette dernière, d'y inclure les économies marchande, non marchande et non monétaire.

Le deuxième principe est celui des « potentialités humaines non encore actualisées » qui repose par exemple sur la capacité des acteurs à s'organiser, non dans une perspective corporatiste mais dans celle d'une mutualisation et d'une émergence d'innovations sociales et d'argumentaires — le thème est cher à Bertrand Schwartz — convaincants, robustes, transmissibles, communicables. Car, bien entendu, il ne s'agit pas de défendre coûte que coûte un acquis : il s'agit en s'appuyant sur une expérience — de 1981 à aujourd'hui — de construire une dynamique, d'agir loyalement — « vivre en intelligence avec le système » — pour faire évoluer la place des jeunes dans la société — « mais en révolte contre ses conséquences[95] ». Parmi les potentialités insuffisamment exploitées, songeons à une participation des

93 Edgar Morin, *L'an I de l'ère écologique et dialogue avec Nicolas Hulot*, Paris, éditions Taillandier, 2007.

94 Bureau international du travail, *L'emploi des jeunes : les voies d'accès à un travail décent*, Genève, Conférence internationale du travail (93e session), 2005.

95 Jean Baudrillard, *Cool memories* 1980-1985, Paris, éditions Galilée, 1987.

jeunes non limitée à « la co-construction du parcours individuel d'insertion » dans le cadre bien trop clos de l'alcôve du conseiller, ce que Jean-Claude Gillet appelle « le processus confessionnel[96] ». Car, si chaque jeune est bien un sujet singulier, le risque est celui d'une psychologisation des problèmes sociaux qui en recherchant « les causes du chômage dans le chômeur lui-même [...] réintroduit de la responsabilité personnelle dans la logique de risque social[97]. » D'autre part l'émancipation — notion oubliée qui, pourtant, appartenait au vocabulaire de l'éducation populaire – est un processus individuel, synonyme d'autonomie, et collectif : dans le juste axiome de l'approche globale, l'indissociabilité doit s'exercer avec le jeune comme sujet singulier pour son projet de vie et comme acteur collectif capable de peser sur l'offre d'insertion. « *La politique proposée doit surtout permettre de passer* [...] *de l'intervention individualisée à une action sur le milieu, ce qui implique que l'on considère les personnes, le groupe familial, la communauté, l'entreprise, dans leurs relations mutuelles, et que l'on agisse avec leur participation.* »

Le troisième principe est celui de la métamorphose selon lequel « un système qui n'arrive pas à traiter ses problèmes vitaux, ou bien se désintègre, ou bien arrive à se métamorphoser en un métasystème plus riche, plus complexe, capable de traiter ses problèmes. » Il appartient ainsi aux missions locales de (re ?) devenir les laboratoires sociaux qu'elles étaient dans le dessein du Rapport. Pour cela, il faut du temps. Le temps de la réflexion et de la réflexivité sans lequel l'action a de fortes probabilités d'être contre-productive... y compris économiquement. Du temps... de la volonté aussi des responsables de structure : comment expliquer que la R & D soit aussi étrangère au secteur des missions locales alors qu'elle semble si naturelle pour l'industrie agroalimentaire qui s'interroge sur le choix — cornélien — des pruneaux ou des mirabelles dans le futur yaourt ? Du temps, de la volonté... de la détermination aussi face aux institutions amnésiques qui ont signé successivement la *Charte de 1990*, le *Protocole 2000*, le *Protocole 2005*, autant de documents officiels réaffirmant le principe de l'approche globale mais qui, comme si de rien n'était, persistent dans la segmentation... réaffirmant le « devoir » — pas une option — d'innovation mais qui, tout en ressassant « la société de la connaissance », obèrent cette obligation par un taylorisme social où chaque conseiller accompagne cent, deux cents jeunes dans des entretiens chronométrés...

---

96 Jean-Claude Gillet, *L'animation en questions*, Ramonville Saint-Agne, éditions Erès, 2006.

97 Olivier Chavanon, « Politiques publiques et psychologisation des problèmes sociaux », René Ballain, Dominique Glasman, Roland Raymond (dir.), *Entre protection et compassion. Des politiques publiques travaillées par la question sociale* (1980-2005), Grenoble, Presses Universitaires de Grenoble, 2005.

La question de la place des missions locales et de l'insertion des jeunes est donc à nouveau posée[98]. Soit un nouveau chapitre que les missions locales pourront écrire fortes de ces vingt-cinq années, réussites et échecs, avancées et limites, soit un épilogue : on redistribue les cartes, on modifie les règles du jeu et on change les joueurs. L'épilogue a ses prosélytes. Le chapitre peine à s'écrire. Consolation : si l'on était tenté de refermer le livre des missions locales dont Bertrand Schwartz a écrit en 1981 l'introduction, je fais le pari qu'il faudra peu d'années pour qu'un petit malin — avec de la mémoire — ait une idée fulgurante : « Si l'on arrêtait de saucissonner les jeunes ? Si l'on s'intéressait à eux globalement ? » Parions à coup sûr de son succès. Et je ne saurais mieux lui conseiller pour passer à la postérité que d'introduire son rapport par ces mots « *Les jeunes représentent tout, sauf un ensemble homogène* » et de le conclure ainsi « *Rien ne se fera sans les jeunes. C'est pourquoi cette politique ne peut être entreprise et menée à bien qu'avec ceux à qui elle s'adresse. C'est à eux qu'il revient de donner à l'ensemble des forces sociales concernées des raisons de s'acharner à construire les nouvelles voies.* »

98 Philippe Labbé, « Missions locales : nouveau chapitre ou épilogue ? », *Lien social* n° 823, 11 janvier 2007.

MANIFESTE POUR UN CONTRAT SOCIAL AVEC LA JEUNESSE

Association nationale des directeurs de missions locales

Introduction à la construction plurielle d'un futur Rapport

Myriam Audouze

Mission Locale de Cergy Pontoise

À l'image de certaines grandes figures qui marquent les mémoires, Bertrand Schwartz, en 1981, a appelé l'ensemble des acteurs de la société civile et politique à la remise en jeu économique et sociale des jeunes parce qu'il était convaincu d'une profonde injustice à leur égard.

Les constats qui motivaient la nécessité d'un changement sont à peu de choses près, et même dans une moindre mesure, ceux que les acteurs socioéconomiques posent aujourd'hui : taux de chômage supérieur des jeunes à celui de la population active, effet pénalisant de l'absence de qualification, précarisation des emplois, déqualification des emplois proposés... : « les jeunes nourrissent ainsi un marché secondaire du travail où se dégradent profondément la condition et les droits des travailleurs : beaucoup sont privés des garanties sociales et exclus de la vie collective. Ils sont des travailleurs de seconde zone. » (*Rapport B. Schwartz*, 1981).

La voie choisie par Bertrand Schwartz est celle d'une réponse systémique qui remet en cause les différentes composantes de la chaîne de responsabilités. C'est l'ambition du Rapport qui reprend chacun des maillons et recherche les points de transformation susceptibles d'améliorer leur efficacité quant à l'intégration plus rapide des jeunes dans la société. Tous les maillons susceptibles de faciliter le passage entre l'état d'adolescent dépendant de sa famille et l'état d'adulte dit autonome, sont interpellés à l'aune de leur contribution à cette finalité : qualification professionnelle et formation (financement et pédagogie), service national et capitalisation de l'expérience qu'il constitue, conduite d'une politique structurelle visant à améliorer le partage de l'emploi, développement d'emplois d'intérêt collectif, soutien à l'initiative des jeunes en la matière, santé, accès aux médias pour développer la responsabilisation, possibilité d'accès au logement individuel, accès aux loisirs en les aidant à organiser leur propre forme de loisirs, rapport à la Justice... Le Rapport se boucle sur la participation des jeunes à la création d'un nouvel espace social européen.

Il s'agit aussi de repenser la responsabilité politique dans une perspective transversale et globalisante, tous les problèmes étant liés entre eux. L'intérêt de la voie ouverte par Bertrand Schwartz est en effet la réponse doublement systémique qu'il nous propose avec l'idée d'un décloisonnement des politiques en direction de la jeunesse (éducation nationale, famille, santé, transport, sports, culture...) et d'une déclinaison de cette politique globale au plus près des jeunes via des structures qui mettent localement en cohérence ses principaux aspects.

Les valeurs qui traversent ce Rapport sont clairement énoncées et figurent en bonne place : une société plus juste où les inégalités sont réduites, notamment en instaurant une discrimination positive, une société plus solidaire où le dialogue intergénérationnel est rétabli, une société qui change et mobilise pour cela les capacités créatrices des jeunes.

À ce titre, Bertrand Schwartz fait référence à cinq principes qui permettraient de remettre « les jeunes » en jeu, économiquement et socialement :

- Associer les jeunes à toutes les décisions qui concernent la société,
- Définir une démarche plutôt qu'une suite de dispositions immuables,
- Agir sur la société dans son ensemble,
- Agir dans le sens des priorités décidées par le gouvernement (c'est-à-dire concevoir la politique en direction des jeunes comme faisant partie d'un tout : politique de l'éducation, de la formation, de l'habitat, de la culture...)
- Rechercher cohérence et globalité.

Pour Bertrand Schwartz, il s'agit de repenser les rapports sociaux intergénérationnels, de porter une attention plus poussée aux générations qui feront la France de demain sans laisser de côté les plus défavorisés qui constituent pour lui une ressource pour la France. Il préconise cependant une démarche pragmatique et un volant d'actions à expérimenter qui ont alimenté de nombreux dispositifs impulsés plus tard par les gouvernements de gauche. Parmi eux, les Nouvelles Qualifications, les Emplois Jeunes et, bien sûr... les missions locales.

Malgré cette vision futuriste de la politique, de l'engagement d'une classe d'âge à l'égard d'une autre, fragilisée et en risque d'exclusion, les constats restent les mêmes vingt-cinq ans plus tard. L'objectif de 80 % et l'accès effectif de 65 % d'une classe d'âge au baccalauréat, l'amélioration générale du niveau des jeunes, n'ont pas amélioré leur éloignement du marché du travail qui, au contraire, n'a fait que se creuser au fur et à mesure que celui-ci se crispait autour de pratiques économiques où la ressource humaine sert de variable d'ajustement.

De ce point de vue, la situation des jeunes s'est dégradée puisque le nombre de jeunes qui n'ont pas accès au marché du travail, et donc aux droits sociaux, n'a fait que progresser.

Avec un taux de chômage avoisinant aujourd'hui les 22 % sur l'ensemble du territoire français, les jeunes sont, tout comme en 1982, les principales victimes des pratiques sélectives du marché de l'emploi avec pour conséquence l'accentuation du fossé intergénérationnel. Cette opposition entre deux classes d'âges en capacité de jouer un rôle social est sans doute l'un des effets les plus préoccupants au regard à la fois d'événements proches (novembre 2005) et d'enjeux à venir (pyramide des âges des entreprises, équilibre des systèmes de pension fondés sur la solidarité intergénérationnelle). Les représentations négatives sur les jeunes alimentent ce mécanisme d'opposition et peuvent peser lourdement sur certaines tentatives de rapprochement dans le cadre de l'entreprise qui a du mal à considérer la qualification sociale des jeunes comme relevant de ses responsabilités.

Face à ces constats, faut-il considérer que Bertrand Schwartz faisait fausse route en 1982 ?

Nombre de ses propositions ont été expérimentées souvent de façon isolée les unes des autres et sans une démarche d'évaluation à l'échelle globale et systémique qui aurait permis d'en tirer certains enseignements et de réajuster le système. D'un côté, le décloisonnement des politiques jeunesse a été appréhendé d'un point de vue formel plus que sur le fond, la coordination de ces politiques à l'échelon territorial s'est sans doute heurtée à des logiques de pré-carré, l'alternance comme outil pédagogique a pu céder la place à un dispositif supplémentaire d'aide à l'embauche... De l'autre côté, les acteurs de terrain qui mettent en œuvre ces dispositifs et mesures, qui reçoivent et accompagnent les jeunes en grand nombre et connaissent leurs problématiques et les enrouements de la machine sociale disposent de peu de moyens de faire remonter cette connaissance pour interagir avec les politiques publiques en direction des jeunes. Ils sont le plus souvent cantonnés non plus dans des « missions » mais dans des mesures à dérouler dans des quantités et selon des modalités préétablies.

Le monde économique n'a pas été suffisamment bien positionné dans ce système quant aux responsabilités qui sont les siennes au regard des enjeux intergénérationnels évoqués ci-dessus et de son propre intérêt à long terme.

C'est donc bien souvent le sens de l'action, la philosophie générale, l'engagement d'un ensemble d'acteurs pour un objectif commun qui font défaut.

À l'instar de Bertrand Schwartz en 1982, il faut donc faire appel à la responsabilité de tous pour engager de nouvelles formes de collaborations entre les différentes composantes de la société tout en s'adaptant au contexte qui est le nôtre aujourd'hui.

Les conditions sont sans doute différentes : la situation s'est aggravée mais le professionnalisme des acteurs s'est développé et les entreprises abordent une phase de développement qui suppose de nouvelles interactions avec l'environnement qu'il soit écologique, économique ou social. Les expériences de coopération conduites avec le monde économique démontrent que la logique peut être profitable aux différentes parties. Embaucher des jeunes, ce n'est pas prendre un risque. C'est à la fois garantir la pérennité de l'entreprise grâce à la diversité, s'inscrire dans une dynamique de changement et assurer la rotation naturelle liée aux départs en retraite. Pour la société, cet engagement à donner une place aux jeunes dans ses différentes dimensions est vital pour éviter de creuser le fossé de l'exclusion et se construire dans une perspective d'avenir en s'appuyant sur toutes ses ressources.

Les contributions qui vont suivre se proposent d'analyser certaines des réponses que développe la société au regard des attentes et des difficultés des jeunes selon la grille de lecture proposée par Bertrand Schwartz dans son rapport.

- La nécessité de promouvoir une approche spécifique en direction des jeunes.
- L'accompagnement global comme fondement méthodologique du travail en mission locale.
- Une voie possible pour créer les conditions d'une insertion maîtrisée par les premiers concernés, les jeunes.
- L'orientation professionnelle et la formation comme outils de la construction d'un projet professionnel et d'un projet de vie.
- La place de l'expérimentation et de l'innovation dans les pratiques professionnelles et les politiques publiques d'insertion sociale et professionnelle.

Ces contributions constituent autant de points de vue de professionnels, en responsabilité de structures, sur les évolutions intervenues dans le champ de la prise en compte de la jeunesse par la société, tout particulièrement dans le domaine de leur insertion professionnelle et sociale.

Une approche différenciée pour les 16/25 ans. Pourquoi ?

Michel BONNET

Mission Locale d'Epinay sur Seine

Nombreux sont les chercheurs qui, s'intéressant à la question des principales transitions à effectuer au cours de la vie, s'accordent pour dire que la période du passage de l'adolescence à celle de jeune adulte constitue une étape cruciale de l'existence.

En effet, au cours de cette transition, la personne est amenée à faire des choix importants qui auront dans bien des cas des conséquences à moyen et long terme sur toute sa vie.

Il suffit de songer, outre les choix de carrière et des différentes stratégies d'intégration au marché du travail, au choix d'un nouveau lieu de résidence, d'un partenaire amoureux, à la possibilité d'avoir des enfants, à la constitution d'un nouveau réseau social... pour mieux saisir les enjeux importants qui se jouent chez les jeunes de 16 à 25 ans.

C'est au cours de cette période sensible que le jeune adulte fera l'essai de nouveaux rôles sociaux. Il utilisera tout un éventail de stratégies afin d'acquérir une indépendance financière et de se montrer plus autonome et responsable, aussi bien dans l'organisation de sa vie en général, que dans l'organisation de sa vie professionnelle en particulier.

En somme, pour effectuer la délicate transition entre la sécurité que procure généralement la vie familiale vers l'autonomie et la responsabilité que requiert la vie en société, plusieurs aspects de la vie de l'individu sont simultanément bouleversés.

Cette profonde remise en question touche des thèmes majeurs de son existence et l'amène par la même occasion à se questionner sur le sens et les buts qu'il se fixera dorénavant dans la vie.

Cette forme d'introspection grandissante s'inscrit dans le long processus de mutation du jeune adulte et à travers l'accomplissement de tâches développementales spécifiquement associés à cet âge. « La planification du devenir professionnel » constitue la tâche centrale et organisatrice de la vie du jeune adulte de 16 à 25 ans[1].

L'insertion socioprofessionnelle s'avère donc une étape essentielle de la transition adolescence/jeune adulte puisqu'elle constitue une voie d'accès de premier choix vers l'autonomie et permet à l'individu de se prendre en main ainsi que de développer, par l'entremise du monde du travail, son identité d'adulte…

À l'inverse, les difficultés dans le processus d'insertion socioprofessionnelle constituent une entrave majeure du développement, tant personnel que professionnel, puisque la personne a besoin de s'insérer professionnellement pour devenir un adulte indépendant, responsable et reconnu comme tel socialement.

Il apparaît donc important à une étape aussi cruciale de la vie d'une personne, de mobiliser ses ressources personnelles de manière à ce qu'elle se sente capable de s'engager et de prendre en charge la réalisation de ses buts, tout en tenant compte des réalités contextuelles et environnementales à l'intérieur desquelles ceux-ci doivent se réaliser[2]. « Si les petits cochons ne te mangent pas… » dit un dicton populaire.

Ce passage, cette construction de l'adolescence à l'adulte et à l'acquisition de l'autonomie, s'appuie donc sur trois piliers de la société : la famille, l'école, l'entreprise… trois mondes aujourd'hui profondément en crise et qui rendent très hétérogène la jeunesse : jeunesse de banlieue, rurale, diplômée, non diplômée… Jeunesses diverses et à inégalité des chances pour accéder à la qualification professionnelle, à l'emploi, mais aussi au logement, à la culture… Ils ne sont après tout que le miroir d'une société et l'on ne peut que regretter l'absence d'une véritable prise de conscience de cet état.

Malheureusement, de Premier ministre en Premier ministre, les déclarations ne varient pas. Pierre Mauroy en 1981 : « Le chômage des jeunes

1 B. Havighurst, « The world of work » (1982), cité par G. Fournier, S. Drapeau et J. A. Thiboult, « Croyances vocationnelles des jeunes de 16 à 25 ans en difficulté d'insertion socioprofessionnelle selon leur profil sociodémographique », *Revue canadienne de l'éducation*, vol. 20, n° 2, 1995.

2 Voir les travaux d'Irène Jonas, Université Laval, Canada, 1995.

a été en France plus élevé que celui des autres, mais ce qui caractérise l'évolution depuis la rupture de 1974, c'est que la différence s'est amplifiée, l'augmentation du chômage a principalement frappé la main-d'œuvre juvénile » ; Dominique de Villepin en 2007 : « Les grands perdants des 30 dernières années sont les jeunes… »

Si, depuis trente ans, les pouvoirs publics se sont préoccupés de la situation critique des jeunes — par exemple l'accès aux études du plus grand nombre ou la logique du millefeuille dans les politiques de l'emploi — cela a souvent été avant tout pour maintenir la cohésion et la paix d'une société en prise aux problèmes actuels — chômage, violence, marginalisation… — et non pour offrir des perspectives qui permettent à la jeune génération de mieux s'intégrer dans la société.

L'État n'est pas le seul à s'être investi. Bien sûr les familles essayent de soutenir leurs jeunes adultes, mais également les associations qui relayent les pouvoirs publics, les collectivités territoriales fortement impliquées… par exemple en créant les missions locales pour l'Insertion des Jeunes.

Le nombre de programmes spécifiques (TUC, PAQUE, TRACE, CIVIS…) témoigne de la difficulté pour l'ensemble des acteurs de la société à considérer la jeunesse comme une partie de celle-ci envers laquelle elle a des responsabilités particulières : permettre à chaque jeune de grandir et de tracer son chemin.

Alors il faut arrêter de vouloir rafistoler mais il faut oser l'avenir ! C'est aussi le devoir d'une société : faire confiance à ses jeunes pour assurer sa relève, aujourd'hui plus que jamais, une obligation qui doit être exercée par la Collectivité Nationale[3].

Que ce soit Bertrand Schwartz, en 1981 dans son Rapport sur *L'insertion professionnelle et sociale des jeunes*, ou Philippe Labbé en 2003 et 2004 dans les deux tomes de son livre *Les bricoleurs de l'indicible*, tous les deux, au-delà des constats et de l'approfondissement des mécanismes qui font tourner notre société, ont déclaré leur conviction ancrée et argumentée en l'utilité des missions locales… même si le quotidien imposé à celles-ci peut parfois les écarter de leur mission première : être à l'écoute des jeunes, comprendre… agir pour construire une place pour chaque jeune, avec chaque jeune.

« La question de la place des missions locales et de l'insertion des jeunes, cette dernière, de toute évidence, n'étant plus réservée à la frange la moins qualifiée mais concernant toute la jeunesse (écoutez les étudiants de master 2

3 Voir les travaux de la Commission Nationale pour l'Autonomie des Jeunes et le rapport de Dominique Charvet, *Jeunesse : le devoir d'Avenir*, Commissariat Général du plan, février 2001.

parler de leur « stratégie d'insertion »), est donc posée. Soit un nouveau chapitre que les missions locales pourront écrire malgré (mais aussi fortes de) ces vingt-cinq années, soit un épilogue : on redistribue les cartes, on modifie les règles du jeu et on change les joueurs[4]. »

Pour Bertrand Schwartz, si les missions locales existent encore aujourd'hui et sont devenues absolument indispensables, c'est parce que les salariés ont développé « un courage, une persévérance et une imagination extraordinaires ». « J'ai en même temps pris conscience de ce que le « dispositif » les coinçait terriblement, que le sens même de leur travail était mis en cause, et que nombre des personnels étaient déstabilisés. Elles ont toutes entre dix et vingt-cinq ans d'âge et énormément de choses ont changé depuis. J'estime alors qu'il faut repenser le dispositif. »

Si les misions locales n'existaient pas, il faudrait les inventer mais, en 2007... la maison brûle.

Si, en 1981, la jeunesse en difficulté était celle en difficulté scolaire ou issue des quartiers populaires ou ruraux, aujourd'hui c'est TOUTE la jeunesse qui est en voie d'exclusion (voir les révoltes de banlieue sur lesquelles de nombreux livres ont été publiés, mais aussi les phénomènes d'abandon, de violence, de communautarisme, de pauvreté qui gagnent une partie de la jeunesse étudiante).

Quelles que soient les difficultés qu'elles traversent, les tentatives de déstabilisation qu'elles subissent, les missions locales ont une légitimité incontestable parce qu'elles sont en contact direct et permanent avec plus d'un million de jeunes (des jeunes peu qualifiés, mais aussi de plus en plus de jeunes diplômés en valeurs absolues[5]), qu'elles obtiennent, à force d'expériences, d'innovations, de pugnacité, des résultats indéniables et dérangeants pour certaines institutions, qu'elles ont une fonction d'éveil permanent face à la montée de l'exclusion et qu'elles usent encore d'un pouvoir d'impertinence. Elles sont encore, après vingt-cinq ans, en capacité d'aider notre société à se remettre en état de réponse... si bien sûr elles sont écoutées !

« Quand je rêve tout seul, ce n'est qu'un rêve, quand nous rêvons à plusieurs, alors cela commence à devenir une réalité. »

Don Helder Camara.

---

4 Philippe Labbé, « Missions locales : nouveau chapitre ou épilogue ? », *Lien social* n° 823, janvier 2007.

5 Voir le rapport d'activités 2005 des missions locales, DARES, 2006.

L'accompagnement global comme fondement méthodologique du travail

Ana FELDMAN Mission Locale de Toulouse

Sylvie WEILL Mission Locale de Saint Quentin en Yvelines

Vincent PLOVIER Mission Locale de l'Agglomération dunkerquoise

L'accompagnement constitue depuis l'origine la spécificité des missions locales, ce qui fait à la fois leur force et leur faiblesse. Leur force, parce que rares sont les dispositifs publics qui sont en capacité d'offrir à une personne non insérée socialement et professionnellement une telle palette de services ; leur faiblesse, car peu nombreux sont les interlocuteurs et les institutions qui prennent sérieusement en considération cette approche systémique de la réalité complexe d'un jeune.

Il est d'autant plus indispensable de rappeler aujourd'hui la teneur de l'accompagnement d'un jeune de 16 à 25 ans en parcours d'insertion qui se caractérise par la prise en compte de l'ensemble des facettes de sa problématique. Un jeune en insertion est confronté simultanément à de multiples réalités et, suivant son âge, à des difficultés très différentes.

Un accompagnement basé sur l'écoute et sur l'approche globale du jeune

Sans revenir ici sur la définition du concept de « jeune », la caractéristique déterminante de la population accueillie en mission locale est d'être en plein processus de maturation, en devenir. Si l'entrée en adolescence est marquée par un ensemble de phénomènes physiologiques, hormonaux et psychiques maintenant faciles à identifier, l'entrée dans l'âge adulte est une des transitions les plus variables en fonction du milieu. Celle où se jouent la prise de distance avec l'environnement familial, l'achèvement de l'affirmation identitaire, et où se cristallisent des déterminations sociales dont les répercussions marqueront l'ensemble de la vie. Poursuivre sa formation initiale jusqu'à un premier aboutissement, que concrétise une entrée dans le monde professionnel, n'a rien à voir avec l'interruption de la scolarité pour cause d'échec ou en situation d'urgence économique et les efforts qu'il faut multiplier ensuite pour retrouver le goût et le temps d'apprendre. L'accès à l'autonomie fait l'objet d'études sociologiques démontrant que le développement de l'individu est marqué par ses conditions sociales et environnementales. Le travail des missions locales ne peut se résumer à l'accueil, l'information et l'orientation mais comporte un volet accompagnement continu durant ces phases prenant appui sur l'écoute, la contractualisation et le partenariat. L'écoute est l'outil incontournable pour mieux connaître le jeune et elle ne peut être efficace qu'avec la possibilité d'y consacrer le temps nécessaire. Elle permet de générer la confiance indispensable dans la relation car nombre de jeunes, déçus par les institutions, refusent de se raconter.

Construire avec le jeune suppose la connaissance de l'état de ses fondations ! Qui est-il ? Quelles sont les étapes de sa vie, positives comme négatives ? Et surtout, malgré les difficultés parfois cruelles, quelle est la force, la passion ou la raison qui lui permettent encore d'agir ? Cette force identifiée favorisera la motivation pour une première étape du parcours. Faire un bon diagnostic pour une prescription adaptée ! Langage médicalisé pour une jeunesse en souffrance ! L'implication du jeune ne peut s'appuyer que sur la contractualisation s'exprimant par un engagement réciproque de l'accompagnant et de l'accompagné. Chacun faisant sa part. Il convient de souligner la nécessité de la confidentialité de l'entretien, même s'il est important en mission locale d'introduire des temps collectifs de rencontre qui génèrent des relations entre pairs favorables à l'engagement et à la socialisation des jeunes.

Une approche systémique

L'accompagnement d'une personne durant une période difficile de sa vie, mais plus encore lorsqu'il s'agit d'un être en devenir, confronte à des choix méthodologiques. La tentation cartésienne de réduction de la complexité à des composants élémentaires : (formation professionnelle, accès à l'emploi,...) , et à une logique de linéarité : (on enchaîne étapes après étapes selon une logique de succession-progression), est une tentation profonde et bien humaine, mais nous savons bien qu'elle résiste à la réalité. L'expérience de l'accompagnement des jeunes nous enseigne ce que la réalité comporte d'instabilité, de désordre, d'ambiguïté, d'imprécision, de paradoxes... mais aussi de potentiels, d'enthousiasme, de rêve...

Le conseiller opte pour une posture « holistique » pour prendre en compte tous les aspects et les caractéristiques de la vie du jeune. À la fois d'un point de vue général et en allant dans le détail, à la fois dans le moment de ce qui se vit et en remettant en perspective ce que le jeune lui a livré de son histoire et ce qui peut structurer son avenir.

Une posture, une méthode de travail, des convictions professionnelles...

Loin de nous le mythe de l'âge d'or, mais force est de constater qu'aujourd'hui la conception même de certains programmes évoque une vision mécaniste et linéaire de la construction du parcours d'insertion, éloignée de la notion d'accompagnement personnalisé.

Le fait de recevoir un jeune faiblement qualifié chaque semaine durant les trois premiers mois de son engagement est sans doute un moyen pertinent, mais transformer ceci en obligation, c'est faire preuve d'une réelle méconnaissance d'une part de la situation et du comportement déstructuré de certains jeunes pourtant accompagnés exclusivement par les missions locales et ignorés des institutions, et d'autre part du métier de conseiller en insertion.

Très concrètement, ce travail mobilise et demande une liberté d'écoute, de gestion du temps, et l'adhésion du jeune à la démarche afin qu'il se mette lui-même dans ce désir de compréhension et de recherche du sens. Cela ne se décrète pas, mais se construit souvent lentement à partir de la prise de conscience d'un mal être, d'une souffrance, de l'impossibilité de se projeter dans le temps, d'un sentiment d'échec ou d'impuissance. Mais en même temps, il s'agit de lui permettre d'évoluer par l'acquisition des clés de la compréhension du réel et de l'environnement...

Entrer dans le monde des adultes, du travail, de la stabilisation, des choix perçus comme irréversibles et enfermants, c'est renoncer à certaines formes de liberté et faire le deuil de l'insouciance de l'enfance même si la prise en charge par les adultes n'était pas à la hauteur des rêves, ou parfois même du respect des droits de l'enfant. L'accompagnement des jeunes exige la prise en compte de l'ensemble de ces problématiques éminemment variables selon l'histoire de chacun, et ce n'est pas qu'une question de marché du travail, de savoirs faire acquis ou d'« erreurs de jeunesse » à dépasser. Pour chacun se posent à un moment de son parcours les questions fondamentales. Qu'est ce que je fais ici ? Que vais-je faire de ma vie ? Pour la plupart des jeunes qui viennent en mission locale, ces questions sont répétitives, voire lancinantes, et les réponses sont beaucoup plus difficiles à construire que pour d'autres.

Le conseiller joue alors un rôle prépondérant : il lui faut accompagner le jeune dans la réflexion, dans l'acceptation de changer, dans l'effort et parfois la souffrance, dans la déconstruction de certaines représentations.

Le jeune et le conseiller ont besoin d'autant plus de temps que les éléments essentiels pour la construction de la personne ; reconnaître l'autre, avoir confiance en soi, se sentir reconnu et apprécié, ont fait défaut à certains moments.

Ainsi de nombreuses situations traitées par les missions locales supposent la prise en compte simultanée de questions touchant à la fois à la précarité, à la qualification, au logement, à la santé, et à la parentalité. Loin de constituer une simple succession d'actes techniques, indépendants les uns des autres, ces diverses interventions requièrent la compréhension d'une situation complexe spécifique qui mobilise de manière opportune, en cohérence les unes avec les autres, de multiples interventions sociales et professionnelles.

Le diagnostic est suivi d'une prescription vers un partenaire. Complexité de l'accompagnement, en mission locale le professionnel est un généraliste et non un spécialiste. Il identifie la question, le problème et oriente vers le partenaire compétent.

Les missions locales n'ont pas vocation à tout faire par elles-mêmes et ne peuvent efficacement accompagner un jeune qu'en lien étroit avec l'ensemble des partenaires locaux. Il leur incombe à la fois d'être en capacité de porter « un regard global » sur la situation d'un jeune (difficultés et potentiels), tout en ayant une connaissance et une pratique réelles des environnements institutionnels et opérationnels, afin d'être en capacité de mobiliser l'acteur local spécialisé, d'orienter le jeune vers l'opérateur compétent et de construire avec lui un segment du parcours d'insertion.

Le suivi du jeune perdure dans la succession des différentes étapes avec la volonté d'actionner la complémentarité des compétences dans l'absence de concurrence entre professionnels. Le travail partenarial est donc consubstantiel de l'accompagnement global.

La pertinence de l'accompagnement s'exprime dans la confrontation de la réalité économique et sociale et du potentiel individuel au projet de vie ou projet professionnel de chaque jeune. Construire avec lui, sans être un destructeur de rêve est possible, sous réserve de temps, de choix et de droit à l'expérimentation et à l'erreur.

Cette pratique s'oppose donc à toute vision adéquationniste et vient parfois heurter la stratégie de certains financeurs de formation ou de dispositifs de médiation à l'emploi et aux évaluateurs pressés de mesurer une efficacité immédiate avec des ratios simplistes inspirés du taylorisme.

La complexité de l'accompagnement individuel est renforcée par l'obligation du professionnel de puiser dans une liste limitée d'outils disponibles. Il est tributaire des modifications de son environnement, des politiques, des dispositifs et des logiques de financeurs. Par exemple, les lois de décentralisation peuvent avoir un double effet, favoriser la construction de réponses adaptées aux problèmes des jeunes de chaque territoire mais ne plus garantir, éventuellement, un traitement égalitaire en France. La diversité des orientations des régions en matière de formation, la réforme des fonds d'aide aux jeunes, ou du dispositif RMI en sont des illustrations.

Aujourd'hui, paradoxalement, dans le secteur de l'insertion sociale comme de l'insertion professionnelle, chacun se revendique de l'accompagnement global. Mais face à la segmentation et à la juxtaposition des diverses interventions institutionnelles, cela semble relever davantage du discours que d'une réelle transversalité de l'action publique.

En 1981, la commande politique et la manière « schwartzienne » de poser la question à toutes sortes d'acteurs de la société civile se fondaient sur cette représentation de l'articulation entre l'individu et le social. Ainsi, les réponses apportées ont pris la forme des missions locales, des outils partant du terrain et soutenues par une conception interministérielle c'est-à-dire « globale » de la gestion des moyens, dans une logique de mise en commun d'approches différentes et complémentaires, de partenariats multiples et de recherche de centration des réponses autour de la problématique individuelle du jeune.

Cette transversalité et cette approche globale étaient pourtant inscrites dans le montage institutionnel constitutif des misions locales qui réunissaient d'emblée au sein de leurs différents collèges (institutionnels, professionnels, associatifs, etc.…), la diversité des acteurs potentiellement concernés par l'insertion d'un jeune. Bien entendu, la réussite de cette insertion relevait de la mobilisation conjointe et coordonnée de ces acteurs et des partenaires locaux.

Or, aujourd'hui, la mise en œuvre de la décentralisation avec la segmentation des compétences qu'elle génère, doublée de la perte de vue progressive par les financeurs publics de ce nécessaire traitement global des jeunes en difficulté d'insertion, a pour effet de renforcer le cloisonnement et la juxtaposition de diverses commandes publiques qui ont souvent le plus grand mal, sauf en quelques rares exceptions, à se coordonner entre elles.

Cette juxtaposition des commandes publiques constitue probablement aujourd'hui la plus grande menace qui pèse sur la pratique d'accompagnement global des jeunes. Car chacun définit ses propres finalités et objectifs dans son champ de compétence spécifique, et souvent davantage en fonction de ses enjeux propres.

Les missions locales n'ont-elles pas, sous la pression des précarités budgétaires, des commandes publiques qui divergent, se contredisent et ne couvrent pas la globalité du travail mené, parfois tendance à se replier sur leur versant institutionnel et organisationnel ?

La question qui se pose aujourd'hui est de savoir, si la représentation des besoins des jeunes reçus par les missions locales repose sur une analyse partagée. Comment faire évoluer nos structures pour qu'elles y répondent avec efficacité en étant soutenues dans cet effort par une politique transversale de l'insertion des jeunes et une gouvernance cohérente à tous les niveaux de notre architecture républicaine ?

Replacer le concept de l'accompagnement individuel au centre des pratiques professionnelles à valoriser et à privilégier est une nécessité, surtout à l'heure où certains s'imaginent en évaluer les effets strictement par l'accès à l'emploi et ignorent la complexité du travail accompli en amont de ce résultat.

Enfin, faire preuve d'humilité et savoir aussi les limites humaines de l'action professionnelle est indispensable. Parfois rien ne se passe comme prévu, alors que chacun, le jeune comme le conseiller en insertion, a ou croit avoir fait sa part ! Il convient simplement de se rappeler que les effets de l'action ne sont pas toujours immédiats, là plus qu'ailleurs !

Une voie possible pour une insertion maîtrisée

Christine BEGUINOT **Mission Locale de l'arrondissement de Reims**

Les conditions d'insertion des jeunes au cours des vingt-cinq dernières années se sont durcies, notamment pour ceux qui sortent du système scolaire avec une faible qualification.

Quatre éléments majeurs concourent à la dégradation de ces conditions d'insertion tant sur le plan social que professionnel :

- Une diminution de la proportion d'offres en emploi durable sur le marché du travail : seuls 35 % des jeunes de niveau CAP-BEP débutent leur carrière professionnelle en accédant à un CDI (CEREQ, Génération 2001) et l'emploi durable en CDI ne devient largement dominant qu'après cinq ans d'ancienneté sur le marché du travail pour l'ensemble des jeunes. Toutefois, pour les salariés sans diplôme, seuls 60 % seront en CDI au bout de cinq ans et 80 % ne le seront que dix ans après leur premier emploi.
- Une absence de filet de sécurité financier pour les jeunes ne bénéficiant pas d'un soutien familial ou de revenus suffisants pour garantir les conditions de leur autonomie.
- Des réponses sociales pour l'accès au logement l'accès aux transports, aux modes de garde d'enfants souvent inadaptées aux salariés précaires. Qu'il s'agisse d'une demande d'accès à un logement dans le parc HLM, de la sollicitation d'une place en crèche, d'une tarification préférentielle sur les transports urbains, les réponses sont plus faciles à obtenir ou plus avantageuses pour un salarié en CDI.

- Un droit à l'accompagnement des demandeurs d'emploi qui ne peut garantir, à lui seul, une approche « sécurisée » des mobilités, des transitions professionnelles et plus spécifiquement pour les jeunes, l'accès à une première expérience professionnelle.

Si la réflexion sur la sécurisation des trajectoires professionnelles a surtout été abordée du point de vue des salariés confrontés à des changements d'emploi, de métier ou d'entreprise, elle revêt pour les jeunes sans expérience professionnelle une importance tout à fait spécifique. Leur entrée dans un premier emploi doit constituer, de fait, la première étape, le socle de la sécurisation de leurs parcours professionnels futurs.

Parallèlement, l'accès à des conditions d'autonomie sociale (logement et revenus stabilisés) constitue le second socle d'une insertion durable avec ou sans emploi durable.

Les missions locales sont concernées au premier plan par la négociation et la création de ces nouvelles garanties collectives qui doivent permettre à chacun de faire face aux aléas de sa trajectoire professionnelle dans un environnement économique de plus en plus instable.

Cette recherche de « sécurisation » des parcours professionnels des jeunes nécessite de s'inscrire dans un double triptyque :

- savoirs professionnels/risques professionnels/mobilité professionnelle
- filet financier/accès aux droits/autonomie

Quelles sont les conditions à réunir pour assurer les fondements d'une maîtrise, par les jeunes, de leurs parcours d'insertion ?

Sept priorités se dessinent pour articuler gestion des savoirs, prévention des risques professionnels, accès à une autonomie sociale malgré la discontinuité ou les ruptures de trajectoires professionnelles.

Une appropriation des acquis de la formation initiale par les jeunes en fin de scolarité.

Il est indispensable qu'avant d'aborder le marché du travail, les jeunes puissent s'appuyer sur un socle de connaissances, de compétences et/ou d'acquis professionnels maîtrisés.

Ce travail n'est pas suffisamment fait au sein des établissements d'enseignement et trop de jeunes quittent le système scolaire (avec ou sans diplôme) sans une véritable appropriation de leurs acquis engrangés au fil des cursus d'étude ou d'apprentissage.

Le développement de la VAE (Validation des Acquis de l'Expérience) serait facilité si la logique d'appropriation des savoirs s'effectuait dès la fin des scolarités.

Au-delà de cette appropriation qui reste lacunaire chez beaucoup de jeunes, il convient parallèlement de s'interroger sur la qualité des formations initiales, leur caractère parfois trop scolaire, l'obsolescence de certains contenus et la nécessité d'adapter sans cesse ces derniers aux besoins des entreprises (tout particulièrement dans les filières en alternance).

Les réformes souhaitées par B. Schwartz pour une refonte en profondeur des liens entre le monde éducatif et l'entreprise sont à accélérer.

Celles qui ont été mises en œuvre l'ont été de façon trop lente et prudente pour pouvoir épouser l'accélération des mutations d'une économie de plus en plus ouverte et flexible.

Une sécurisation de la transition entre le système scolaire et le premier emploi

Cette phase de transition prend essentiellement deux formes :

- Un lien sécurisé au sortir d'un établissement avec un placement en emploi négocié avant la sortie de scolarité (actuellement moins de 10 % des parcours sont ainsi sécurisés, qu'il s'agisse des lycées, CFA ou des sortants universitaires).
- Un accès au marché du travail après une période plus ou moins longue de recherche d'emploi.

Environ 60 % des jeunes bénéficient de l'appui d'un CIO, d'une Mission Locale et/ou de l'ANPE et 40 % des jeunes effectuent une recherche autonome. Il s'agit souvent des jeunes les plus autonomes ou inversement des jeunes les plus en difficulté cumulant travaux saisonniers, missions intérimaires, petits jobs déclarés ou non (une étude menée en Mission Locale sur un échantillon de 300 jeunes a montré que 17 % recourent de façon régulière au travail dissimulé).

Ces éléments situent clairement le lien Éducation nationale/Service Public de l'Emploi comme premier maillon indispensable à la sécurisation.

Des passerelles lisibles de retour en formation initiale.

Ces passerelles existent mais restent aujourd'hui méconnues, peu lisibles et inadaptées pour les jeunes sans ressources. Moins de 2 % des jeunes sortis sans qualification du système scolaire choisissent de le réintégrer avant leur 25e année. Trop souvent l'échec à un examen, l'abandon précoce d'une scolarité constituent un risque professionnel majeur pour des jeunes.

Sans de nouvelles passerelles entre statut scolaire et statut salarial, les ruptures scolaires conserveront un caractère irréversible qui pénalise durablement les trajectoires des salariés les plus précaires.

Un accès à une première expérience professionnelle significative.

De nombreuses activités professionnelles ne constituent pas des expériences constructives dans une perspective de capitalisation progressive des compétences et des acquis.

Pour que des jeunes tirent parti de leurs activités professionnelles même précaires, il convient qu'ils puissent à minima identifier les savoirs faire techniques, les savoirs être qu'ils ont eu à mobiliser et qu'un tiers (tuteur, employeur, formateur, collègue, amis) puisse les reconnaître, à défaut de les valider institutionnellement.

Un accompagnement spécifique des ruptures.

Les jeunes sont confrontés, plus que les autres salariés, à des ruptures de contrat. Environ 20 % des premiers CDI sont rompus avant un an et 36 % le sont avant trois ans (CEREQ).

Il convient donc de repérer les ruptures qui sont subies et celles qui sont choisies, celles qui fragilisent ou celles qui façonnent une trajectoire. Il faut également s'intéresser à ce qui se passe en amont des ruptures. Existe-t-il des épisodes déclencheurs, des événements particuliers ?

Pour certains jeunes, l'entreprise est le premier lieu où se joue un conflit d'autorité en dehors du contexte familial. Problèmes de ponctualité, de fiabilité au travail, conflits de valeurs sont des sources récurrentes de ruptures de contrats auxquels sont confrontés les missions locales au quotidien.

Une prise en compte des principaux événements de vie et de leur impact sur les trajectoires professionnelles.

À titre d'exemple, l'arrivée d'un premier enfant et les contraintes de mode de garde, la gestion de condamnations judiciaires ou la première installation dans un logement autonome constituent des épisodes à risque dans la trajectoire de vie de nombreux jeunes. Un travail préventif et éducatif doit être mené pour donner aux jeunes les éléments qui sécuriseront ces moments particuliers de leurs parcours tant sur le plan personnel que professionnel.

Une densification des périodes d'inactivité professionnelle.

Les périodes d'inactivité, de chômage subi, représentent pour certains jeunes plus de 60 % de l'ensemble de leurs parcours d'insertion, même lorsqu'ils sont accompagnés par une Mission Locale ou par les services de l'ANPE. Ceci est particulièrement sensible pour les jeunes qui souffrent d'une discrimination à l'embauche et pour lesquels les durées de chômage s'allongent de façon inversement proportionnelle à la durée des contrats qu'ils effectuent.

Peu de réflexions sont menées collectivement à l'échelle des territoires pour proposer des activités occupationnelles ou de loisirs qui puissent garantir le maintien des potentialités professionnelles (par exemple, autoformation en médiathèque, cyber jeunes, activités associatives bénévoles professionnalis antes, etc.).

Quels sont les atouts des missions locales ?

Les missions locales n'ont pas vocation à négocier seules les garanties collectives nécessaires à une sécurisation des parcours professionnels (notamment en termes de filet de sécurité financière et de droit du travail). Toutefois, elles peuvent devenir un des pivots opérationnels de la sécurisation des premières étapes professionnelles des jeunes salariés et notamment des jeunes travailleurs précaires.

Elles peuvent, à cet effet, mobiliser quatre atouts-clés :

- une professionnalisation croissante des personnels d'accompagnement avec un savoir-faire spécifique auprès des publics les plus précarisés, tant sur le champ social que professionnel ;
- une connaissance qualitative des trajectoires retranscrites dans un logiciel national qui permet d'observer plus de trois millions de parcours professionnels ;
- une fonction de recours dans la durée (un jeune travailleur précaire peut solliciter une réactivation de son accompagnement autant de fois qu'il le juge nécessaire et ce jusqu'à l'âge de vingt-cinq ans) ;
- enfin, un rôle pédagogique relevant de l'éducation permanente qui vise à rendre les jeunes acteurs de leurs parcours professionnels, acteurs de leurs périodes d'inactivité et de leurs mobilités professionnelles.

Ces quatre atouts étaient présents dans le projet de Bertrand Schwartz lorsqu'il a fondé les missions locales. Vingt-cinq ans plus tard, le contexte de la flexibilité croissante du travail ne fait qu'en souligner l'urgence.

L'orientation professionnelle et la formation comme outils de la construction d'un projet professionnel et d'un projet de vie

Enrico RIBONI — **Mission Locale de l'Ardèche méridionale**

Rachid OUKRID — **Mission Locale du Plateau Nord Val de Saône**

Lorsque l'on aborde l'orientation, on doit nécessairement lier cette notion au contexte historique qui l'a vu naître.

C'est au siècle dernier qu'elle apparaît pour faire face au constat que bon nombre d'élèves présentaient des difficultés dans l'apprentissage de la lecture. Cette question semblait importante à l'époque puisqu'une commission interministérielle (à laquelle participait Binet) fut créée pour apporter une réponse à ces élèves en difficulté (qu'on appelait alors les « anormaux »), et qui a suscité, entre autre, l'élaboration en 1905 de la version initiale de « l'échelle métrique de l'intelligence de Binet et Simon ».

Cette période est aussi celle du démarrage d'un siècle au sein duquel l'école va prendre une importance grandissante dans les domaines de la socialisation des jeunes. Au début des années 1900, la majorité des enfants quittait l'école entre onze et treize ans. Dans les années cinquante, 5 % d'une classe d'âge obtenaient le baccalauréat. Aujourd'hui, près de 2 jeunes sur 3 en sont titulaires et la durée de la scolarité s'est allongée au minimum jusqu'à 16 ans.

Ainsi, après ce bref historique, on peut dire sans trop nous tromper, que le xxe siècle a été celui de l'école, « c'est-à-dire de la croyance dans les vertus d'une institution particulière, assurant tout à la fois des missions d'enseignement, de socialisation et de reproduction sociale[1] ».

Jusqu'aux années soixante-dix, l'orientation a donc concerné essentiellement les jeunes scolarisés, et la plupart des conseillers d'orientation travaillaient au sein de l'Éducation nationale.

La crise économique et ses effets

Alors que durant les « trente glorieuses » le plein-emploi était assuré avec un débouché pour tous les jeunes sortants du système scolaire, la crise économique du début des années soixante-dix vient dérégler tous les mécanismes, provoquant un ralentissement de la croissance, une stagnation des débouchés, un effondrement des créations d'emploi et une progression du chômage.

On assiste alors à la chute de l'emploi agricole, un déclin de l'emploi industriel et une croissance importante des emplois du secteur tertiaire, marchands et non marchand.

Les conséquences de cette crise sont importantes :

- Les professions se qualifient avec une tendance à la polyvalence
- L'emploi non qualifié diminue
- Un chômage persistant se développe
- L'emploi devient flexible, avec une multiplication des statuts atypiques, du temps partiel aux petits boulots

Cette crise a mis à mal tous les référents traditionnels qu'étaient le plein-emploi, la sécurité du travail, la durée indéterminée du travail, pour ne laisser, jusqu'à ce jour, qu'un chômage persistant qui réduit fortement l'accès à l'emploi des populations et parmi elles, celle des jeunes.

Des modifications importantes du Droit du Travail viennent « conforter » cette dérégulation économique en introduisant une déréglementation juridique du contrat de travail.

En 1972, pour la première fois, est légalisé l'intérim, jusqu'alors le prêt de main-d'œuvre était considéré à la limite de l'esclavage et donc interdit par la loi. En 1975, une nouvelle loi vient conforter et développer cette nouvelle forme de flexibilité de l'emploi.

De l'orientation scolaire à l'orientation professionnelle

Au début de cette période de transformation économique, la loi sur la formation professionnelle (en 1971) est promulguée. Elle ouvre la possibilité d'une

1 Guichard J. Huteau, M., *Psychologie de l'orientation*, Paris, éditions Dunod, 2006 (2e édition).

formation en dehors de l'école, mais elle est restreinte aux salariés (même si jeunes) et elle ne dit rien sur l'orientation.

Elle est le résultat d'une revendication de la classe ouvrière de l'époque, qui voit dans la formation professionnelle une possibilité d'acquérir des connaissances qu'elle n'aurait pas pu acquérir à l'école et, par ce biais, à une promotion sociale et économique.

Cette aspiration des syndicats de salariés à la promotion sociale par la formation rencontre celle des chefs d'entreprises qui voient, dans la qualification de la main-d'œuvre, un moyen de suivre l'évolution technologique.

Dans cette rencontre entre des intérêts opposés, la problématique de l'orientation n'est toujours pas à l'ordre du jour car on est encore dans la période des certitudes, c'est une crise économique et pas une période de mutation économique. La formation (instituée par la loi) se résume alors à l'acquisition de connaissances permettant l'adaptation à une fonction ou à un métier. Elle ne prend pas en compte les aspirations du formé. Dans ce contexte, l'orientation est d'une certaine manière le moyen d'adapter les populations au marché du travail « le tri s'opérant dans le cadre de l'éducation nationale ».

L'évolution de l'orientation et de ses pratiques

À partir de la seconde moitié des années soixante-dix, le chômage devient structurel avec pour effet de fragiliser de nombreuses catégories de la population. Parmi elles, les jeunes qui devaient faire « leur place » ont été particulièrement touchés, avec des situations plus aiguës pour ceux qui étaient les moins formés et les moins qualifiés. Il devient de plus en plus difficile de prédire l'emploi occupé à partir de la formation reçue. C'est à cette époque que le concept « d'insertion » commence à apparaître au travers d'études qui décrivent les itinéraires souvent laborieux que suivent les jeunes. Des travaux réalisés attestent à ce propos que la crise a conduit au chômage et à la précarisation. Les seuils d'entrée dans la vie d'adulte deviennent flous et il n'y a plus d'adéquation entre le départ de la famille et de l'école et l'entrée dans le travail. La période d'accès à une stabilité professionnelle s'allonge et devient l'aboutissement d'un processus qui peut durer plusieurs années. Il devient ainsi de plus en plus difficile de prédire l'emploi qui va être occupé à partir de la formation initiale et de la qualification acquise. Dans ce processus, les fonctions assignées à l'orientation changent pour prendre en compte non plus les capacités des jeunes à s'adapter aux transformations économiques et sociales, mais leurs capacités d'insertion dans un marché du travail en restructuration continuelle.

Les pratiques de l'orientation professionnelle évoluent, sortant des perspectives « psychotechniques » qui caractérisent les individus par leurs capacités à exercer tel ou tel métier, pour aller vers des perspectives plus larges, touchant à la personnalité et partant du principe que l'individu se construit en construisant son projet professionnel.

Néanmoins, il faudra attendre 1977, avec la création du Centre d'Information des Droits de la Femme, pour voir apparaître le concept d'accompagnement global de la personne, de la prise en compte de son parcours de vie.

Mais il faut surtout attendre 1981 et Schwartz, pour réunir l'accompagnement global et formation autre que théorique.

L'innovation qu'il apporte se fonde sur le postulat que lorsqu'il y a une prise en compte globale de la personne (dans le cas spécifique le jeune), l'orientation n'est plus seulement une simple mesure de pré requis mais devient un processus dynamique qui prend en considération l'itinéraire de vie du jeune. Également, la formation ne se limite pas à des acquisitions théoriques, mais elle prend aussi ses sources et ses ressources dans ce parcours de vie.

C'est autour de ces deux chemins parallèles que s'est construite l'expérience des missions locales, depuis vingt-cinq ans.

Lieux d'écoute, où la parole du jeune est prise en compte, c'est-à-dire reformulée avec lui en demande, et cette demande est négociée, donc utilisée pour construire avec le jeune son parcours, mais aussi pour inciter auprès des « décideurs », les évolutions nécessaires pour réussir le parcours professionnel et de vie du jeune.

Mais l'emprunt de ces deux chemins est rendu de plus en plus difficile, d'une part, par les exigences économiques et, d'autre part, par les réformes juridiques qui en ont découlé.

Le nouveau concept de « formation tout au long de la vie », provenant des directives européennes, va-t-il se traduire d'une part, par une gestion de la précarité de certaines catégories de travailleurs compensée par la formation lors des périodes de non-emplois et, d'autre part, par une opportunité d'évolution professionnelle supplémentaire pour les catégories supérieures - depuis une quinzaine d'années la tendance est nette, les plus formés sont ceux qui utilisent le plus la formation professionnelle ? Si tel est le cas, on peut s'interroger sur ce retour en arrière et sur cet abandon de ces deux chemins de l'orientation comme élément dynamique qui se construit avec la personne, et de la formation qui prend ses sources dans la vie de la personne et qui n'est pas qu'un simple apport théorique.

Aujourd'hui, l'heure est à l'ajustement au monde tel qu'il est. Mais la finalité de l'orientation et de la formation doit-elle être de préparer les jeunes à la flexibilité ou, comme le disent certains, de les conduire à accepter la révolution structurelle de l'emploi ?

Les termes du moment employés par les développeurs que sont les « secteurs sous tension », les « priorités de développement du territoire », les « pôles d'excellence économique » ne sont-ils pas en fait l'expression d'une certaine forme de retour en arrière, vers la formation récurrente composée de notions théoriques, loin des parcours de vie de la personne à former ?

La place de l'expérimentation et de l'innovation dans les pratiques professionnelles et les politiques publiques d'insertion professionnelle et sociale

Myriam Audouze — **Mission Locale de Cergy Pontoise**

Régis Barbier — **Mission Locale rurale de l'arrondissement de Beaune**

Selon le Larousse, innover, c'est introduire quelque chose de nouveau dans un monde particulier.

Les premières analyses de l'innovation viennent des sciences économiques avec notamment J. Schumpeter qui voit dans l'innovation portée par l'entrepreneur la condition pour sortir de la routine et de l'état stationnaire et créer le dynamisme économique[1].

Soixante ans après, dans La Société bloquée, Michel Crozier décrit la société comme un processus qui réalise une boucle où se suivent : l'innovation, l'expérimentation, l'industrialisation, la rationalisation pour revenir à l'innovation. Selon lui, la société occidentale aborde une phase « postindustrielle » où la capacité d'innovation doit être envisagée au-delà des domaines économiques et constitue notamment l'enjeu des rapports humains et de la vie collective. Cette réflexion laisse donc à penser que l'innovation est tout aussi vitale dans le domaine social que dans celui du développement économique et qu'il lui faut là aussi des conditions intellectuelles et matérielles pour exister.

1 J. Schumpeter, *Théorie de l'évolution économique*, Paris, Dalloz, (1926, 1ère édition), 1999.

Dix ans après, Bertrand Schwartz place l'innovation au centre de son Rapport pour conduire une véritable politique de l'insertion professionnelle et sociale des jeunes : face à la centralisation et à la sectorisation des décisions, il prône, notamment, la création d'un coordinateur local pour optimiser les mesures prises au niveau national et pour développer des actions novatrices. Il suppose que la décentralisation et une politique économique volontariste permettront de relayer cette impulsion pour réussir l'insertion professionnelle et sociale des jeunes.

Face à la seule analyse quantitative et décontextualisée des données du chômage des jeunes, les solutions préconisées pourraient apparaître comme un échec. Mais le projet de s'appuyer sur le partenariat local pour faire émerger des problématiques, expérimenter des solutions et les diffuser garde toute son actualité. Ce Rapport a instauré comme moyen d'action l'innovation au service de l'insertion professionnelle et sociale des jeunes. Celle-ci a su résister aux différents processus d'industrialisation, d'encadrement, voire d'intégration qui l'a menacée, avec cependant la position dangereuse de devoir toujours se justifier, rendant essentielles les questions de l'évaluation et de l'affirmation d'un réseau.

Le caractère innovant du Rapport.

La lettre de mission de Pierre Mauroy, Premier ministre, se situe bien dans les enjeux présentés par Michel Crozier :

« L'organisation actuelle du système éducatif, de la formation professionnelle et des services d'information, d'orientation et de placement, les dispositifs d'insertion professionnelle mis en place au cours des dernières années, ainsi que les aides au premier emploi ne procèdent pas d'une conception d'ensemble, mais de la juxtaposition de dispositions parfois contradictoires et souvent conjoncturelles... Votre étude devra aboutir à un ensemble de propositions permettant d'établir une meilleure articulation de tous les services publics concernés, de telle sorte que les jeunes de cet âge ne soient jamais condamnés au chômage, ni à des emplois par trop précaires, qu'ils aient la possibilité d'acquérir la culture et la formation qui leur permettront de s'adapter aux changements à venir et qu'ils bénéficient des moyens d'orienter leur vie professionnelle vers les emplois qui correspondent le mieux à leurs goûts et à leurs capacités ».

Pour répondre à ce besoin de décloisonnement des politiques jeunesse à l'échelle du territoire, Bertrand Schwartz imagine la création de structures d'animation locale : c'est une anticipation sur une décentralisation de l'action. Ces « missions locales », conçues comme « légères, temporaires, globales et adaptées » sont vouées à disparaître dès lors que la décentralisation sera aboutie. Pour Bertrand Schwartz, elles se doivent d'innover pour s'adapter aux situations locales et apporter des solutions aux difficultés que rencontrent les jeunes.

Vingt-cinq ans après, les missions locales existent toujours. De structures légères et temporaires elles sont devenues des entités organisées remplissant des missions de service public et déclinant des programmes d'insertion sociale et professionnelle. Elles ont été amenées à se structurer, à développer le professionnalisme de leurs équipes autour de ces missions et à étendre leur champ d'intervention en direction de jeunes de plus en plus nombreux et rencontrant des difficultés de plus en plus complexes pour s'insérer. L'animation des politiques publiques au niveau local, concept d'origine, s'est donc transformée en prise en charge et prise en compte des difficultés et « outillage » de ces logiques d'accompagnement pour en améliorer l'efficacité.

On retrouve bien la logique temporelle d'innovation, d'expérimentation et d'industrialisation.

Une question s'impose à ce stade : pourquoi ces structures temporaires et légères sont-elles devenues pérennes ?

- la première réponse tient à l'évolution globale du chômage qui, en vingt-cinq ans, est passé de 1,5 millions à plus de 2,4 millions avec une pointe à 3 millions, dont celui des jeunes qui est passé de 14 % à plus de 22 % ;
- la deuxième réponse tient à la nature de la décentralisation en France : elle a transféré des responsabilités et des moyens à un nouvel échelon administratif sans donner aux territoires les véritables moyens d'impulser leurs politiques et donc plaçant les missions locales comme seul lieu d'incarnation d'une politique d'insertion des jeunes ;
- enfin, la bureaucratie française reste « le règne de la règle impersonnelle, la centralisation du pouvoir de décision et la stratification des individus en groupes homogènes et cloisonnés entre eux ».[2]

Les réponses à cette question amènent à se demander si, pour « survivre », les missions locales ne sont pas devenues, contraintes et forcées, des nouvelles entités contributrices de la bureaucratie.

D'une certaine façon, les process de travail s'y sont industrialisés pour faire face à la montée en charge de l'activité. L'accroissement des financements s'est combiné à des logiques d'évaluation descendante induisant une certaine forme d'instrumentalisation des professionnels. L'accompagnement

2 E. Friedberg, *L'analyse sociologique des organisations*, Revue *Pour* n° 28, éditions L'Harmattan, 1987.

personnalisé est « tombé » dans le langage commun, confondant un entretien d'écoute et de recherche co-construite de solutions avec une mise à jour administrative du dossier…

L'innovation est présente dans la *Charte des missions locales de 1990* : « Construire ensemble une place pour tous les jeunes dans la cité et dans l'emploi suppose d'agir sur les mécanismes de l'exclusion. En s'appuyant sur les potentialités locales, les partenaires se doivent d'innover. Leur implication quotidienne dans la Mission locale permet :

- l'émergence de pratiques nouvelles
- l'expérimentation de nouvelles réponses
- la diffusion et la valorisation de ces innovations afin d'enrichir les politiques d'insertion sociale et professionnelle au niveau national, régional et départemental. »

Mais l'innovation disparaît des *Protocoles 2000* et *2005* où les missions locales « contribuent à la mise en œuvre des politiques d'insertion initiées par l'État, les régions et les autres collectivités territoriales. »

Cependant — c'est là toute la force et l'actualité du Rapport de Bertrand Schwartz — il a permis la création de structures dont l'innovation continue malgré tout à être la raison d'être.

L'innovation au cœur des missions locales

De nombreux facteurs conduisent les missions locales à être des lieux permanents d'innovation.

Comme l'écrivent Crozier et Friedberg à propos du « marginal sécant », la construction des missions locales donne à celles-ci un pouvoir singulier : « Acteur qui est partie prenante dans plusieurs systèmes d'action en relation les uns avec les autres et qui peut, de ce fait, jouer le rôle indispensable d'intermédiaire et d'interprète entre des logiques d'action différentes, voire contradictoires[3]. » La composition et l'action des conseils d'administration des missions locales permettent ce consensus de l'action et de l'innovation. Mais il faut aussi souligner le facteur constructif de l'hétérogénéité des ressources humaines et du management dans les missions locales. L'appartenance à plusieurs univers culturels des cadres, conseillers et agents des missions locales, le maintien — dans la plupart des cas — de structures à taille humaine, un recrutement basé non sur un diplôme, mais sur un besoin ressenti de compétences, concourent à créer cet univers innovant qui n'oublie pas son objectif : l'insertion professionnelle et sociale des jeunes.

3 *L'acteur et le système*, Paris, éditions du Seuil, 1977.

Face à des programmes industrialisés et homogénéisateurs, la tentation est, comme le dit Norbert Alter, d'une innovation qui procède plus par transgression que par déroulement de changements programmés. « Les innovateurs sont toujours, partiellement au moins, des déviants, même s'ils gardent le souci de se faire reconnaître par l'institution[4] ». Le Fonds pour l'insertion professionnelle des jeunes a pris en compte, initialement, cette caractéristique de toute organisation en créant un soutien à l'innovation, l'expérimentation. « Il peut impulser, de surcroît, des démarches innovantes favorisant l'émergence d'offres d'emploi en faveur des jeunes ne bénéficiant pas d'un premier niveau de qualification »[5]. Les missions locales se sont emparées de cet espace de liberté. Le blog créé par l'Association nationale des directeurs de missions locales pour capitaliser et diffuser les expériences menées dans ce cadre au sein du réseau témoigne de cet engouement qui, malheureusement, s'est trouvé très vite contraint par des restrictions budgétaires et l'absence d'une évaluation partagée.

Dans leur fonctionnement, l'innovation est partie prenante :

- face à un environnement incertain (attentes du public, contraintes institutionnelles), un effort permanent d'adaptation et donc d'innovation est nécessaire
- n'ayant de sens qu'en réponse à une situation critique, elle permet :

• la « mise en musique » d'un dispositif imposé, de façon à le faire vivre en phase avec l'expérience des acteurs
• l'acclimatation locale d'une action expérimentée par ailleurs
• l'expérimentation dans le cadre d'une recherche-action
• la stabilisation d'une pratique mise au point par des acteurs confrontés à une situation d'urgence

Elle apporte des registres d'action face à quatre situations critiques :

- le cloisonnement entre le marché de l'insertion et le marché de l'emploi de droit commun
- la désaffection ou l'insatisfaction du public jeune à l'égard des missions locales
- l'aggravation des difficultés personnelles, familiales et psychiques des jeunes
- le déficit d'expression des jeunes dans l'espace public

4 N. Alter, « Quelques principes de l'analyse sociologique de l'innovation », 1998, *Éducation permanente* n° 134.

5 Circulaire DGEFP 2005-09 du 19 mars 2005 relative à l'insertion professionnelle et sociale des jeunes.

Ce lien existentiel entre missions locales et innovation a été, on ne peut mieux, souligné par un rapport de mai 2005 du Centre d'études de l'emploi[6].

Il permet de reprendre la définition de l'innovation que proposent C. Bessy et F. Chateauraynaud : « L'innovation est un processus par lequel des acteurs acquièrent de nouvelles prises pour l'action en étendant l'ensemble des repères et des dispositifs sur lesquels ils s'appuient pour intervenir de façon appropriée dans les situations auxquelles ils sont confrontés[7] »

Mais se prévaloir d'une posture d'innovation permanente peut être se placer dans une situation délicate si, comme le dit M. De Certeau, « Innover, c'est braconner pour se soustraire aux diktats de la raison technicienne et inventer ainsi le quotidien ». Elle implique deux comportements essentiels :

- une évaluation qui, tout à la fois, permette de justifier ce caractère de déviance par l'efficience des réponses et anticipe sur les futurs besoins
- une logique de réseau dont on peut dégager 5 critères :

- contacts non liés à une structure centrale
- échanges internes spécifiques
- dépassement des structures institutionnelles dans lequel il s'inscrit
- plus ou moins grande clandestinité
- survie liée à l'efficacité des échanges

C'est donc un nouvel environnement qui est en construction et qui, comme le dit José Rose, doit définir un nouveau contrat social reposant sur de nouvelles régulations transgressant les alternatives binaires du type public/privé ou réglementation/libéralisation...

Cette approche de la coresponsabilité pour la recherche du bien commun repose sur un trépied fondé sur l'État, la communauté des affaires et la société civile, mais aussi sur l'appel à de nouveaux modes de raisonnements ancrés sur le décloisonnement institutionnel et l'approche systémique.

---

6 C. Baron, M.-C. Bureau, B. Gomel, C. Leymarie, P. Nivolle, N. Schmidt, A. Wissler, A. Girard, E. Le Dantec, *Les missions locales et l'innovation*, Centre d'études de l'emploi, mai 2005.

7 *Experts et faussaires*, Paris, éditions Métailié, 1995.

Quel avenir pour la jeunesse ?

Annie Jeanne

Mission Locale de l'agglomération rouennaise
Présidente de l'Association Nationale
des Directeurs de missions locales

En ce début d'année 2007, le « portrait économique et social de la jeunesse française » dressé par le CEPREMAP, Centre pour la recherche économique et ses applications[1], s'annonce par un titre aussi éloquent qu'ambigu quant aux responsabilités ; « Une jeunesse difficile ».

Et s'appuyant sur ces travaux, l'Académie des sciences morales et politiques publie un livre sous forme de cri d'alarme, *la France prépare mal l'avenir de sa jeunesse*[2].

Qu'il s'agisse de l'emploi, de la formation, de la solidarité entre les générations, de la dette publique, les politiques publiques se sont révélées peu efficaces et injustes envers tout ou partie de la jeunesse malgré les bonnes intentions.

L'Académie des sciences morales et politiques a pour mission « d'éclairer l'opinion et les pouvoirs publics sur les grandes questions de société ». Aussi, faudrait-il se réjouir d'une telle mobilisation des éminences nationales de la philosophie, du droit, de l'économie et de l'histoire en faveur de la jeunesse, mobilisation qui rencontre peu de précédents dans l'histoire.

1 « Une jeunesse difficile — portrait économique et social de la jeunesse française » CEPREMAP, éditions de l'École normale supérieure, 2007

2 Académie des sciences morales et politiques, *La France prépare mal l'avenir de sa jeunesse*, Paris, éditions du Seuil, 2007.

Le rapport du CEPREMAP constate une dualité pernicieuse entre les « inclus » et les « exclus ». Les jeunes souffrent beaucoup plus qu'autrefois de leur état de débutant. La difficulté d'emploi des jeunes et les échecs de la démocratisation scolaire sont indissociables. Notre système éducatif peine durablement à s'adapter à un enseignement de masse et les jeunes paient le prix d'un système éducatif dual où est à l'œuvre un « puissant phénomène de séparation sociale ».

Défaillance éducative, chômage massif, précarité et dette pénalisent la jeunesse et, comme « l'angoisse des parents grandit avec le désarroi des enfants », la France connaît « une singulière inaptitude à se projeter positivement dans l'avenir ».

À tout le moins, « un immense effort de pédagogie civique et d'intelligence du monde nouveau où nous entrons s'impose d'urgence ».

Mais les meilleures intentions font de mauvaises politiques si elles ne sont pas armées de profondes réformes d'adaptation menées jusqu'à leur terme.

La culture de la réforme, de l'expérimentation, de l'évaluation, de la négociation collective a trop souvent fait défaut et la société se penche aujourd'hui avec angoisse sur « la jeunesse », qui est presque devenue une catégorie à intégrer.

Cette préoccupation témoigne d'une évolution des représentations de la place des jeunes et également du statut de la jeunesse.

Les politiques d'insertion voient leurs dispositifs débordés, poussés à redéfinir leurs missions mais aussi à réexaminer les représentations actuelles de la jeunesse ou plutôt des jeunesses.

La jeunesse affronte la flexibilité des formes d'entrée dans la vie adulte, dans le monde du travail, dans les rouages de la protection sociale, dans les systèmes de formation etc. Les transitions de l'école à l'emploi, et de la famille à l'autonomie se sont considérablement allongées.

Les jeunes sont particulièrement concernés par le chômage, ils sont les plus touchés par le temps partiel subi et leur insertion par l'emploi flexible est en augmentation. Dès lors, comment penser le travail comme pourvoyeur de dignité ?

Les théories du contrat social appellent à une réflexion profonde sur la vie du corps social et politique, elles établissent qu'une bonne organisation sociale repose sur un pacte garantissant l'égalité et la liberté entre les citoyens.

Pour les théoriciens du contrat social, le contrat entre individus souverains doit être articulé à une vision rationnelle de « l'être ensemble » et le seul contrat ne fait pas le lien. L'essence du lien tient dans la volonté de s'impliquer dans un accord qui suppose une confiance mutuelle. Sur ce socle, peut alors s'exercer l'idéal d'équité.

L'espoir d'une classe d'âge de trouver une place pour tous ses membres ne peut pas ne pas trouver écho dans l'ambition des politiques publiques. Oui, il faut passer du déclaratif à l'effectif, des intentions aux engagements... comme en appelle le manifeste de la Ligue de l'Enseignement, Agir pour une République qui tient ses promesses[3].

Alors comment accepter des jeunes ne sachant où loger ; l'accès à un vrai logement est particulièrement difficile et cantonne trop souvent et trop longtemps les jeunes candidats au logement dans les hébergements d'insertion ou d'urgence, engorgés. « L'incapacité à régler le problème des sans-abri dont l'ampleur ne devrait pas être hors de mesure pour un pays développé » est jugée insupportable, y compris par la cour des comptes, dans son rapport de mars 2007 sur les personnes sans domicile[4].

Des partenariats fructueux noués entre les acteurs de l'éducation, de l'orientation, de l'insertion, de l'action sociale ne doivent pas dispenser — empêcher ? — les institutions de se réformer et l'école en tout premier lieu. Des expériences sont menées sur la modularisation des cours, des méthodes d'enseignement... pourtant, l'égalitarisme de l'école républicaine la met en danger parce qu'il faudrait, avec l'égalité, parler d'équité : faire plus pour ceux qui ont moins.

Les difficultés de ceux qui cumulent les rapports sociaux d'exclusion questionnent la capacité d'intégration du modèle républicain et les tensions que provoque l'allongement de la période d'incertitude après la scolarité, influencent le regard porté sur la période scolaire.

Il me semble urgent et éthiquement nécessaire, d'engager cette mise en perspective de la « problématique jeunesses » pour redonner prise aux jeunes sur leur avenir et leur proposer des orientations concrètes mais fondées aussi sur une politique de civilisation, vers un nouveau contrat social.

Capital formation tout au long de la vie, capital économique avec l'allocation autonomie, capital social avec l'effort des acteurs des missions locales pour constituer de vraies ressources aussi multiples que les besoins des jeunes sont multidimensionnels... les hypothèses à explorer sont nombreuses et l'enjeu de cohésion sociale s'accommode mal de cloisonnements institutionnels.

---

3 Ligue de l'Enseignement, *Agir pour une République qui tient ses promesses*, Manifeste à l'occasion des élections 2007.

4 Cour des comptes, *Rapport public thématique sur les personnes sans domicile,* mars 2007

Quelle est la place de la jeunesse dans la société ? Ces contributions au débat sont destinées à faire du nouveau contrat social un outil permanent de réflexion avec la jeunesse.

Nous voulons promouvoir des engagements que nous considérons nécessaires afin d'ouvrir un nouvel horizon dont résultera une action transformatrice, critique, émancipatrice et inventive.

Ce Manifeste affirme l'actualité et l'urgence d'une alternative, d'une réponse adaptée aux aspirations de la jeunesse. Il est une incitation déterminée à la réflexion, à l'analyse et au débat pour élaborer et promouvoir un contrat social avec la jeunesse.

Table des matières

Collection «Les panseurs sociaux»
dirigée par Philippe Labbé

L'ambition de la collection «les panseurs sociaux» est d'offrir un espace de réflexion sur les mutations du champ social, incluant le travail social traditionnel et l'intervention sociale (insertion, médiation, développement local, ...).
S'adressant à un large public, professionnels, bénévoles et élus, cette collection veut favoriser une fertilisation croisée de contributions et d'analyses critiques et contributives, tant en ce qui concerne la perspective des personnes mises en difficulté que celle de l'engagement, de la professionnalité et du professionalisme des acteurs en jeu.

Les manuscrits ou leurs projets peuvent être adressés aux Editions Apogée et/ou par courriel à Philippe Labbé (labbe.geste@wanadoo.fr).

Ouvrages parus dans la collection «les panseurs sociaux» :
- Philippe Labbé, *Les bricoleurs de l'indicible*, 2003, tome 1.
- Philippe Labbé, *Les bricoleurs de l'indicible*, 2004, tome 2.
- Michel Abhervé et Philippe Labbé, *L'insertion professionnelle et sociale des jeunes ou l'intelligence pratique des missions locales*, 2005.

Cet ouvrage est promu par :

Association nationale des directeurs de missions locales
33, avenue Champlain, 76100 Rouen
T 02 32 81 63 70 / F 02 32 81 63 71
andml@andml.org

Éditions Apogée
11, rue du Noyer
35000 Rennes
T 02 99 32 45 95 / F 02 99 32 42 98
apogee.rennes@wanadoo.fr
www.editions-apogee.com

Dépôt légal : mai 2007
Achevé d'imprimer sur les presses de l'imprimerie Barnéoud,
Bonchamp-les-Laval (Mayenne)

Imprimé en France